NEUN JAHRE NEUSEELAND

Die Autorin

Kerstin Raney, Jahrgang 1953, schloss ein Design Studium ab und wanderte danach aus nach Neuseeland. Hier verbrachte sie neun Jahre und kam dann zurück nach Deutschland. Sie lernte ihren jetzigen Mann, einen Amerikaner kennen. Es folgten zwei Jahre Aufenthalt in Savannah, Georgia, USA. Zurzeit lebt sie mit ihrem Mann wieder vorübergehend in Deutschland.

Erstes Buch der Autorin, erschienen 2005:

Auf der Suche nach meiner Zukunft
Reisen durch Australien und Asien

Kerstin Raney

NEUN JAHRE NEUSEELAND

Leben in der *City of Sails*

Genau wie mit meinem ersten Buch, so möchte ich auch mit diesem Buch Projekte des WWF unterstützen.
Erst durch mein Leben in Neuseeland ist mir die Bedeutung einer gesunden Natur bewusst geworden. Erst hier habe ich angefangen aktiv am Naturschutz mitzuarbeiten.
Mit dem Erlös dieses Buches möchte ich diesmal helfen, das größte Tropenwald-Schutzprogramm aller Zeiten Wirklichkeit werden zu lassen. Der WWF wird im Rahmen des »ARPA-Programms« der brasilianischen Regierung den *Juruena Nationalpark* errichten, der ein üppiges Stück Tropenwald bewahren soll.

Kerstin Raney, Sommer 2006

Bibliografische Information der Deutschen Nationalbibliothek:
Die Deutsche Nationabibliothek verzeichnet diese Publikation in der Deutschen Nationalbibliografie;
detaillierte Daten sind im Internet über
http://dnb.d-nb.de abrufbar.

Satz, Umschlagdesign, Herstellung und Verlag: Books on Demand GmbH, Norderstedt
ISBN 10: 3-8334-6266-3
ISBN 13: 978-3-8334-6266-5

Dieses Buch ist Ilse und Rick gewidmet, die beide einen wunderschönen Urlaub in Neuseeland verbrachten und ihre schönen Erinnerungen mitnahmen in eine andere Welt, in die sie nun gegangen sind.

Inhalt

Vorwort

Viele Deutsche besuchen Neuseeland und sind so begeistert, dass sie am liebsten gleich in diesem Traumland bleiben würden. Saubere Luft, wenig Menschen, kaum Industrie, schöne Natur, eine perfekte Umgebung für Kinder – das sind die Vorstellungen der meisten. Wie sieht das tägliche Leben in diesem Paradies aus? Probleme und Sorgen, kann man die überhaupt haben in der perfekten Umgebung?

Ich erzähle hier, wie es mir ergangen ist in den neun Jahren, die ich dort lebte. Zugegeben, das ist zwar schon einige Zeit her und das Land hat sich seitdem wieder stark verändert. Aber genau damit muss man in Neuseeland ständig rechnen: nichts bleibt lange Zeit gleich, Veränderungen kommen und gehen schneller als woanders. Land und Leute sind sehr anpassungsfähig. Nichts ist hier schwerfällig und langsam wie in den über Jahrhunderte langsam gewachsenen Traditionen in europäischen Ländern.

Ich versuche nicht, einen Auswanderungsführer zu schreiben, von denen es ja schon einige gibt, sondern ich erzähle einfach aus meinem Leben und Reisen dort, was die Menschen zu der Zeit beschäftigt hat und auf was man vorbereitet sein muss, wenn man in einer solch jungen Kultur lebt. Auch aktuelle Informationen habe ich im allgemeinen Teil über Neuseeland mit eingefügt.

Für alle, die sich für diese Region interessieren, liegt hier ein Stück Zeitgeschichte vor. Von 1983 bis 1996 hatte ich mein *permanent residence permit* für Neuseeland. Ich habe dort alle Veränderungen, die in einem rasanten Tempo stattfanden, miterlebt. Gerade heute, im Jahr 2006, wo in Deutschland alles im Umbruch ist – im sozialen Bereich, im Rentensystem, im Gesundheitswesen, alle Bereiche des Lebens sind betroffen –, da ist dieser Bericht aus Neuseeland wieder ganz aktuell. Denn dort fanden genau diese Veränderungen schon vor nunmehr 16 Jahren statt! Auch dort hat es damals dieselben Diskussionen und Ängste in der Bevölkerung gegeben, die man hier nun in den Medien jeden Tag mitbekommt. Vielleicht kann man ja aus Neuseelands Erfahrungen etwas lernen, sieht man sich heute die Ergebnisse dort an. Haben die Reformen, die vielen Veränderungen in allen Bereichen dem Land genützt oder geschadet?

So war Neuseeland z. B. im Jahr 2002 eins der Länder im OECD-Vergleich, dessen Wirtschaft am schnellsten wuchs, nämlich 4,4 % im Jahr 2002. In dem Jahr konnte das Land schon auf drei Jahre mit einer starken Wirtschaft zurückblicken, obwohl die Währung 1998 -99 sehr stark gefallen war. Die Einkünfte der Haushalte in Neuseeland waren sehr gestiegen und es gab viel mehr Arbeitsstellen als zu der Zeit, als ich dort lebte und alles erst reformiert wurde. Im Mai 2004 wurde eine Arbeitslosenquote von 4,3 % in Neuseeland bekannt gegeben, die viertniedrigste aller OECD-Länder, nur übertroffen von der Republik Korea, Luxemburg und der Schweiz! Anfang 2006 waren es sogar nur 3,6 %!

Die Bevölkerung in Neuseeland ist seit 1992 auf mehr als 4 Millionen angewachsen, wovon mittlerweile fast 1,4 Millionen Einwohner in Auckland und dessen Umgebung leben. Sicherlich hatte sich das Land von den damals geänderten Einwanderungsbestimmungen andere Ergebnisse erhofft. Es sollten Anreize geschaffen werden, durch die sich möglichst viele Einwanderer außerhalb der Großstadt Auckland ansiedeln, um dort die Probleme des zu schnellen Wachstums nicht noch zu fördern.

Politisch gesehen ging es in Neuseeland die ganze Zeit, die ich dort lebte, sehr turbulent zu, was jährliche Veränderungen in allen Lebensbereichen zur Folge hatte und alle Gesellschaftsschichten betraf. Das ganze Sozialsystem veränderte sich laufend, denn ständig wurde umstrukturiert und nach neuen Möglichkeiten gesucht.

Vielleicht werden auch in Deutschland die Statistiken in 16 Jahren die Veränderungen reflektieren, die heute diskutiert werden. Für Auswanderer jedoch, die gerade in solch einer Veränderungsphase in ihrer neuen Heimat starten, sind die Bedingungen extrem erschwert.

***

Einleitung

In meinem ersten Buch »Auf der Suche nach meiner Zukunft – Reisen durch Australien und Asien« habe ich die drei Jahre meines Lebens beschrieben, die mich nach Neuseeland führten. Wahrscheinlich wäre ich niemals dorthin gefahren, wenn ich meinen neuseeländischen Freund Michael nicht auf einer Reise getroffen hätte. Selbst als ich mit ihm dort ankam, wollte ich nur eine begrenzte Zeit in seinem Land verbringen. Er war auch in Deutschland bei meiner Familie ein Jahr lang als Gast gewesen.

Das vorliegende Buch ist die Fortsetzung meiner Geschichte. Das erste Buch endete mit der Ankunft in Neuseeland und der Nachricht vom Tode meines Vaters. Da es damals keine durchgehenden Flüge gab, konnte ich nicht zur Beerdigung zurückfahren. Es ergab sich eine Möglichkeit zu einer Reise um Neuseeland. Obwohl ich zu der Zeit kein Interesse daran hatte, überredete mich Michaels Familie diese Gelegenheit zu nutzen, damit ich auf »andere Gedanken komme und vom Land einen Eindruck gewinne«. Vollkommen unvorbereitet auf diese Reise und entgegen vielen Widerständen, die ich hatte, willigte ich schließlich ein. Zurückblickend, am Ende der Reise, musste ich zugeben, dass es wahrscheinlich doch eine gute Idee gewesen war. Es war für mich die Möglichkeit wieder in das normale Alltagsleben zurückzukehren ohne schwermütige Gedanken an mein zurückgelassenes Zuhause.

Meine Zeit in Neuseeland war eine politisch und wirtschaftlich turbulente Epoche in der Geschichte des Landes. In den neun Jahren wurde das Land vom Sozialismus in die absolut freie Marktwirtschaft katapultiert. Aber auch das passierte in der Zeit: Als ich 1983 im Land ankam, fuhr gerade das letzte amerikanische U-Boot, mit atombestückten Waffen an Bord, unter riesigen Protestaktionen in den Hafen Aucklands ein. Danach wurde Neuseeland »Nuclear Free« und ist es bis heute geblieben. Es trat auch aus dem militärischen Verbund ANZUS aus und nahm nicht mehr an gemeinsamen militärischen Übungen teil. Deshalb wurde das kleine Land von den USA unter großen Druck gesetzt und mit Sanktionen belegt.

1985 passierte der Anschlag auf die »Rainbow Warrior« von Greenpeace. Der terroristische Anschlag war direkt im Hafen von Auckland von der französischen Regierung ausgeführt worden. Ein portugiesischer Fotograf, der an Bord war, kam dabei ums Leben. Natürlich war all das nur passiert, weil ja Frankreich zu der Zeit immer noch Atomtests in seinen Territorien machte, in direkter Nachbarschaft zu Neuseeland.

1987 wurde Neuseeland dann plötzlich Zufluchtsort für verängstigte indische Flüchtlinge aus dem Inselstaat Fidschi, in dem gleich zweimal im selben Jahr Staatsstreiche ausgeführt wurden. Auch aus dem benachbarten Neukaledonien kamen Schreckensmeldungen von Übergriffen zwischen den eingeborenen Kanak und den eingewanderten Kolonialsiedlern.

Deshalb erzähle ich hier auch von meinen ersten Reisen in die Südsee, die von diesen Ereignissen geprägt waren. Im Anhang versuche ich mit etwas Hintergrundwissen aus diesen Inselstaaten Erklärungen für die Geschehnisse zu finden. Die Grundlage dieser Artikel sind hauptsächlich Aufzeichnungen aus Vorlesungen an der *University of Auckland* im 1987 neu eingeführten Studienfach *Pacific Studies* der *Faculty of Arts*.

***

Kapitel 1

Am Ende der Welt

Hast du keine Lust, mit mir per Anhalter um Neuseeland zu fahren?«, fragt mich Bruce, der Kanadier, »ich will bis nach Queenstown auf die Südinsel. Auf diese Art wird's billiger und ich habe Gesellschaft.« »Nun, warum nicht«, antworte ich, »Neuseeland soll doch gut zum Trampen sein. Aber es wird mir eigentlich schon etwas zu kühl jetzt im Herbst.«

»Nun fahr schon mit«, raten mir meine Freunde. »Die Reise wird dich auf andere Gedanken bringen.«

Der Sommer war diesmal besonders trocken gewesen. Deshalb sehe ich auch anstatt der saftigen, grünen Wiesen auf Fotos in Wirklichkeit nur braune, verdorrte Hügel und Weiden.

Bruce, der Freund eines Freundes, kam überraschend aus Australien an. »Ich bin schon seit zwei Jahren unterwegs«, erzählt er. »Langsam habe ich genug und freue mich auf zu Hause. Ich kann es kaum noch abwarten. Ich bleibe auch nur vier Wochen in Neuseeland, es ist nur ein Stopover auf dem Weg nach Kanada.«

Drei Tage vor Ostern fahren wir los nach Rotorua. Ein Pärchen mit einem Campingbus hält und nimmt uns den ganzen Weg mit. Rotorua ist eine Stadt, in der an jeder Ecke etwas kocht, dampft und brodelt. Sie gehört zur »heißen Zone« auf der Nordinsel. »Die Leute leben wie auf einer Bombe«, wird uns erzählt. Es soll schon vorgekommen sein, dass bei jemand der Garten aufbrach und ein Geysir hochschoss. Auf jeden Fall ist es praktisch zum Heizen im Winter. Wir übernachten in der privaten Herberge Ivanhoe Lodge, mitten in der Stadt.

Es gibt hier viel zu sehen, denn es ist auch ein Zentrum der Maori-Kultur. Leider regnet es. Wir laufen aber trotzdem in das drei Kilometer entfernte Whakarewarewa, kurz Whaka genannt. Es ist ein großes Gebiet mit Geysiren, Thermalquellen, kochenden Wasserlöchern und mit Schlamm, der in braunen Tümpeln brodelt. Es riecht nach Schwefel, der die Bäume und Büsche in tote, gelbe Gebilde verwandelt. »Ob dieser Schlamm wohl wirklich kocht, oder ob es nur Luftblasen sind?«, fragt Bruce. »Ich werde es mal ausprobieren«, sage ich und halte dummerweise meinen Finger in eine Schlammblase. Natürlich verbrenne ich mir den Finger. »Wenigstens wissen wir jetzt, dass es kocht!«, stelle ich fest.

Es gibt hier in Whaka auch ein Versammlungshaus und ein Kunsthandwerkzentrum, in dem man den Maoris beim Schnitzen zusehen kann. Wir sehen uns auch das Maori-Dorf Chinemutuan mit der interessanten Kirche an. Dabei kommen wir auch überall an dampfenden Teichen vorbei. Wir werden auf dem Rückweg nach Auckland noch einmal einen Tag hier verbringen, deshalb entschließen wir uns Ostersamstag Rotorua zu verlassen.

Leider gibt es nicht viel Verkehr. Es sind auch nur Familien zu Ausflügen unterwegs. Nach langer Wartezeit hält ein Spanier mit seiner Frau. Sie wohnen in Darwin, Nordaustralien. Sie nehmen uns nur wenige Kilometer mit, was trotzdem sehr lange dauert, denn der Mann fährt höchstens 40 km/h. Stolz erzählt er, dass er noch nie einen Unfall hatte. »Wollt ihr nicht das Auto kaufen und den Schlafsack?«, fragt er. »Für uns ist Neuseeland schon zu kalt. Wir sind ja auch die Tropen gewöhnt. Wir dachten, um diese Zeit sei es noch schön warm hier.« Sie setzen uns auf einer einsamen Straße ab. Wir brechen in Gelächter aus, als wir den angebissenen Apfel von Bruce noch auf dem Autodach liegen sehen. Er hatte ihn beim

Einsteigen und Verstauen des Gepäcks obendrauf gelegt und vergessen. Er sagte schon während der Fahrt: »Der Apfel ist sicher noch auf dem Dach bei diesem Tempo.« »Das glaube ich aber kaum«, meinte daraufhin der Fahrer.

Wir stehen nun zwei Stunden lang an dieser einsamen und verlassenen Stelle. Nur Schafe leisten uns Gesellschaft. Das erste Auto, das dann endlich vorbeikommt, hält auch. Es ist ein junger Deutscher, der auf einer Farm arbeitet. »Ich habe die Stelle durch den Praktikantenaustauschdienst bekommen und bin für sechs Monate hier«, erzählt er. »Von hier aus geht's gleich weiter nach Kanada für die nächsten sechs Monate. Danach gehe ich zurück auf den Bauernhof meines Vaters bei Nürnberg.« Wir werden an einer Tankstelle abgesetzt, 40 Kilometer vor Taupo. Eigentlich wollten wir noch heute Wellington erreichen, aber in diesem Schneckentempo werden wir es wohl nicht schaffen.

Eine Stunde später kommt der Linienbus nach Wellington vorbei. Wir halten ihn an und steigen ein. Schon nach kurzer Zeit haben wir eine Panne. Ein Reifen muss gewechselt werden. Danach fahren wir ohne Zwischenfälle bis Wellington, wo wir im Dunkeln ankommen. Der Regen hat aufgehört, und es gibt auch keinen Wind in »windy Wellington«.

Wir übernachten in der bekannten Hostel *Beethoven-House.* Es sind sehr nette Leute hier und alle beteiligen sich am Eierfärben für morgen früh. Den ganzen nächsten Tag verbringen wir damit, uns die Stadt anzusehen, die wie ausgestorben wirkt an diesem Feiertag. Es arbeiten hier überwiegend Angestellte im öffentlichen Dienst und das Leben in der Stadt beschränkt sich hauptsächlich auf die Bürozeiten. Immerhin scheint die Sonne, es ist immer noch windstill und uns gefällt die Stadt auf Anhieb. Sie ist relativ klein und übersichtlich, aber auch sehr hügelig, fast wie in San Francisco. Wir fahren mit dem Cable Car auf einen Aussichtspunkt. Von hier aus hat man einen herrlichen Ausblick über die Stadt, die sich sanft um eine Bucht und die Hügel hinauf windet. Auf dem Rückweg laufen wir durch enge, steil bergab führende Straßen mit bunten Häusern und besuchen das Museum und die Kunstgalerie.

Wir müssen am nächsten Morgen schon um sieben Uhr mit der Fähre fahren, alle anderen sind ausgebucht. Die Überfahrt zur Südinsel dauert drei Stunden. Bevor wir in Picton anlegen, fahren wir durch eine ruhige Fjordlandschaft. Aber auch hier sieht alles verbrannt und trocken aus, denn es hat – wie auf der Nordinsel – lange nicht geregnet. In Picton dauert es gar nicht lange, bis ein Auto hält. Der Fahrer will uns bis Blenheim mitnehmen. »Oh je«, sagt Bruce, »dabei hat uns jeder vor dem Ort gewarnt. Da sind schon so viele stecken geblieben.« Wir fahren trotzdem mit. Der Fahrer ist aus Invercargill und freut sich, dass er Unterhaltung hat. Deswegen überlegt er sich wohl auch, nun doch bis Christchurch durchzufahren.

Wir kommen am Spätnachmittag dort an und werden sogar direkt vor der Jugendherberge abgesetzt. Es sind viele Touristen hier, vor allem Kanadier und Schweizer. Die Jugendherbergen in Neuseeland sind hervorragend. Es gibt immer eine gut ausgestattete Küche, die alle benutzen können. In einem gemütlichen Aufenthaltsraum kann man jede Menge Bücher ansehen oder Spiele ausleihen. Morgens muss jeder eine kleine Aufgabe erledigen. Zusammen ist das Sauberhalten der Herberge schnell gemacht.

Wir gehen in die sehr englisch aussehende Stadt und treffen fast alle Leute aus der Jugendherberge wieder. Es ist eben ein kleiner Ort. Auf dem Marktplatz steht die berühmte Kathedrale, von der man einen guten Überblick über die Stadt hat. Leider sehen wir den Zauberer, den legendären *Wizard* nicht, der immer auf dem Marktplatz stehen soll. Er ist zu einer Art Wahrzeichen für Christchurch geworden.

Hier im Süden ist es schon wesentlich kälter und windiger als auf der Nordinsel. »Ich glaube, ich muss mir doch noch eine Decke oder einen Schlafsack kaufen«, sage ich zu Bruce. »Es ist ja auch schon Herbst, du hättest sowieso wärmere Sachen mitnehmen sollen«, antwortet Bruce. »Wir können doch zur Heilsarmee gehen«, schlägt er vor, »ich muss auch versuchen, mein Radio zu verkaufen. Mir geht langsam das Geld aus.« Wir legen also einen »Besorgungstag« ein. Ich bekomme eine sehr billige Decke und Bruce wird sein Radio los. Er ruft gleich zu Hause an, damit ihm Geld nach Dunedin geschickt wird.

Wir wollen am nächsten Tag auf die vulkanische Banks Peninsular fahren. Dieses Gebiet wurde einmal von Franzosen besiedelt. Es gibt noch viele Ortsnamen, die daran erinnern. Akaroa ist ein kleiner Hafen dort. Aber nur in Pigeon Bay ist eine Jugendherberge. Wir fahren mit einem Bus aus der Stadt heraus und stehen auf einer verlassenen Straße. Man könnte meinen, den ganzen Tag gibt es keinen Verkehr. Aber die wenigen Autos, die vorbeikommen, halten auch fast immer. Manche nehmen uns nur für sehr kurze Strecken mit. Die Straße wird immer einsamer. Wir sitzen am Straßenrand auf einer Bergkuppe und die ganze runde Halbinsel liegt vor uns. Wir können schon Akaroa in der Ferne sehen und ringsherum die vielen kleineren Buchten. Es gibt unzählige Hügel und Täler. Wir sehen nichts als Weiden mit Schafen, blauen Himmel und das Meer. »Hier würde ich gerne wohnen, wenn ich älter bin«, sage ich spontan, »es strahlt so eine Ruhe aus.« »Für mich wäre es zu ruhig«, antwortet Bruce, »in Pigeon Bay soll ja im Umkreis von zehn Kilometern nicht einmal ein Laden sein, deshalb schleppen wir auch jetzt das Essen mit.« »Ja, deshalb sagte ich auch, für später mal fände ich es gut. Jetzt wäre es mir auch noch zu ruhig. Übrigens sind es noch acht Kilometer bis Pigeon Bay. Alle haben uns doch erzählt, von hier aus müsse man querfeldein laufen.« »Lass uns lieber noch warten, wir haben doch Zeit«, schlägt Bruce vor. »Vielleicht kommt ja doch mal jemand vorbei.« Wir vertreiben uns die Zeit mit Geschichtenerzählen und Spielen – und trauen unseren Augen kaum, als tatsächlich ein Auto kommt. Es ist ein LKW für Schafe, allerdings ist er leer. Unser Gepäck kommt hinter die Gitter in den Schafsdreck – und ab geht es, nur wenige Kilometer weiter. Inmitten von Weiden, auf einem der Hügel, werden wir abgesetzt. »Dort hinten links, die Bucht, das ist Pigeon Bay«, sagt der Fahrer. »Ich fahre weiter nach Akaroa. Ihr könnt dort den Pfad entlang laufen durch die Felder, es müssten noch etwa drei Kilometer sein.« Wir machen uns auf den Weg. Die Ruhe ist unglaublich. Überall nur Schafe, die still vor sich hin fressen. Wir erreichen die Jugendherberge. Ein einfaches Holzhaus, das in der Einsamkeit steht. Es gibt je sechs Betten für beide Geschlechter. Es ist nur ein Däne hier, der die Ruhe für eine Fastenwoche nutzt. »Ich bin schon seit drei Tagen allein«, erzählt er. »Es gibt auch keinen Jugendherbergsvater. Ein Bauer aus der Nachbarschaft kommt jeden Abend vorbei, um das Geld abzuholen. Er bringt auch das Holz, das man aber zum Teil selbst hacken muss. Es wird ziemlich kühl abends, ich habe immer ein Feuer im Kamin gemacht.«

Wir bleiben einige Tage hier und sitzen zu dritt jeden Abend gemütlich am lodernden Feuer. Nur der Bauer gesellt sich manchmal für eine Weile zu uns. Wir erzählen Geschichten und Episoden von unseren Reisen, machen Spiele oder lesen im Gästebuch. Manche Eintragungen sind fast unheimlich. Ein alleinreisender Australier z. B. schrieb: »Es war eiskalt und ich habe Holz gehackt. Halb erfroren habe ich es in den Kamin geschichtet und dann festgestellt, dass keine Streichhölzer da sind. Ich war schon den Tränen nahe, da kam der Bauer und schon bald saßen wir am warmen Feuer in dieser kalten Winternacht.« Viele Einzelreisende schreiben darüber, wie unheimlich es hier abends sei. »Das Knistern des Feuers, die Schatten vor den großen Fenstern und vor allem die Geräusche …« Wir müssen alle drei zugeben, dass wir es auch nicht als angenehm empfinden würden, hier allein zu sein. Das Tappen der Possums, die nachts auf dem Dach herumlaufen oder laut schnaufen, regt schon die Fantasie an. Immer wieder schreibt jemand ins Gästebuch: »Dies ist ein guter Ort, um sich selbst zu finden und über sich nachzudenken.«

Tagsüber machen wir Wanderungen zum Wasser und durch die vielen Weiden mit vereinzelten Gehöften. Ich entdecke, wie viele verschiedene Arten von Schafen es gibt. Besonders hat es mir die kleine »ewig lächelnde« Rasse angetan.

»So langsam geht unser Essen zur Neige«, stellt Bruce fest. »Die wenigen Lebensmittel, die es hier in dem Laden gibt, sind auch zu teuer. Wir sollten doch bald abfahren, denn ich erwarte ja auch mein Geld in Dunedin.« Schweren Herzens trennen wir uns von diesem paradiesischen Ort. Noch oft habe ich an den Aufenthalt hier zurückgedacht. Nie habe ich auf einer früheren Reise einen friedlicheren Ort gefunden als Pigeon Bay.

Unseren letzten Abend verbringen wir zu viert vor dem Kaminfeuer. Bill aus Christchurch ist noch dazugekommen. Er will hier nur einen Tag lang fischen mit seinem Boot. Morgen fährt er mit seinem Auto zurück. Er bietet uns eine Mitfahrgelegenheit an. Das erspart uns viel Laufen mit Gepäck, und wir können noch einen gemütlichen Tag im Garten verbringen.

Zurück in der Jugendherberge in Christchurch. Zum Teil sehen wir hier dieselben Leute wieder, die aber auch schon einige

Tage woanders waren. Wir lernen ein holländisches Pärchen und zwei Amerikaner kennen, die auch morgen per Anhalter in den Süden wollen. Wir nehmen alle denselben Bus aus der Stadt hinaus und verteilen uns an der Straße. Leider sind wir die Letzten, die mitgenommen werden. Nach drei Stunden Wartezeit hält ein LKW, der allerdings nur dreißig Kilometer weiter fährt. Wir stehen also wieder auf einer einsamen Straße ohne Häuser und haben schon die Hoffnung aufgegeben, dass heute noch ein Auto vorbeikommt. Plötzlich taucht ein Polizeiauto mit einem uniformierten Beamten darin auf, das in entgegengesetzter Richtung von uns fährt. Als er uns sieht, wendet er und kommt zu uns, um ein Gespräch anzufangen. »Mir war es langweilig im Büro, man kann doch nicht den ganzen Tag am Schreibtisch sitzen«, erklärt er. »Ich habe mir das Auto genommen, um für eine Stunde oder so herumzufahren.« Wir unterhalten uns etwa eine Viertelstunde mit ihm. Der Polizist nimmt uns die drei Kilometer in den nächsten Ort mit.

Schon nach kurzer Wartezeit dort kommt ein Gefangenentransporter der Polizei vorbei, ein Kleinbus mit vergitterten Scheiben. Auch diese beiden Beamten halten. Wir legen unser Gepäck hinten in den »Käfig« und ich sitze auch schon dort, da sagt der eine: »Sie wollen doch wohl nicht hier hinten mitfahren. Vorne ist es doch viel angenehmer, auch wenn es zu viert etwas eng wird.« Sie nehmen uns mit bis Ashbury. Sie sind sehr interessiert an den Ländern, aus denen wir kommen, und fragen, wie es dort so ist. Beide erklären wir ihnen, dass es bei uns undenkbar wäre, dass die Polizei Anhalter mitnimmt, da wird einem höchstens noch eine Strafe, bestenfalls eine Verwarnung fürs Dastehen verpasst! »Wir haben eben noch Zeit hier«, sagen sie lachend. »Und warum sollen wir Gästen in unserem Land nicht helfen?«

Wir haben festgestellt, dass alle Leute hier bemüht sind einen guten Eindruck zu hinterlassen. Die erste Frage ist auch immer:

»Wie gefällt Ihnen Neuseeland?« So viel Freundlichkeit ist man zumindest als Europäer nicht gewöhnt.
In Ashbury laufen wir über eine Brücke und warten dahinter wieder vergeblich auf Autos. Es wird langsam schon dunkel. Die Hoffnung, noch nach Timaru zu kommen, haben wir schon aufgegeben. Dabei ist dort die nächste Jugendherberge. Sie liegt nur 160 Kilometer von Christchurch entfernt, in südlicher Richtung. Diesmal hält eine Frau. Sie besitzt einen der größten Bauernhöfe der Umgebung unter einem Berg mit Skifeldern. »Viele junge Leute aus Europa haben bei uns schon gewohnt und gearbeitet«, erzählt sie. »Aber jetzt brauchen wir niemand mehr. Die Arbeitslosigkeit auf den Farmen hat auch zugenommen.« Zwanzig Kilometer weiter stehen wir schon wieder zwischen häuserlosen Weiden, umringt von kauenden Schafen. Bei Sonnenuntergang hält der nächste Bauer, der mit einem Pferdeanhänger unterwegs ist. Es stellt sich heraus, dass er ein interessanter und weitgereister Mann ist. »Ich trainiere Pferde«, erklärt er. »Ich habe vier Jahre in Südafrika gelebt, fünf Jahre in Australien und das ganze letzte Jahr in Amerika. Ich denke doch, dass ich mich nun bald hier niederlasse und mich ganz den Pferden widme. Wenn ihr Lust habt, könnt ihr mitkommen auf die Pferdefarm meines Bruders.« Wir sehen uns also dort die Fütterung der Rennpferde an und fahren dann noch mit zur Rennbahn, um den Anhänger abzuliefern. Dafür werden wir wieder bis vor die Tür der Jugendherberge in Timaru gebracht. »Wie gut, dass wir per Anhalter fahren«, sage ich zu Bruce. »Ja, ich bin auch froh darüber«, antwortet er. »Wir haben heute wirklich interessante Leute kennen gelernt. Und dadurch erfahren wir auch immer mehr über das Leben hier.«

Wir treffen das holländische Pärchen und die Amerikaner wieder. Sie jammern auch alle, dass sie so langsam vorwärts kamen. Aber alle sind von der Freundlichkeit der Farmer beeindruckt.

Timaru erinnert mich an das Mittelmeer. Von der Strandpromenade aus sieht man viele Hotels, mit zum Teil französischen Namen. Die Häuser sind auch nicht – wie hier üblich – aus Holz, sondern aus Stein gebaut und überall stehen Palmen. Man könnte meinen, in Südfrankreich zu sein.

Wir laufen ein Stück aus dem Ort heraus. Sofort hält ein LKW, der bis Invercargill fährt. Die Versuchung ist groß, gleich mitzufahren, aber dann entschließen wir uns doch wie geplant in Shag Point (134 km südlich) auszusteigen. Es ist ein winziger Ort, mit etwa zehn Häusern, direkt an einer Steilküste. Es gibt kein Geschäft hier. Was es gibt, sind Seehunde, die alle auf einem großen Felsen vor der Küste liegen. Eine winzige Jugendherberge ist auch vorhanden. Es sind etwa ein Dutzend Leute hier. Alle beteiligen sich am Abendessen und gemeinsam kochen wir ein hervorragendes Gericht mit drei Gängen. Die meisten Leute hier wollen für ein paar Wochen auf einer Schaffarm arbeiten. Der noch sehr junge Herbergsvater ist jedem beim Vermitteln behilflich. Alle, die arbeiten wollen, tun es für die Erfahrung, nicht des Geldes wegen, denn die Bezahlung ist sehr schlecht.

Wir fahren am nächsten Tag nur ein kleines Stück weiter, nach Waikouaiti und nehmen deshalb den öffentlichen Bus. Die kleine Jugendherberge hier liegt direkt am Strand. Es sind keine weiteren Gäste hier, nur das junge Mädchen Cathy, das die Herberge leitet. Cathy arbeitet hier erst seit wenigen Wochen. Vorher war eine Kanadierin hier. »Ich habe mich einfach mal für die Stelle beworben, um zu sehen, wie es ist«, erzählt sie. »Ich würde es ganz gern mal für eine Sommersaison machen. Es ist ein guter Job für Leute, die gern am Strand sind und Zeit für sich selbst haben wollen. Geld sparen kann man natürlich nicht. Außer der freien Unterkunft reichen die fünfundzwanzig Dollar die Woche, die man bekommt, gerade fürs Essen.«

Wir frühstücken zusammen und verbringen dann den Tag am Strand. Wieder haben wir ein richtiges kleines Paradies entdeckt. Zusammen mit Pigeon Bay ist dies die schönste Gegend. Auch die kleinen, gemütlichen Jugendherbergen, wo man sogar morgens ausschlafen kann, sind fast wie ein eigenes kleines Haus. Wenn ich an die großen Jugendherbergen in Deutschland denke, die nur für Schulklassen da zu sein scheinen, mit vielen Regeln und – man darf nicht einmal selbst kochen! Diese kleinen, wesentlich primitiveren Häuser hier erfüllen auch ihren Zweck, und allen gefällt es.

Zwei Stunden dauert es, bis endlich ein LKW hält, der uns die vierzig Kilometer bis Dunedin mitnimmt. Er beliefert das Krankenhaus und mehrere andere Stellen mit Ware. So kommen wir zu einer kostenlosen Stadtrundfahrt und werden wieder direkt vor der Jugendherberge abgesetzt. Dunedin gefällt uns sofort sehr gut, wobei wohl auch das schöne Wetter eine Rolle spielt. Die Stadt liegt wie in einem Tal. Eine gewundene Straße führt hinunter. Bruce ist glücklich, dass er nun sein Geld bekommen hat. Wir leisten uns endlich einmal ein großes Essen.

Es ist hier im Süden schon sehr kalt und es regnet oft. Nach zwei Tagen fahren wir schon weiter. Zuerst mit einem Bus nach Fairfield, um aus der Stadt herauszukommen. Der erste Fahrer, der hält, fährt so schrecklich, dass wir schon in Gore aussteigen und nicht mit ihm bis Invercargill fahren. Der Regen hört kaum noch auf und alle erzählten uns, dass es in dieser südlichsten Stadt sowieso nichts zu sehen gäbe. Für Stewart Island, das noch südlicher liegt, ist es auch schon zu kalt. So entschließen wir uns über Lumsden direkt nach Queenstown zu fahren. Wider Erwarten legen wir die sechzig Kilometer der kleinen Nebenstraße von Gore nach Lumsden ziemlich schnell zurück. Mehrere Bauern nehmen uns mit, die jeweils fünfzehn bis zwanzig Kilometer weit fahren. Der letzte fährt dann bis in die kleine Siedlung Athol, die schon hinter Lumsden liegt, um sich ein Rugbyspiel anzusehen. Es sind von hier aus nur noch achtzig Kilometer bis Queenstown. Wir stehen auf der völlig ausgestorbenen »Hauptstraße« von Invercargill nach Queenstown. Am Straßenrand sitzend, können wir auch das Rugbyspiel verfolgen. Nach zwei Stunden ist es beendet. In dieser Zeit war keinerlei Verkehr. Die meisten Leute fahren wieder nach Hause. Ein älteres Ehepaar, das auch nur des Spieles wegen hier war, nimmt uns mit. Fünfzehn Kilometer weiter, in einen noch kleineren Ort. Zum Abschied bekommen wir noch selbstgebackenen Kuchen, als »Wegzehrung«. Ausgestorben liegt die Straße im Sonnenuntergang. Weit und breit ist kein Laut zu hören, geschweige denn ein Fahrzeug zu sehen. Langsam fangen wir an, uns Sorgen zu machen, wo wir übernachten sollen. Deshalb entschließen wir uns nach Kingston zu laufen. Es ist zwanzig Kilometer entfernt und wir hoffen, dass es ein größerer Ort mit einer Unterkunftsmöglichkeit ist. Es ist nun schon völlig dunkel. Gegen 19 Uhr kommt der Bus nach Queenstown vorbei. Wir winken und versuchen ihn anzuhalten, doch er fährt leider weiter. Wir laufen an zwei Autofahrern vorbei, die eine Panne haben. Sie wundern sich darüber, dass wir hier im Dunkeln herumlaufen, sehen aber ein, dass wir nichts anderes tun können. »Der nächste Ort heißt Fairlight«, klären sie uns auf, »da gibt es aber absolut nichts, außer einigen Häusern. Ihr müsst schon bis Kingston durchhalten. Bis Queenstown sind es von hier etwa noch sechzig Kilometer.« Wenigstens ist das Laufen besser als das Stehen, denn es ist sehr kalt, ich trage sogar schon Handschuhe. Plötzlich hören wir Motorengeräusche. Sollte doch noch ein Auto unterwegs sein? Es sind sogar zwei, die beide halten. Im ersten sitzt eine junge Frau, um die zwanzig Jahre alt, ihr Mann fährt das zweite

Auto. Sie nehmen uns mit in ihr großes Haus. Sie besitzen eine Schaffarm mit zweitausend Schafen. »Das ist hier nur eine durchschnittliche Größe«, erklärt sie. Wir stellen ihr Auto ab und fahren alle zusammen in seinem Auto nach Queenstown. Sie fahren extra wegen uns dorthin. »Wir haben euch schon auf der Hinfahrt nach Athol gesehen«, erzählt die Frau. »Erst haben wir uns dort das Rugbyspiel angesehen, und dann hat mein Mann noch trainiert.« Es ist ein sehr nettes Ehepaar. Sie schalten die Heizung ein, damit wir warm werden, geben uns Tipps, was wir in Queenstown alles machen können und fahren uns direkt zur Jugendherberge.

Queenstown ist das Touristenzentrum der Südinsel. Hier kann man Jetbootfahrten machen, über Berge reiten, drachenfliegen usw. Man könnte in wenigen Tagen ein Vermögen ausgeben, wollte man alles wahrnehmen, was angeboten wird. Wir entschließen uns, einen Tag in der Natur zu verbringen und einen Berg zu besteigen. Wir nehmen ein Picknick mit und laufen den Hügel hinauf, auf den man auch mit einer Seilbahn fahren könnte. Von der Station aus sollen es noch dreieinhalb Stunden zu laufen sein auf den Ben Lomond (1746 m). Wir können schon auf die Stadt hinabsehen, die winzig erscheint, eingerahmt von Bergketten und dem Wakatipu-See. Für die Aussicht vom Gipfel hat sich der steile Aufstieg sicherlich gelohnt. Bis an den Horizont sehen wir Bergketten, teilweise mit Schneekuppen, und grünliche Seen. Die Stille ist vollkommen ungewohnt. »Ich weiß gar nicht, warum alle nach Nepal gehen, um in den Himalajas herumzulaufen«, sage ich zu Bruce. »Wir haben hier noch keinen Menschen getroffen, und dort sind Massen unterwegs. Obendrein muss man noch für eine Wandererlaubnis zahlen. Die Berge hier sind ebenso schön.« »Ja, ich wünschte, ich hätte mehr Zeit, um eine Wanderung zu machen in Neuseeland«, sagt Bruce, »aber der berühmte Milford

Trek ist schon geschlossen für den Winter. Vielleicht haben wir Glück mit dem Wetter weiter im Norden, dann können wir den Abel Tasman National Park ansehen.« Auf dem Rückweg treffen wir zwei Mädchen und einen älteren Mann. Er erklärt uns eine Abkürzung, die über drei steile kleine Hügel führt bis zur Seilbahn. Der Pfad ist oft kaum zu sehen, wegen kleiner Erdrutsche. Das Hinunterfahren mit der Gondel ist billiger als hinauf. Der Ausblick ist allerdings nichts Besonderes, wenn man vorher auf dem Berg war.

Mit einem LKW verlassen wir Queenstown. Der Fahrer fährt nicht den Umweg über die Hauptstraße, sondern die Waschbrettstraße durch die Berge. So können wir wieder die gute Aussicht genießen. Wir lassen uns an der Abzweigung zum Franz-Josef-Gletscher absetzen. Ein deutsches Pärchen steht schon lange in Richtung Alexandra. Schon oft haben wir von vielen Leuten gehört, wie schwer es sein soll, an der Westküste per Anhalter weiterzukommen. Die einzigen Autos, die hier fahren, sind die Campingbusse und Mietwagen der Touristen. In unserer Richtung steht auch ein Engländer, der uns heute Morgen schon eine Mitfahrgelegenheit vor der Nase weggeschnappt hat. »Ich hätte schon mit einem Auto bis Haast mitfahren können«, erzählt er, »aber das ist mir nicht weit genug. Ich will möglichst gleich mit einem Wagen durchfahren.« Tatsächlich hält nach kurzer Zeit ein Campingbus, der direkt bis zum Gletscher fährt. Leider soll nur eine Person mitfahren. Dies ist das einzige Fahrzeug für die nächsten drei Stunden. Wir sehen uns ausgiebig das »Trampergrab« an, das am Straßenrand mit vielen Steinen aufgeschichtet ist, mit einem Holzkreuz obendrauf. Jeder Stein ist von Leuten aller möglichen Nationalitäten beschriftet. »Ich stand hier drei Tage, dem Wahnsinn nahe«, steht da z. B. oder: »Habe nach dreißig Stunden wegen der Kälte aufgegeben.« Wir beschreiben auch jeder einen Stein und legen ihn mit dazu. Wir entschließen uns nach Wanaka zu fahren und dort zu übernachten. Ziemlich schnell hält ein Auto in diese Richtung. Es ist ein Rentnerehepaar aus Auckland, das hier Urlaub macht.

Wir übernachten in der kleinen Jugendherberge und lernen einen netten Amerikaner aus Südkalifornien kennen. »Ich habe eine Wanderung gemacht, einfach so auf gut Glück durch den Busch«, erzählt er, »da waren keinerlei Pfade. Ich kam an einem See raus und habe da einen Fischer getroffen. Der lässt sich mehrmals im Jahr für jeweils zwei Monate in ein abgelegenes Gebiet fliegen. Er fischt Aale, am Tag zweihundertfünfzig Stück. Sie werden komplett in Taschen verwahrt, die er alle in den Schlamm schmeißt. Wenn die Zeit um ist, sammelt er die Aale ein, und das Flugzeug fliegt hin und her, bis alle weg sind. Ich habe ihm geholfen alles einzusammeln, mehrere Tonnen Aale, die für Holland bestimmt sind. Ich bin dann mitgeflogen bis Wanaka. Die Aussicht war einfach herrlich, die schneebedeckten Berge und Gletscher mit gefrorenen blauen Seen oben drauf. Ich finde Neuseeland einfach einmalig und will meinen sechsmonatigen Aufenthalt noch einmal verlängern. Gearbeitet habe ich bisher auch oft, auf Farmen und in Bars. Wenn man erst einmal gearbeitet hat, bekommt man auch Beziehungen. Dadurch wird man weiterempfohlen und bekommt neue Adressen.«

Am Morgen vor der Abfahrt sehen wir uns den See in Wanaka an. Die Blätter spiegeln sich darin in allen Herbstfarben. Danach fahren wir mit einem Bus zum Franz–Josef-Gletscher. Es ist eine lange Fahrt, denn der Fahrer sammelt Postsäcke ein und teilt Tageszeitungen aus. Im strömenden Regen wird rechtzeitig die Tür geöffnet, ein Stapel Zeitungen oder eine einzelne, zusammengerollte, fliegen mit Schwung auf die

Straße. Ab und zu fallen sie in Pfützen. Kleine Straßen, die wohl zu einsamen Häusern führen, die man nicht sehen kann, zweigen ab. Der Busfahrer erzählt viel über die Gegend und hält manchmal zum Fotografieren. Wir sehen dichten Regenwald, klares Wasser und Berge, die sich darin spiegeln. Zum Glück scheint auch öfters zwischendurch die Sonne. Erst kurz vor dem Gletscher regnet es sich wieder ein. Die Westküste hat den höchsten Niederschlag im ganzen Land, es regnet durchschnittlich jeden zweiten Tag. Wir brauchen sieben Stunden mit dem Bus für die dreihundert Kilometer.

Es bleibt den ganzen restlichen Nachmittag und Abend regnerisch und neblig. Wir bleiben also in der gemütlichen Jugendherberge vor dem warmen Kamin. Es sind viele Touristen hier, auch Deutsche. Es wird ein lustiger Abend. »Wir haben den Abel Tasman Trek gemacht«, erzählt Hans, »der ist fest in deutscher Hand, andere Nationalitäten haben wir überhaupt nicht getroffen. Da sind sieben Buchten, die man nur bei Ebbe überqueren kann. Es hatte vorher ein paar Tage geregnet, so dass Bäche von Wasser die Buchten runterflossen. Ebbe hieß dann: Wasser bis zur Brust. Der Rucksack, alles wurde nass. Wir haben uns tageweise abwechselnd getragen, damit wenigstens immer einer trockene Füße behielt.« Die Art, in der Hans Reiseepisoden zum Besten gibt, bringt uns alle zum Lachen. Klaus dagegen ist etwas ernster. »Neuseeland war immer mein Traumland. Ich dachte, hier sei alles noch so natürlich. Nun habe ich aber eine Kiwi-Farm besichtigt und bin ganz schockiert, mit wie viel Chemikalien die Früchte gespritzt werden. Die werden ca. zehnmal mit verschiedenen Pestiziden behandelt.« »Dass hier nicht alles wie im Paradies ist, ist doch klar«, wirft Hans wieder ein. »Ich könnte hier sowieso nicht leben, weil mir die Leute zu apathisch sind. Da ist ja null Reaktion auf irgendwelche politischen Themen. Ich habe mal mit einem

Amerikaner über Politik diskutiert, da gingen die Neuseeländer alle weg. Ich fragte: 'Wieso?', da sagten sie, das brächte sowieso nichts. Sie sahen es sogar als Streiterei, nicht als Meinungsaustausch, und außerdem hätten sie daran kein Interesse.«

Am nächsten Tag regnet es noch genauso, und alles ist in dichte Wolken gehüllt. Wir sehen also nichts von dem Gletscher. Deshalb entschließen wir uns, mit dem Bus weiterzufahren nach Greymouth. Fast alle, die gestern mit uns im Bus saßen, fahren heute auch wieder weiter.

Greymouth ist eine ziemlich langweilig aussehende Stadt mit Industrie. Es wird scheinbar doch schon Winter. Die Kälte und der Regen treiben uns weiter in den Norden. Die meisten Leute in der Jugendherberge wollen auch schnell weiter. Alle sagen, dass es schwierig sei, in den Norden zu kommen, weil es kaum Verkehr gebe. Zwei Mädchen, die wir seit Queenstown immer wieder treffen, nehmen den Bus, morgens um sieben Uhr, denn sie wollen heute noch in Wellington ankommen. Wir stehen eine Stunde lang in dem eisigen Wind; kaum Verkehr und niemand hält. Ein Amerikaner, der auch in der Jugendherberge war, stellt sich ein Stück vor uns auf die Straße. Endlich werden wir mitgenommen. Von einem Mann, der uns etwa dreißig Kilometer weiter an einem Sägewerk absetzt. Es dauert nicht lange, da kommt ein LKW mit dem Amerikaner und einem Kanadier, der auch in der Herberge war. Vorn passen wir nicht mehr hinein. So müssen wir hinten im fensterlosen Laderaum mitfahren. Zum Glück bleibt wenigstens ein Licht an. In Reefton werden wir alle abgesetzt. Noch etwa zweihundert Kilometer bis Nelson. Der Amerikaner biegt nun ab nach Christchurch. Der Kanadier läuft noch ein Stück mit uns, er will auch nach Nelson. Er bleibt zurück, wir laufen weiter. Kurze Zeit später kommt ein Auto, in dem er schon sitzt. Es sieht so aus, als werden wir die ganze Strecke gemeinsam fahren. Alle zusammen werden wir in einer steppenartigen Landschaft abgesetzt. Es gibt hier absolut nichts, außer stechenden Fliegen, die sich auf uns stürzen. Wir haben alle das dumme Gefühl, hier draußen werden wir übernachten müssen. Bruce und ich laufen gleich weiter und hoffen, dass die Kreuzung mit der Straße aus Richtung Westport nicht weit entfernt ist. Wir ruhen uns eine Weile am Straßenrand aus und werden gleich wieder von dem Kanadier eingeholt. »Wir sehen uns sicher an der Kreuzung wieder«, sagt er noch. Kurz darauf hören wir ein Motorengeräusch und trauen unseren Augen nicht, als tatsächlich ein schneeweißer Wagen in Sicht kommt. Es ist sogar ein schneller Jaguar. Der junge Fahrer fährt auch noch direkt nach Nelson! Leider will er keine drei Leute mitnehmen. So müssen wir an dem Kanadier vorbeifahren. Wir sehen ihn auch nicht mehr wieder.

Zur Abwechslung ist einmal herrliches Wetter mit blauem Himmel. Erst kurz vor Nelson regnet es wieder in Strömen. Wir lassen uns direkt am Busbahnhof absetzen. Der Bus aus Greymouth mit den beiden Mädchen ist gerade angekommen. Wir entschließen uns, mit den beiden mitzufahren, direkt weiter bis Wellington. Nelson soll die meisten Sonnentage Neuseelands haben. Deshalb wird hier auch viel Obst angebaut. Leider sehen wir davon nichts. Alles ist in Nebel und Nässe gehüllt. Auch den Abel Tasman Nationalpark müssen wir vergessen. Der Bus nach Picton braucht sehr lange, weil er wieder Zeitungen verteilt. Wir können erst um 20 Uhr mit der Fähre fahren und kommen deshalb vor Mitternacht in Wellington an. Das *Beethoven House* ist schon voll. So nehmen wir uns zusammen mit den Mädchen ein Taxi zur Ivanhoe Lodge. Wir gehen einfach durch die Tür. Überall auf dem Boden liegen Leute, auch in der Eingangshalle. Es ist dunkel und wir sehen niemand, den man fragen könnte. So legen wir uns einfach mit ins Wohnzimmer.

Das Wetter in Wellington ist wieder sehr schön. Bruce hat nicht mehr viel Zeit bis zu seinem Abflug, deshalb müssen wir ziemlich schnell zurück nach Auckland. Wir fahren mit einem Bus bis Rotorua. Diesmal gehen wir in die etwas abgelegenere, aber schöne neue und warm beheizte Jugendherberge. Zu meinem Erstaunen treffe ich ein Mädchen aus meiner Heimatstadt Dortmund. Sie studiert Geologie und möchte ein Praktikum in Wellington machen.

Am nächsten Tag regnet es wieder in Strömen, genau wie bei unserem letzten Aufenthalt hier. Wir geben deshalb den Plan auf, noch für zwei Tage auf die Halbinsel Coromandel zu fahren. So langsam geht uns das nasse Wetter auf die Nerven. Alles ist schon feucht. An diesem Abend lerne ich einen deutschen Medizinstudenten kennen, der zweieinhalb Monate lang ein Praktikum in einem Krankenhaus in Wellington gemacht hat. Von hier aus will er nach Jamaika für weitere zweieinhalb Monate Praktikum. »Als ich in Auckland ankam, hatte ich gar keinen Weiterflug, denn ich wusste nicht, dass man einen braucht. Ich dachte, den Flug nach Jamaika kann ich auch hier kaufen. Da haben sie meinen Pass weggenommen bei der Einreise und mir eine Woche Zeit gegeben, ein Ticket zu besorgen. Als ich dann die Preise hier gesehen habe, musste ich um eine Verlängerung bitten, und habe das Ticket von meiner Mutter in Deutschland besorgen lassen.« »Ich wusste gar nicht, dass das geht«, sage ich erstaunt. »Es musste eben gehen«, antwortet er.

Wir beschließen am nächsten Tag mit dem Bus auf dem schnellsten Weg nach Auckland zurückzufahren. Bruce hat kaum noch Geld und muss sowieso übermorgen abfliegen.

Auch ich habe genug vom Wetter und werde in Auckland bei Freunden »überwintern«.

Leider erleben wir einen schlechten Abschluss der Reise. Bei einer Pause an einer Raststätte lässt Bruce seine Tasche mit der Kamera im Gepäcknetz liegen. Erst beim Aussteigen in Auckland merkt er, dass sie weg ist.

***

Mein Leben in Neuseeland: Erste Versuche in der neuen Umgebung

Nach meiner Reise um Neuseeland kam ich Ende April 1983 wieder nach Auckland zurück. Ich hatte vor, noch zwei Monate dort zu bleiben bevor ich zu meiner Mutter nach Deutschland zurückfahren wollte. Nicht zuletzt brauchte Michael auch diese weiteren zwei Monate, um die Kameraausrüstung zu verkaufen, die mein Vater ihm bezahlt hatte. Keiner von uns hatte gedacht, dass ich dieses »Notgeld« von meinem Vater so schnell brauchen würde!

Während dieser Zeit wohnte ich bei Michaels Eltern und sah mich auch nach Arbeit um. Es konnte ja nicht schaden, so früh wie möglich die Arbeitssituation in der Stadt zu erkunden. Auch Geschäftsideen um mich eventuell selbstständig zu machen, wurden in Betracht gezogen. So fiel mir zum Beispiel auf, dass es in der Stadt kaum etwas gab, wo man spät abends noch hingehen konnte. Natürlich gab es Kneipen, die aber in der Woche um 22 Uhr geschlossen wurden – samstags gar um 23 Uhr. Sonntags war gar nichts geöffnet, wo Alkohol ausgeschenkt wurde. Natürlich gab es auch »Nightclubs«, also Diskotheken, die aber auch nur ab mittwochs bis zum Wochenende von 22 Uhr bis 3 Uhr morgens geöffnet waren.

Meine Idee war daher so eine Art Café zu eröffnen, wo man auch nach Schließung der Kneipen gemütlich zusammensitzen konnte. Ich hatte natürlich keine Ahnung, wie die Gesetze diesbezüglich waren, noch hatte ich eine Aufenthaltsgenehmigung oder Arbeitserlaubnis. Daher schien es mir am einfachsten, mich erst einmal nach einem einheimischen Geschäftspartner umzusehen, denn allein könnte man so ein Geschäft sowieso nicht führen. Ich habe mich dann also sowohl nach Arbeitsstellen in meinem Beruf als Designerin umgesehen als auch, parallel dazu, meine Geschäftsidee weiter verfolgt. Für die Idee mit dem Café stellte ich mir einen Geschäftspartner vor, der auch finanziell die Hälfte der Kosten übernehmen würde. Was Arbeit in meinem Beruf betraf, so wollte ich es zuerst mit Fotostudios versuchen, da ja meine Abschlussfächer Fotografie und Typografie gewesen waren. Ich suchte mir aus dem Telefonbuch 4 Studios aus und schrieb Blindbewerbungen. Zwei der angeschriebenen Betriebe antworteten nicht, während zwei mir einen Termin zum Vorstellungsgespräch gaben. Es stellte sich heraus, dass ein Studio von einem gebürtigen Holländer geführt wurde, der einen selbstständigen Partner mit eigener Ausrüstung suchte. Dies wäre also ein Geschäftspartner gewesen, wie ich ihn auch für ein Café suchte. Der Holländer wollte einen Raum an den zukünftigen Partner vermieten und stellte sich eine Teamarbeit vor, bei der er hauptsächlich die fotografischen Arbeiten machen wollte und ich mehr die grafischen Arbeiten als Designer übernehmen sollte. Als Berufsanfänger ohne jegliche Erfahrung kam mir das eher riskant vor, zumal ich bei den Designarbeiten einfach sowieso nicht genug Praxis hatte.

Das andere Studio gehörte einem englischen Paar, das einen weiteren Fotografen suchte. Ihre Vorstellung war, jemanden zu finden, der auch selbstständig und mit eigener Ausrüstung dort mitarbeiten konnte. Sie hatten sogar Verständnis dafür, dass ich als Berufsanfänger nicht gleich dieses Risiko als Geschäftsinhaber tragen wollte und boten daher an, dass ich erstmal so eine Art Assistenz bei ihnen machen könne. Allerdings sollte ich nicht bezahlt werden und auf jeden Fall den Raum anmieten, in dem ich dann später selbstständig arbeiten sollte. Sie waren beide begeistert von meiner umfangreichen, jahrelangen Ausbildung als Designer, die es wohl in dieser Form weder in England noch in Neuseeland gab. Ich erklärte beiden meine Situation, dass ich bald nach Deutschland reisen müsse, da mein Vater gestorben war und dass ich eine Aufenthaltserlaubnis, bzw. eine Arbeitserlaubnis für Neuseeland brauchte. Sie bedauerten das sehr, lehnten es aber strikt ab, mir mit der Arbeitserlaubnis zu helfen. Wir mussten dann so verbleiben, dass sie hofften, ich könne meine bürokratischen Probleme mit Neuseeland erst einmal lösen, dann sollte ich mich wieder melden.

Ich hatte mir viele Gedanken über diese Arbeitsmöglichkeit gemacht und mich entschlossen, einen Beratungstermin bei einem Anwalt zu vereinbaren. Dort erfuhr ich dann, dass es mit einer Arbeitserlaubnis für eine bestimmte Stelle wirklich nicht ohne Hilfe des Arbeitgebers ging. Dieser musste normalerweise beweisen, dass er keinen Einheimischen für die Stelle finden konnte. Dies klappte in der Regel auch gut, wenn spezielle Kenntnisse, sei es Deutsch als Sprache oder eben eine gute Ausbildung als Designer, als Grund angeführt werden konnten. Aber wenn ich als Selbstständige arbeiten wollte – was ja das englische Paar unbedingt voraussetzte –, dann wäre die ganze Prozedur anders gewesen. Auf jeden Fall müsste ich ein Grundkapital haben, um ein Geschäft zu gründen. Könnte ich dies aber nicht nachweisen und brauchte stattdessen sogar einen Kredit, dann müsste wenigstens ein Geschäft gegründet werden, bei dem Arbeitsstellen geschaffen würden oder sonst irgendein Nutzen für die hiesige Wirtschaft nachweisbar wäre. Wenn ich einfach selbstständig als Fotografin arbeiten wollte, wäre es sehr aufwendig und mit viel Bürokratie verbunden, die richtigen Papiere zu besorgen. Da ich sowieso kein Kapital hatte, wäre die preiswerteste Art an eine Aufenthaltserlaubnis zu kommen, einfach über eine normale Arbeitsstelle, bei der der Arbeitgeber mir helfen würde. Der Anwalt riet mir auch davon ab, ein Café aufzumachen zusammen mit einem Einheimischen. Er sagte, da ich keine Aufenthaltsgenehmigung habe, sei es sehr riskant, denn ich könne nur als stiller Teilhaber dabei sein und hätte keinen Einfluss darauf, wie der Geschäftspartner die Geschäfte führt. Er gab mir den Rat, zuerst zu versuchen an die Aufenthaltsgenehmigung zu kommen. Dies sei am einfachsten, indem ich mir eine normale Arbeitsstelle besorge, bei der der Arbeitgeber die Formalitäten für mich erledigt. Wenn die Papiere in Ordnung sind, dann könne ich mich immer noch nach einem selbstständigen Geschäft umsehen.

Inzwischen hatte Michael einen Bekannten für mich gefunden, dessen Mutter ihm Geld geben wollte um ein Geschäft zu eröffnen. Sie hoffte, dass er etwas finden würde, was ihm Spaß machte, denn er gab sich wohl schon einige Zeit dem Nichtstun hin. Sein einziges Interesse schien es zu sein, in seiner Band zu spielen. Er fand meine Idee mit dem Café gut, weil er hoffte, dort dann öfters mit seiner Gruppe spielen zu können. Wir fingen also an, uns nach Räumlichkeiten umzusehen. Wir sahen uns mehrere Lokale, die zu vermieten waren, an, darunter auch größere Hallen. Die Letzteren waren von der Miete her günstiger, weil sie nicht direkt in der Innenstadt waren und sie lagen so, dass man viel Krach hätte machen können. Allerdings wären größere Umbauarbeiten nötig gewesen, die dann unseren finanziellen Rahmen gesprengt hätten. Wiederum sahen wir Lokale, die günstig in der Stadtmitte lagen und in denen nicht viel verändert werden musste. Aber dafür war die Miete so teuer, dass es zweifelhaft schien, ob wir das auch erwirtschaften konnten. Außerdem fiel mir bald auf, dass der zukünftige Geschäftspartner wohl kaum ein fleißiger Mitarbeiter sein würde. Sein einziges Interesse waren die Musikeinrichtungen und die zukünftigen Auftritte. Die Hauptarbeit der Bewirtung der Gäste wäre damit nur mir zugefallen und Angestellte hätte wir uns ja nicht gleich leisten können. Das Problem mit meiner Aufenthaltsgenehmigung und der Arbeitserlaubnis war auch noch nicht gelöst, schon deshalb musste ich mich von dieser Idee erst einmal zurückziehen.

In Neuseeland konnte ich als Tourist zu der Zeit auch drei Monate bleiben. Danach musste ich mit einem Bürgen zur Einwanderungsbehörde, um eine Aufenthaltserlaubnis bis zu einem Jahr zu beantragen. Die Regelung war also genau, wie Michael es in Deutschland erlebt hatte. Ich entschloss mich deswegen nach den ersten drei Monaten zu meiner Mutter zu fahren, die inzwischen auch krank geworden war und Hilfe brauchte. Nachdem die Dinge dort geregelt waren, würde ich wieder zurückkommen nach Neuseeland und mit der beruflichen Suche dort weitermachen wo ich aufgehört hatte.

Michaels Mutter, Joyce, sagte eines Tages: »Ich habe dir eine Stelle in einem Restaurant besorgt, du kannst morgen Abend anfangen. Es ist doch besser etwas zu tun und einfach mal zu versuchen mit Arbeit Fuß zu fassen.« Wahrscheinlich hatte sie Recht, denn für die Arbeitserlaubnis war es gleichgültig, welche Art von Arbeit ich versuchte. Ich fing also an als Kellnerin zu arbeiten. Ich sollte ausgebildet werden, da ich mit dieser Arbeit keine Erfahrung hatte. Es wurde mir auch gleich ein 21 Jahre alter deutscher Koch vorgestellt. Ich unterhielt mich mit ihm und fand heraus, dass auch er nur für drei Monate als

Koch angelernt worden war. »Hier brauchst du keine langen Ausbildungen zu machen«, erzählte er begeistert, »jeder kann alles versuchen, was er will. Man wird einfach eingearbeitet. Ich bleibe nur noch kurz hier und werde dann als ausgebildeter Koch eine bessere Arbeitsstelle suchen.« Ich fragte mich, ob das wohl ein Vorteil für die Verbraucher war, wenn Handwerker nach kurzer Anlernphase alle Arbeiten übernehmen konnten. Damit machte ich später noch Erfahrungen!

Gleich am zweiten Abend sollte ich in dem Restaurant ein Formular für das Finanzamt ausfüllen. Leider hatte mich Joyce auch unter meinem richtigen Namen vorgestellt. Da ich keine Arbeitserlaubnis hatte, sagte ich kurzerhand, dass ich plötzlich nach Deutschland müsse, da meine Mutter krank sei, und ich könne deshalb nicht mehr kommen. Joyce war total erstaunt, dass es mit der Arbeitserlaubnis so ernst genommen wurde. Wahrscheinlich war sie gewöhnt, dass Engländer keine Probleme haben, mit anderen Ausländern hatte sie keine Erfahrung.

Als meine Abreise dann näher kam, war ich doch traurig, dass ich nicht mit der Arbeitssuche weitermachen konnte. Ich hatte auf jeden Fall den Eindruck, dass es in Neuseeland in der Beziehung doch noch mehr Möglichkeiten gab als in Deutschland. Bei nur vier Bewerbungen zwei interessante Angebote selbstständig zu arbeiten, war immer noch besser als in Deutschland zu hören, es gebe Hunderte von arbeitslosen Designern und man könne mir nicht helfen. Mein erster Eindruck war jedenfalls überwältigend positiv, denn es gab einfach so viele Möglichkeiten in verschiedene Richtungen. Von allen Seiten wurde man auch ermutigt, anstatt immer nur kritisiert zu werden wie in Deutschland. Eine Idee wie mit dem Café wäre in meinem Heimatland ja nur auf Ablehnung gestoßen. Hier jedoch fiel es gleich auf, dass die Leute jeder Idee selbstständigen Arbeitens sehr aufgeschlossen gegenüberstanden. Ich stellte sehr schnell fest: Neuseeländer mögen einfach nicht gern für andere Leute arbeiten, sondern sind lieber ihr eigener Herr. Viele Bekannte der Familie, bei der ich wohnte, arbeiteten entweder freiberuflich allein von zu Hause aus oder führten ihren eigenen Betrieb.

Beeindruckt war ich auch von dem ganzen sozialen System in diesem Land, hatte ich doch immer geglaubt, Deutschland sei ein Sozialstaat. Neu war mir daher, dass es auch etwas anderes gab als das deutsche System, das ja in meiner Jugend für unfehlbar gehalten wurde. Hier in Neuseeland zahlte damals niemand eine Krankenversicherung. Jeder, der eine Operation im Krankenhaus brauchte, konnte diese auf Staatskosten bekommen. Alles finanzierte sich aus Steuergeldern in diesem System. Wie das mit dieser geringen Einwohnerzahl funktionierte, war mir schleierhaft. Natürlich wusste ich damals noch nicht, dass dies alles nur mit geliehenem Geld funktionierte und sich das Land in einer riesigen Schuldenfalle befand. Ärzte wurden stark bezuschusst, so dass von jedem, der dort eine Konsultation brauchte, nur eine geringe Zuzahlung verlangt wurde. Also alles auf Staatskosten! Ich war beeindruckt! Das wahre Ausmaß dieses Systems lernte ich natürlich erst später kennen.

Ich hatte auch nicht gewusst, dass Neuseeland zu der Zeit (1983) noch ein sozialistisches Land war. Es regierte die National Party unter Robert Muldoon. Alle Preise im Land sowie Löhne und Gehälter waren schon längere Zeit »eingefroren« und veränderten sich nicht. Deshalb sah man auch z. B. an Tankstellen keine Preistafeln, was mich am Anfang sehr irritiert hatte. Da aber Benzinpreise auch einheitlich waren, brauchten sie auch nicht angeschrieben zu werden! Durch die einheitlich eingefrorenen Preise und Einkommen war das Leben noch sehr erschwinglich, zumindest im Vergleich zu später. Dafür waren alle Luxusgüter – wozu auch Stereoanlagen, Videorekorder usw.

zählten – absolut teuer und unerschwinglich. Dadurch wurde mir klar, dass der »Lebensstandard« hier auf jeden Fall geringer als in Deutschland war, denn normale materielle Dinge, die in meiner Heimat wie selbstverständlich zum Haushalt gehörten, waren hier unerschwinglich. Dafür hatte ich aber nun selbst die berühmte »Lebensqualität« kennen gelernt, die die Menschen hier nie missen wollten. Dazu gehörte saubere Umwelt, angenehmes Wetter und als ganz großes Plus geringe Bevölkerungsdichte. Außerdem gute Arbeitsmöglichkeiten, allgemeiner Optimismus der Menschen und alle waren extrem freundlich, gar kein Vergleich zu Deutschland! Ziemlich schnell waren mir viele Marktlücken aufgefallen, die findige Einwanderer in Zukunft sicher ausfüllen würden. So hatte ich bei meiner Reise um die Südinsel viele Europäer kennen gelernt, die gerne aus diesem Grund hier bleiben wollten, aufgrund dieser beruflichen Möglichkeiten. So sagte mir z. B. ein Käsemacher aus der Schweiz, dass er es unglaublich findet, dass Neuseeland als Land der »dairy products« überhaupt nichts bietet. So gab es zu der Zeit weder Buttermilch, keine verschiedene Käsesorten, keinen Quark oder riesige Auswahl an verschiedenen Joghurts oder Milchprodukten. Ungeahnte Möglichkeiten erschlossen sich hier für viele Berufsgruppen. Ich wollte gern Teil dieser Neuerungen im Land sein, schon dafür würde sich das Wiederkommen lohnen.

Meine ursprüngliche Idee war gewesen, das eine Jahr, das man in Neuseeland als Tourist bleiben durfte, zu nutzen, vor allem um meine Sprachkenntnisse zu verfeinern. Dabei war natürlich auch die Hoffnung dass sich auch arbeitsmäßig etwas ergeben würde.

Bei meiner Abreise im Juni 1983 wurde ich dann mit der Bürokratie eines sozialistischen Landes konfrontiert: an der Bank wurde mir erklärt, dass es gesetzlich so sei, dass niemand eher als eine Woche vor der Abreise Reiseschecks in fremder Währung bestellen durfte. Genau eine Woche vor Abflug musste ich mit meinem Ticket als Beweis bei der Bank erscheinen und dort ein riesiges Formular ausfüllen. Das ganze erinnerte mich sehr stark an das sozialistische Burma, wo ich im Jahr zuvor gewesen war. In Neuseeland durfte man zu der Zeit nur eine Höchstsumme von 10 000 neuseeländischen Dollar pro Jahr ausführen. Dies galt für alle gleich, Einheimische wie Touristen.

Michaels Eltern glaubten nicht daran, dass ich wieder zurückkommen würde, nachdem ich einmal abgefahren war. Meine Beziehung zu Michael war ja praktisch auch zu Ende. Aber ich hatte mir trotzdem vorgenommen wiederzukommen und zu beenden, was ich angefangen hatte.

Ende Juni verließ ich Neuseeland mit meinem Ticket der französischen UTA Fluggesellschaft, die dieses Jahresticket mit Aufenthaltsmöglichkeiten im ganzen südlichen Pazifik anbot. Ursprünglich wollte ich natürlich alle Stopps nutzen. Wegen meiner Mutter konnte ich das nicht und blieb deshalb nur eine Woche in Neukaledonien, bevor es weiterging nach Singapur, wo mein Ticket endete. Ich fuhr dann gleich weiter nach Penang, um mir dort die weiteren Flüge zu besorgen. Mit der Aeroflot kaufte ich die Flüge: Kuala Lumpur-Amsterdam-Kuala Lumpur. Ich blieb dann drei Monate in Deutschland.

***

Ein neues Leben

Das Wetter in meiner Heimat versuchte sein Bestes, mich zum Bleiben zu bewegen: die ganzen drei Monaten war es heiß, meist über 30° C und es regnete nicht ein einziges Mal. So ein

Sommer war in Dortmund selten! Dennoch: wie geplant flog ich zurück nach Kuala Lumpur. Wegen eines Festes dort waren alle Hotels der Stadt ausgebucht und ich fuhr gleich mit dem Nachtzug weiter nach Singapur. Dort erstand ich ein super Ticket, noch günstiger als das der UTA Fluglinie. Air New Zealand bot ein Ticket an von Singapur nach Auckland, weiter nach Nadi (Fidschi-Inseln), Rarotonga (Cook-Inseln), Papeete (Tahiti) und es endete in Los Angeles. Bei diesem Billigflug gab es kein Geld zurück, falls man nicht fliegen konnte oder weil man an kein Visum kam. Im Reisebüro wurde mir deshalb geraten mir zuerst das Visum für die USA (was man damals noch brauchte) zu besorgen, bevor ich das Ticket kaufte. Ich ging also frohen Mutes zur amerikanischen Botschaft in Singapur. Ich erwartete keinerlei Schwierigkeiten, denn ich war ja schon einmal zwei Monate als Tourist durch die USA gefahren. Dort angekommen wurde mir jedoch gesagt, ich müsse zu einem »Interview« kommen, was in Deutschland kaum verlangt wurde. Dort erlebte ich dann mein blaues Wunder: die Frau, die mich ausfragte, stellte mir merkwürdige persönliche Fragen. So wollte sie wissen, was denn mein Freund Michael in Auckland macht? Wo und wie lange habe ich bisher als Designer gearbeitet? Sie stellte fest: »Sie scheinen ja nur um die Welt zu *driften* und sich nirgendwo länger aufzuhalten. Bleiben Sie erst einmal länger an einem Ort, dann können Sie wieder ein Visum beantragen.« Ich war sprachlos! Schön wäre es, wenn ich mir ein »Um-die-Welt-Driften« hätte leisten können! Und selbst wenn das so wäre, was interessiert das die USA, wie ich lebe? Könnte es sein, dass die USA ein noch bürokratischeres Land als Deutschland waren? Kaum zu glauben, aber so etwas schien es tatsächlich zu geben! Ich kaufte dann trotzdem das Air New Zealand Ticket und flog ab nach Auckland. Kurz vor meinem dreißigsten Geburtstag Ende September kam ich dort an.

Ich wohnte wieder bei Michaels Eltern, die sich freuten, dass ich wiedergekommen war. Sie wollten mir weiterhin helfen in Auckland Fuß zu fassen. Michael hatte inzwischen Arbeit gefunden. Zur Zeit meiner Abreise war er noch arbeitslos gewesen. Wir beantragten zusammen meine Aufenthaltsgenehmigung für ein Jahr, wobei allerdings die ersten drei Monate mitzählten. Der Bürge musste nur unterschreiben, dass er für meine Unterkunft sorgt. Ich brauchte nur nachzuweisen, dass ich etwa 200 Dollar pro Monat zum Leben habe. Wir erklärten, dass ich ja ansonsten bei meiner Gastfamilie versorgt würde. Ein Ausreiseticket hatte ich auch und somit stand dem Stempel nichts mehr im Wege. Die vielen Laufereien und großen Geldausgaben, die wir in Deutschland dafür brauchten, waren hier nicht nötig!

Ich fing sofort mit der Arbeitssuche an und fragte zuerst bei dem englischen Pärchen in dem Fotostudio, ob sie immer noch jemand suchten. Leider war diese Stelle nun besetzt.

Die Idee mit dem Café musste ich mangels Geldes auch erst einmal »auf Eis« legen. Über Bekannte lernte ich bald einen Deutschen kennen, der schon als Kind nach Neuseeland gekommen war. Er und sein Vater waren Goldschmiede und zusammen hatten sie ein Atelier auf der Hauptgeschäftsstraße in Auckland. In der Schmuckwerkstatt gab es vier Arbeitsplätze, wovon drei belegt waren. Sie entwarfen selbst Schmuck, machten aber auch Reparaturen. Sie boten mir an, dass ich den vierten Arbeitsplatz benutzen könnte, wenn ich mich für die Schmuckherstellung interessierte. Da sie selbst aber nur mit Gold und Edelsteinen arbeiteten, wollten sie mit meinem »Modeschmuck« nicht viel zu tun haben. Sie versprachen aber mir Tipps zu geben, damit ich weiterkam. Ich machte mich also mit Begeisterung ans Werk und fing an eigenen Schmuck zu entwerfen. Ich hatte ein Geschäft gefunden, wo ich die neuseeländische »Paua« Muschel (in Deutschland auch »Seeopal«

genannt) nach eigenen Entwürfen – 1:1 gezeichnet – bestellen konnte. Auch neuseeländischen »Greenstone« (Jade) verarbeitete ich, sowie Perlmut und echten Sterling-Silber-Draht. Ich stellte hauptsächlich Ohrringe her, gelegentlich auch Anhänger, die aber wesentlich schwieriger waren. Da es auf Weihnachten zuging, wollte ich den Schmuck, zusammen mit meinen Resten aus Asien, auf dem großen Flohmarkt in Auckland verkaufen. Ich hatte auch die Idee meinen selbst hergestellten Schmuck nach Deutschland zu verkaufen, da zu der Zeit der »Seeopal« noch etwas Neues und Besonderes war. Deswegen stellte ich auch einen Katalog her mit Fotos jeden Stücks, alles ordentlich nummeriert und übersichtlich zum Bestellen angefertigt.

Ab November setzte ich mich jeden Samstag auf den damals sehr bekannten »Cook Street Market«. Es stellte sich leider heraus, dass der Paua-Muschelschmuck nicht so gut lief, da man diese Muschel hier auch an jedem Strand finden konnte. Außerdem hatte ich einfach zu teure Materialien verarbeitet und die Leute waren nicht bereit, so viel, wie ich verlangen musste, um die Unkosten abzudecken, zu bezahlen. Dafür war der asiatische Schmuck, genau wie zu meinen Marktzeiten in Deutschland, der große Renner. Auch hier wollten alle Leute nur Türkisschmuck kaufen. Ich konnte jeden Samstagmorgen genug Geld einnehmen, dass ich die restliche Woche davon leben konnte.

Ich erlebte meine erste Feier zum 5. November. Es war der einzige Tag des Jahres, an dem Feuerwerk benutzt werden durfte. Der *Guy Fawkes Day* war ein Tag für Partys, an dem Familien zusammenkamen. Vor allem für Kinder war es ein großes Ereignis. Den ganzen Abend wurde Feuerwerk gezündet. *Guy Fawkes* hatte 1570-1606 in England gelebt und im Jahre 1605 an einer Verschwörung teilgenommen, um das Parlamentshaus in die Luft zu sprengen. Er wurde dafür zum Tode verurteilt. In Großbritannien und Neuseeland wurde deshalb dieses Fest mit Feuerwerk gefeiert.

Michaels Vater vermittelte mir ein Auto. Es war ein Modell, das sich »Viva« nannte, Baujahr 1966. Die Besitzerin hatte es damals neu aus England importiert. Es war ein gepflegter Garagenwagen in sehr gutem Zustand. Für 1000 neuseeländische Dollar kaufte ich es mir. Lange vor den Gebrauchtwagen-Importen fuhren 1983, sogar bis in die 90er Jahre, in Auckland überwiegend alte Autos durch die Straßen, auch richtige Oldtimer sah man sehr oft. Die Leute reparierten ihre Autos immer wieder, denn neue Autos waren einfach viel zu teuer, genau wie andere Luxusgegenstände auch.

Ich machte meine erste Ausfahrt mit eigenem Auto auf die wunderschöne Halbinsel Coromandel. Ich fuhr einmal ganz herum und sah mir auch die schönen Strände mit den heißen Wasserlöchern an. Das Auto hatte gut durchgehalten.

Zurück in Auckland verkaufte ich weiterhin meinen Schmuck und fertigte auch während der Woche noch Ohrringe an bei dem Goldschmied. So langsam musste ich mir allerdings Gedanken über die Zukunft machen. Eine Arbeitserlaubnis war immer noch nicht in Sicht und meine Aufenthaltsgenehmigung würde nur bis März 1984 gelten. Schmuckverkauf war auch nur gut bis Weihnachten, danach sparen die Leute erfahrungsgemäß.

Das Wohnen bei Michaels Eltern ging auch so langsam dem Ende zu. Sie legten uns nahe, dass wir doch möglichst bald etwas anderes suchen sollten. Ich hatte mit Michael nur noch ein freundschaftliches Verhältnis. Er brachte oft wechselnde Freundinnen zum Übernachten mit in das Haus seiner Eltern.

Kurz vor Weihnachten mieteten wir mit einem Freund von Michael ein schönes kleines Haus im Stadtteil Epsom an. Zu dritt war die Miete erschwinglich. Michael war dabei sich selbstständig zu machen mit einer Firma, die sich »City Golf Tours« nannte. Das war eine richtige Marktlücke, denn viele Touristen, überwiegend aus Asien, wollten hier Golf spielen. Neuseeland war bekannt als ein preiswertes Land für diesen Sport. In Asien mussten schon damals als Jahresbeitrag Zehntausende von Dollar bezahlt werden. Das gab es in Neuseeland zu der Zeit nicht. Michael fuhr also spielwillige Touristen zu verschiedenen Golfplätzen und zeigte unterwegs auch Sehenswürdigkeiten. Eigentlich lief es ganz gut. Aber ein Kleinbus musste abgezahlt werden sowie die Golfausrüstungen. Immer mehr Geld hätte in die Werbung gesteckt werden müssen, nur Broschüren drucken und in Hotels auslegen reichte bald nicht mehr. Michael hätte immer mehr Kredite aufnehmen müssen, was er aber nicht wollte. So ging die Firma nach zwei Monaten sang- und klanglos unter. Dies war ein typisches Phänomen, das ich beobachtete: Viele hier machten sich selbstständig und wollten schnell zu Geld kommen. Selten schienen sie damit zu rechnen, dass ein Geschäft auch eine Anlaufzeit braucht. Mir schien, dass die Leute alle nicht sehr gut langfristig planen konnten.

Weihnachten verbrachten wir bei Michaels Eltern. Auch sein Bruder Ian, der schon lange in Australien wohnte, kam mit seiner australischen Frau zu Besuch. Mir gefiel mein erstes Weihnachtsfest mitten im Hochsommer sehr gut. Der 24.12, also der »Heilige Abend«, war hier völlig unbekannt. Geschenke gab es am ersten Weihnachtsfeiertag.

Es war eher Grillen im Garten angesagt als die Weihnachtsgans auf dem Tisch. Nach dem Grillen und Geschenkeauspacken fuhren dann alle zum Strand.

Silvester verbrachten wir zu viert in Coromandel. Ich zeltete mit meinem neuen Freund Lars – der beste Freund von Ian und Sohn der Nachbarfamilie – sowie Ian und seiner Frau. Der 31. Dezember war für mich sehr ungewohnt. Nicht nur, weil es kein Feuerwerk gab, sondern weil es überhaupt extrem ruhig ablief. Wir waren in einem sehr kleinen Ort in der Nähe des Zeltplatzes in einer Kneipe. Diese hatte wegen Silvester ausnahmsweise bis kurz nach Mitternacht geöffnet. Alle Leute stießen gegenseitig an und wünschten sich ein »gutes Neues Jahr«. Kurz nach 12 wurde dann ausgerufen: » Noch 15 Minuten bis zur Schließung!« Danach war nichts mehr los und alle gingen zurück zu ihren Zelten.

In Auckland gab es immer 30 Minuten vor dem Schließen der Kneipe einen Aufruf »zur letzten Runde«, die man kaufen konnte. Wenn gepfiffen wurde, wusste jeder, dass man nichts mehr kaufen durfte und nur noch 30 Minuten Zeit zum Austrinken hatte. In vielen Kneipen kam dann sogar Polizei um zu räumen, wenn die Leute nicht schnell genug waren.

Ende Januar wurde es dann brenzlig: bald musste ich aus Neuseeland weg. Die Aufenthaltsgenehmigung war fast ausgelaufen und mein Geld aufgebraucht. Ich verkaufte mein Auto und besorgte ein Visum für Australien, mein nächstes Reiseziel. Aber Lars und ich wollten uns eigentlich nicht schon jetzt trennen, gleich zu Beginn unserer Beziehung. Konnten wir uns vielleicht in Australien treffen und uns dort durchschlagen? Lars war erst 22 Jahre alt und hatte noch keine Ausbildung nach dem Abitur gemacht. Da er Eltern aus Skandinavien hatte, besaß er auch einen norwegischen Pass und hatte längere Zeit in Europa gelebt. Seit kurzer Zeit wieder zurück in Neuseeland, hatte er nun kein Geld und lebte wieder bei seinen Eltern. Bisher hatte er nur gejobbt und wusste nicht so recht, was er beruflich machen wollte. Vor kurzer Zeit erst hatte er sich entschlossen auf einer privaten Fachschule eine vierjährige Ausbildung zum Homöopath anzufangen. Das erste Semester war dort noch nicht einmal abgeschlossen. Nach Australien wollte er deshalb nicht. Er hätte dort zwar leben und arbeiten können, aber ohne Ausbildung müsste er auch jeden Job annehmen. In Neuseeland dagegen hatte er die Unterstützung seiner Familie, was das Leben leichter machte. Er wollte unbedingt zuerst versuchen, für mich eine Verlängerung des Visums zu erreichen. Gemeinsam gingen wir zur Einwanderungsbehörde und erklärten dort die Situation. Dort wollte man jedoch nichts davon hören. Ich hatte ein Touristenvisum und die Bestimmungen waren eben so, dass man damit ein Jahr bleiben durfte. Eine Verlängerung gab es nicht. Nach einem Jahr Aufenthalt im Land musste man als Tourist ein Jahr außerhalb des Landes sein, ehe man wiederkommen durfte. Da waren sie wieder, die Regeln, die mich schon seit Jahren verfolgten. Auch in diesem scheinbar »lockeren« Land, mit der »she'll be right«-Einstellung: Visa Bestimmungen waren überall gleich. Wir überlegten Anfang März immer noch, wie wir es anstellen könnten, dass wir uns nicht trennen müssten. Lars wollte noch einmal allein zur Einwanderungsbehörde gehen. Er konnte es nicht glauben, dass es keinen Weg gab, und sagte ärgerlich: »Die zwingen auf diese Weise doch ihre eigenen Bürger das Land zu verlassen!« Er erklärte also noch einmal genau unsere Situation, dass wir erst seit drei Monaten zusammen waren und etwas mehr Zeit brauchten um uns kennen zu lernen. Dass er keine abgeschlossene Ausbildung und nicht genug Geld hatte, um das Land zu verlassen. »Geben Sie uns doch eine Chance mit einer einmaligen Verlängerung. Selbst zwei Monate mehr würden uns schon helfen«, bat er. Aber nichts zu machen. »Die einzige Möglichkeit wäre, dass Sie Ihre Freundin heiraten. Dann haben Sie eine 90 %-Chance, dass Ihre Freundin eine Aufenthaltsgenehmigung bekommt.«

Wir waren geschockt. Zum Heiraten fühlten wir uns beide nicht reif. Immerhin sollte man sich doch eine ganze Zeit kennen und sicher sein, dass man auch zusammenpasst, um das Leben gemeinsam zu verbringen. Aber eine Heirat nur um die Chance zu haben sich kennen zu lernen? Das war eine ganz neue Perspektive. Wir dachten lange darüber nach, wägten Vor- und Nachteile ab. Wir sahen keinen anderen Ausweg als diesen Vorschlag. Wir kamen auf die Idee, dass heimliches Heiraten vielleicht das Beste wäre, denn es sollte nur ein Stück Papier sein, die Bürokratie verlangte es so. Ich hatte damit keine Probleme und einige Tage blieb es bei dieser Überlegung. Aber Lars hatte dann doch ein schlechtes Gewissen. Er wollte vor seinen Eltern nicht so ein Geheimnis haben. Was wäre, wenn es einmal zufällig herauskäme, was würden seine Eltern davon halten? So kam es, dass wir offiziell unsere Heiratspläne bekannt gaben. Ich bekam nun davor auch »kalte Füße«, wie man so schön sagt. Ich war mir überhaupt nicht sicher, ob ich reif dafür war, eine ernste Heirat, an die jetzt Erwartungen gestellt wurden. Was wäre, wenn wir in 6 Monaten herausfinden, dass wir gar nicht zusammenpassen? Außerdem hatte ich Angst in Neuseeland im wahrsten Sinn des Wortes »festzusitzen«. Ich war ja gar nicht hierhin gekommen, weil dies mein absolutes Traumland war, in dem ich leben wollte. Im Gegenteil, immer noch wollte ich nach Australien. Würde mir das nun für immer verbaut sein? Lars musste mir versprechen, dass wir nicht für immer hier hängen bleiben, dass wir nach seiner Ausbildung versuchen woanders zu leben.

Die standesamtliche Hochzeit fand im April 1984 in sehr kleinem Kreis statt. Nur ein guter Freund der Familie war dabei. Danach beantragte ich eine Aufenthaltserlaubnis. Es wurde mir in Auckland gesagt, dass endgültig darüber in der Hauptstadt Wellington entschieden würde. Das könne entweder nur ein paar Monate oder ein ganzes Jahr dauern. Aber zu einem »Interview« mussten wir beide kommen. Wir wurden in getrennten Zimmern ausgefragt, z. B., wo wir uns kennen gelernt hatten und wie wir uns unsere Zukunft vorstellten. Ein Bericht dieses Gesprächs wurde nach Wellington geschickt und von nun an sollten wir warten, bis wir von dort etwas hörten. In der Zwischenzeit bekam ich eine für drei Monate gültige Arbeitserlaubnis.

Wir hatten nun beide nicht viel Geld und lebten in einem kleinen Zimmer in einer Wohngemeinschaft. Lars besuchte seine Schule und ich nahm Putzstellen und Restaurantarbeit an. Mit nur jeweils dreimonatiger Arbeitserlaubnis machte es nicht viel Sinn, sich ordentlich in meinem Beruf zu bewerben, zumal ich die »permanent residence« erst einmal in den Händen halten wollte. Das ein Jahr gültige Ausreiseticket nach Los Angeles war bis September gültig. Wenn ich bis dahin die Aufenthaltsgenehmigung hätte, würde ich das Geld erstattet bekommen. Wenn ich sie nicht bekäme, wäre das Geld verloren und der Flug würde verfallen.

Wir überlegten uns also, dass es finanziell besser sei, wenn ich das Ticket benutzte. Unsere Überlegungen gingen dahin, dass ich in Deutschland meine Sachen verschiffte und dabei auch so genannte »Luxusartikel« für unsere Wohnung einkaufte.

Im Einwanderungsbüro sagte man uns immer wieder, dass man keinen Einfluss habe auf die Dauer der Bearbeitung meines Antrags. Aber man gab uns den guten Rat, noch nichts zu veranlassen, was das Verschiffen aus Deutschland anginge. Denn: »Es gibt keine 100 %-Garantie dass Sie ein »permanent residence« bekommen, auch nicht, wenn Sie verheiratet sind.« Das war uns nun wieder ganz neu! Wie sollte man unter solchen Umständen ein gemeinsames Leben planen können, geschweige denn eine berufliche Zukunft aufbauen? Es ging einfach nur wertvolle Zeit verloren, aber warum das alles? Wäre es nicht überhaupt einfacher gewesen, mir von Anfang an zwei Monate Verlängerung meines Visums zu geben?

Es half alles nichts, eine Entscheidung musste getroffen werden. Und die war, dass ich schon im Juli fliegen sollte, wenn sich bis dahin nichts ergeben hätte. Lars würde während der zwei oder drei Monate, die ich weg wäre, wieder nach Hause ziehen um Geld zu sparen. Kurz vor meiner Rückkehr würde er ein Haus mieten und Möbel kaufen, während ich den anderen Inhalt des Hauses verschiffen sollte.

Ich ging zum amerikanischen Konsulat in Auckland und besorgte mir problemlos das Visum, das mir in Singapur verweigert worden war. Die Angestellten hier wunderten sich auch über die Erfahrungen, die ich dort gemacht hatte.

Leider machte uns nun die neuseeländische Politik einen Strich durch die Rechnung. Nach vielen Jahren, in denen die »National Party« an der Macht war, wurde ausgerechnet jetzt, zwei Wochen vor meinem Abflug, eine neue Regierung gewählt: die »Labour Party« mit David Lange. Die sofortigen Maßnahmen zur Durchsetzung von Reformen betrafen mich direkt. Nach den alten Regeln musste ich bis eine Woche vor Abflug warten, bevor ich an der Bank die Reiseschecks beantragen konnte. Mein Abflug war ein Sonntag. Aber schon gleich nach der Wahl, also zwei Wochen vorher, wurde gemunkelt, dass die neue Regierung das Geld sofort abwerten würde, von bis zu 20 % war die Rede! Voller Panik ging ich am Freitag zur Bank: »Könnte ich nicht heute mein Geld bekommen anstatt bis zum Montag zu warten? Ich kann es mir nicht leisten Geld zu verlieren!« »Ja wer kann das schon, da müssen wir jetzt alle durch! Es gibt keine Ausnahmen, kommen Sie Montag wieder!«

Das Chaos an dem Montag war perfekt. Der gesamte Handel mit ausländischen Währungen war in Neuseeland gestoppt, der neuseeländische Dollar 20 % abgewertet worden!

Die Angestellten an den Banken waren völlig überfordert mit dem Ansturm der Leute, die alle ihr Geld retten wollten. Ich fragte, was denn wäre, wenn ich heute schon fliegen würde. »Leute, die heute das Land verlassen, dürfen 100 neuseeländische Dollar mitnehmen.« »Das ist doch unglaublich«, sagte ich, »mein Ticket endet in Los Angeles. Dort würde mir doch niemand glauben, dass ich nur 100 Dollar ausführen durfte. Wie sollte man denn damit seine Weiterreise finanzieren?« Ja, das wäre dann eben mein Problem gewesen. Wohl dem, der Familie oder Freunde im Ausland hat, die dann etwas schicken könnten. Die Angestellten wussten selbst nicht, wie alles weitergehen sollte. Ich solle abwarten, wurde mir geraten, »Sie haben ja noch die ganze Woche Zeit. Vielleicht ändert sich bis dahin noch etwas.«

Als es Zeit wurde die Reiseschecks zu besorgen, musste ich mich mit der 20 %-Abwertung abfinden. Aus diesem Grund nahm ich ein absolutes Minimum an amerikanischen Dollars mit und hoffte einfach damit irgendwie nach Deutschland zu kommen. Mein Plan war, so billig wie möglich von Los Angeles nach New York zu fahren und von dort aus »stand by« nach Europa zu fliegen. Mit der Ungewissheit, ob ich überhaupt genug Geld mithatte um an meinem Ziel anzukommen, flog ich Ende Juni ab. Ich hielt mich einige Tage in Fidschi, den Cook-Inseln und Tahiti auf. In USA angekommen, hatte ich das Glück, dass der Greyhound-Bus für einen Sonderpreis von $ 50 für 5 Tage Fahrkarten anbot. So kam ich preiswert an die Ostküste und buchte einen Stand-by-Flug nach Europa. (Siehe Kapitel »Reisen von Neuseeland aus«.)

***

Warten auf die Aufenthaltsgenehmigung

In Deutschland erledigte ich alles wie geplant und kam Ende Oktober wieder in Auckland an. Diesmal brauchte ich keinen Weiterflug vorzuzeigen. Mein Antrag für die Aufenthaltserlaubnis, der während meines Auslandsaufenthalts gestoppt worden war, wurde wieder aufgenommen. Aber noch immer gab es keine Entscheidung aus Wellington.

Mein Mann hatte inzwischen von einem deutschen Bekannten das Haus gemietet, der mit seiner Familie zwei Jahre lang in Papua Neuguinea für eine neuseeländische Firma arbeiten wollte. Die ersten zwei Monate wohnte die Frau mit ihrem 6 Monate alten Baby noch im Haus, denn sie wollte ihrem Mann erst folgen, wenn er alles für die Familie vorbereitet hatte.

Das Haus hatte drei Schlafzimmer und einen sehr schönen großen Garten, der für Grillfeste bestens geeignet war. Am 5. November, dem *Guy Fawkes Day,* fand eine große Feier mit vielen Kindern statt. Den ganzen Abend konnte man überall Feuerwerk, Leuchtkugeln und Wunderkerzen sehen und hören.

Mitte November trat ich eine Aushilfsstelle bei der Post an, als Zusteller. Ich konnte mit dem Fahrrad zur Arbeit fahren, hatte einen schönen Bezirk im Vorort Mount Eden, wo wir auch wohnten, und war immer schon mittags wieder zu Hause. Viele Zusteller, mit denen ich arbeitete, sahen diese Arbeit als sportliche Betätigung und fassten dies als gesunde Beschäftigung auf. An frischer Luft bei herrlichem Wetter jeden Tag einen großen Spaziergang, was will man mehr. Man erklärte mir, dass z. B. die Müllmänner fast alle Rugbyspieler sind, die ihre Arbeit als Training sehen, da sie im Dauerlauf die Säcke am Rand einsammeln und auf das fahrende Fahrzeug aufwerfen. (1984 gab es noch das Einsammeln von Müllsäcken per Hand, bevor es Mülltonnen gab in Auckland.) Tatsächlich sahen diese Arbeiter extrem sportlich aus. Erstaunlich, wie positiv die Leute hier an ihre Arbeit gingen! Für mich war dies alles neu und diese Sichtweise gefiel mir sehr gut. Es schien gesellschaftlich keine Abwertung zu sein, wenn man in solchen Berufen tätig war. In der Beziehung gab es ja in Deutschland sehr klare Trennungen. »Hier in Neuseeland wollten wir von Anfang an nicht diese Klassengesellschaft wie in England«, erklärten mir meine Kollegen. »Jeder kann hier alles machen, da wird man nicht stigmatisiert. Außerdem macht man seine Jobs sowieso nicht so lange, die Leute wechseln oft.« Einige meiner Kollegen hatten Ausbildungsberufe, in denen sie aber vorübergehend nicht arbeiten wollten. »Im Sommer ist doch ein *Outdoor Job* ideal«, hörte ich oft. Ich fühlte mich recht wohl auf meiner Arbeitsstelle und kam sehr gut mit allen aus. Auch ich hatte noch nie ein Problem damit gehabt »unter meiner Qualifikation« zu arbeiten und passte deshalb bestens hierhin. Hauptsache, ich konnte mich ernähren.

Am Jahresende, als die Frau mit ihrem Kind abgereist war, entschlossen wir uns aus Kostengründen doch wieder einen Mitbewohner zu suchen. Wir fanden einen Einwanderer aus den Niederlanden, der als Grafikdesigner arbeitete und auch altersmäßig zu uns passte. Ich hatte ihn getroffen, als ich mich bei der Werbeagentur, wo er beschäftigt war, als Designer beworben hatte. Der Besitzer dieser Agentur hätte gern einen weiteren Designer aus Europa eingestellt. Aber die Bezahlung war *extrem schlecht,* das Gehalt lag noch weit unter meinem Einkommen als Briefzusteller. Dafür wurde erwartet, dass man «unter Druck« des Kunden arbeiten konnte, das hieß, um einen Auftrag fertig zu stellen, »muss man auch manchmal eine Nachtschicht einlegen«. »Wird das denn bezahlt?«, erkundigte ich mich. »Natürlich nicht. Aber der Kunde gibt dem Designer meist Sachgeschenke, z. B. eine Stereoanlage. Kommen Sie doch einfach mal zum Probearbeiten vorbei und erleben Sie unseren Arbeitsalltag in der Agentur mit«, schlug der Besitzer der Werbeagentur vor. Tatsächlich ergriff ich diese Chance, vielleicht würde es das einzige Mal sein, dass ich die Möglichkeit hätte in meinem Beruf einzusteigen. Ich nahm mir einen Tag frei und verbrachte ihn in der Agentur. Ich unterhielt mich auch lange mit Pieter, dem Holländer. Warum arbeitest du denn für so wenig Geld?«, fragte ich. »Ganz einfach, weil ich fünf Jahre diesen Beruf in den Niederlanden studiert habe«, antwortete er, ich möchte einfach weitere Praxis gewinnen und stelle mir eine Mappe mit meinen Arbeiten zusammen.« Er zeigte mir bekannte Auftraggeber, für die er schon Verpackungen, Bieraufkleber usw. entworfen hatte. Es war eine beeindruckende Mappe. Nun hatte Pieter aber auch seinen Vater in dieser Stadt, der ihm notfalls immer aushelfen konnte. Ich dagegen wusste nicht, wovon ich leben sollte, wenn ich diese Stelle angenommen hätte. Die Möglichkeit durch eine weitere Arbeitsstelle dazuzuverdienen wäre auch nicht gegeben gewesen, da ja oft Überstunden anfielen. Pieter meinte dazu nur, dass es in Holland noch viel hektischer in der Agentur zuging. Was ich den ganzen Tag an Arbeit sah, waren genau die Design-Arbeiten, die ich im Studium nur gezwungenermaßen als Pflichtfächer belegt hatte und total uninteressant fand. Beim besten Willen hätte ich mir nicht vorstellen können, diese Arbeit dann auch noch für so wenig Geld auszuüben, dass ich nicht einmal genug für laufende Kosten gehabt hätte. Die Lösung war einfach. ich musste vorläufig bei der besser bezahlten Poststelle bleiben.

Auch noch im Dezember beratschlagte ich mit meinem Mann, was wir nun tun könnten um diese leidige »permanent residence«-Sache aus der Welt zu schaffen. Auf meiner Arbeitsstelle war man nicht so erbaut über die kurze Arbeitserlaubnis, die ich hatte, und dementsprechend kurze Arbeitsverträge bekam ich auch. Wir konnten für die Zukunft gar nichts planen ohne Klarheit darüber, ob ich bleiben konnte. Diese Belastung hatte sich auch schon auf unsere Beziehung ausgewirkt. In unserem großen Bekanntenkreis gab es viele, die mit Ausländern verheiratet waren, aber keiner von ihnen hatte so lange gebraucht, um die Aufenthaltsgenehmigung zu bekommen. Selbst eine deutsche Bekannte von mir, die nur geheiratet hatte, um diese zu bekommen und nie mit ihrem Mann, den sie bezahlt hatte, zusammenlebte, hatte aber ihren »permanent residence«-Stempel innerhalb von drei Monaten im Pass!! Ich verstand die Welt nicht mehr. So wandten wir uns an unseren Abgeordneten, der unseren Bezirk Mount Eden im Parlament vertrat. In Neuseeland machten diese Politiker viel Werbung bei den Bürgern und versprachen sich um jedes Problem zu kümmern. Unser Parlamentsabgeordneter besuchte uns im Haus. Er hörte sich das Ganze an und gab uns Recht. Zur Unterstützung meines Antrags schrieb er einen Brief an die Behörde in Wellington. Leider kam als Antwort ein Brief zurück, in dem erklärt wurde, dass sie sich nicht unter Druck setzen lassen und dass es eben so lange dauert, wie sie das entscheiden.

Im Januar nahm ich dann zusätzlich zu meiner Arbeit als Zusteller noch eine Aushilfsstelle in einem Restaurant, einem Steak-Haus an, wo ich bar bezahlt wurde. Meist half ich nur am Wochenende, gelegentlich auch einmal in der Woche. Ich war »Mädchen für alles« und entschied meist selbst, was ich dort machen wollte. Gekellnert hatte ich noch nie gern und so half ich damit nur aus, wenn deutschsprachige Gäste da waren. Ansonsten bereitete ich Salate, Vor- und Nachspeisen zu.

Ende Januar rief mein Mann beim Immigration Department in Auckland an und beschwerte sich, dass wir überhaupt nichts hörten. Daraufhin wurde uns ein zweiter Gesprächstermin gegeben. In unserem Bekanntenkreis löste das große Verwunderung aus, denn niemand war je zu einem zweiten Gespräch gegangen! Das zweite »Interview« war dem ersten sehr ähnlich. Wieder wurden nur Fragen zur geplanten Zukunft gestellt. Was man dort hören wollte, wie uns andere Kandidaten erklärten, wäre das Übliche gewesen: dass man eine Familie gründen, ein Haus kaufen und sich beruflich selbstständig machen möchte. Ich sagte sehr wenig, dafür aber mein Mann umso mehr. Er wurde richtig böse: »Sie wollen mich doch aus dem Land zwingen! Diese ganzen Fragen über die Zukunft sind doch Unsinn, da man gar nichts planen kann!« Wir waren ziemlich schnell fertig mit dem Gespräch und gingen wieder nach Hause.

Zwei Wochen später bekam ich dann endlich die Aufenthaltsgenehmigung mit der unbegrenzten Arbeitserlaubnis. Leider hatten diese vielen Monate des Wartens und eben »Nicht-planen-Könnens« schon eine große Unstimmigkeit in unsere Ehe gebracht. Ich hatte tatsächlich gehofft, dass wir, so wie hier üblich, erst einmal Geld ansparen würden, um uns ein Haus zu kaufen. Schnell hatte ich gelernt, wie man das hier sieht: die Leute fanden, dass ein Haus mieten nur dem Besitzer hilft es abzuzahlen und man selbst seinen Verdienst gleich aus dem Fenster werfen könnte. Jeder war schon in jungen Jahren bestrebt, selbst ein Haus abzuzahlen. Unter der alten Regierung, also vor der Wahl 1984, waren die Zinsen auf 21 %, was aber niemand abzuhalten schien das gewünschte Haus zu kaufen. Es gab sogar Häuser für »first home buyers«, für die nur $ 500 Anzahlung nötig waren!

Ich fing an immer mehr zu arbeiten, um etwas zu sparen. Lars arbeitete stattdessen immer weniger. Ich verstand das überhaupt nicht. Seinen Kurs als Homöopath hatte er schon längst aufgegeben, da es ihm zu lange dauerte. Nun wollte er plötzlich studieren. Einen Kurs als Computer-Programmierer über ein Jahr an einem *Technical Institute.* Ich wusste nicht mehr, wie alles weitergehen sollte und hatte Angst davor, dass ich mit meinem wenigen Lohn auch noch meinen Mann unterstützen müsste. Zum Glück sprangen meine Schwiegereltern ein. Das akademische Jahr lief von Februar bis November und unsere Arbeits- und Urlaubszeiten waren völlig unterschiedlich.

Meine Mutter kam für drei Wochen zu Besuch und wir machten mit ihr unseren letzten gemeinsamen Urlaub. Nach Ostern reiste sie ab. Uns wurde klar, dass wir uns, wenigstens für eine Zeit, trennen würden. Ich bedauerte es sehr, dass ich damals keine Verlängerung des Touristenvisums bekommen hatte. Denn schon nach wenigen Monaten hätten wir wahrscheinlich gemerkt, dass wir nicht füreinander bestimmt waren. Der Zufall machte uns die Entscheidung leichter: meine Schwiegereltern wollten für drei Monate nach Europa fahren. Dadurch bot sich an, dass mein Mann das Haus hüten konnte. Er wollte aber danach wieder in unser gemietetes Haus zurückkommen und war sich sicher, dass uns eine kurze Trennung gut tun würde. Ich hatte meine Zweifel.

Inzwischen hatte ich an ein anderes Postamt gewechselt, weil ich in Mount Eden nur als Aushilfe eingestellt worden war. Mit meiner Aufenthaltsgenehmigung war nun der Weg frei, ein festes Angestelltenverhältnis einzugehen. Ich arbeitete auch nebenbei immer noch in dem Restaurant. Meine wöchentliche Arbeitszeit erhöhte sich auf bis zu 60 Stunden, was mir aber des Geldes wegen sehr recht war.

Als die drei Monate unserer Trennung vorbei waren, beschlossen wir, dass es keinen Zweck mehr hatte, wieder zusammenzuwohnen. Mein Mann zog endgültig aus. Der Designer Pieter blieb weiterhin im Haus wohnen und wir vermieteten das leere Zimmer an einen Kollegen von mir.

***

Versuch eines Neuanfangs in der alten Heimat

Kurz vor dem Jahresende 1985 wurde unser Haus, das so schön ruhig am Ende einer sehr langen Einfahrt und schön weitab von der befahrenen Straße lag, ausgeraubt. Ich kam von der Arbeit und sah schon die Lücken im Wohnzimmer: Sämtliche Geräte waren weg. In meinem Zimmer lag die Wäsche verstreut herum und mein Schmuck war ausgebreitet. Man hatte nur mitgenommen, was wertvoll erschien und alles andere liegenlassen. Komischerweise waren die beiden Zimmer meiner Mitbewohner unberührt geblieben. Insgesamt belief sich der Schaden auf etwa 4000 Dollar. Die Versicherung erstattete einen großen Teil, nur das Video wollten sie unbedingt ersetzen und nicht nur Geld dafür bezahlen. Ich ließ das Video gleich im Originalkarton und wollte es verkaufen. Ich hatte mir zu dem Zeitpunkt schon überlegt, dass ich im Jahr 1986 wieder nach Deutschland zurückgehen würde. Nach einer gescheiterten Ehe und nicht vorhandenen Berufschancen hielt mich hier eigentlich nichts mehr. Ich hatte ja von Anfang an nicht für immer hier bleiben wollen. Ich machte also einen ungefähren Plan, wann ich etwa kündigen und aus dem Haus ausziehen wollte.

In der Nähe meines Wohnortes wurde eine neue Post eingerichtet und ich hatte mich für eine Versetzung dorthin beworben. Dort verbrachte ich dann die letzten sechs Monate, die ich bei der Post arbeitete. Ich setzte meinen Abflug auf kurz vor Ostern fest. In einer großen Lagerhalle mietete ich einen drei qm großen Raum, um alle meine persönlichen Dinge dort zu lagern. Möbel besaß ich keine und alles andere wurde so verpackt, dass es auch so verschifft werden könnte, falls ich wirklich wieder nach Deutschland umsiedeln würde. Meine Schwiegermutter hatte angeboten, sich um die monatlichen Mietzahlungen zu kümmern und alles einer Spedition zu übergeben, wenn ich es so wollte.

Als die Zeit der Abreise kam, war ich doch sehr traurig und merkte, wie gut ich mich hier eingelebt hatte.

Ich hatte nur einen einfachen Flug nach Melbourne gebucht. Mein Plan war über Land bis Perth in West-Australien zu fahren und von dort aus einen Flug nach Deutschland, mit Aufenthalt in Bali, zu kaufen. Tatsächlich ergab sich aber in Perth die Möglichkeit, mit einem Bekannten in seinem allradgetriebenen Toyota quer durch West-Australien, durch die abgelegene *Kimberley*-Region bis nach Darwin mitzufahren. Durch das ungewöhnliche Flugticket, das ich in Singapur erstand, ergab es sich auch, dass ich noch Hongkong, Taiwan und Korea besuchte. Ich war insgesamt 2 ½ Monate unterwegs und kam rechtzeitig zum 60. Geburtstag meiner Mutter im Juni – kurz nach dem Unfall in Tschernobyl– in Deutschland an.

Mit meiner Wiedereingliederung sah es dort aber gar nicht gut aus, womit ich nicht gerechnet hatte. Immerhin war ich noch im Besitz eines deutschen Passes und dachte, deshalb sei es einfacher. Leider war das nicht so! Zuerst ergab sich das Problem mit einer Krankenversicherung, da ich zum Arzt musste. Erst da fand ich heraus, dass man nicht wieder so einfach in das System hineinkommt! Das Sozialamt übernahm die Krankenversicherung, bis ich eine Arbeit finden würde. Ich bewarb mich auf viele Stellen, auch in meinem Beruf als Designer. Da bekam ich aber zu hören, dass ich nun leider schon zu lange aus dem Beruf heraus sei, also keine Chance.

Ich hatte mir drei Pläne zurechtgelegt, die ich der Reihe nach durchprobieren wollte: 1. eine Stelle in Deutschland finden und mich dadurch wieder eingliedern. 2. Wenn das nicht klappte, wenigstens eine Stelle bei einer deutschen Firma zu finden, die mich nach Neuseeland schickt (z. B. als Reiseleiterin). 3. Wenn das alles nichts werden sollte, würde ich zurückgehen nach Neuseeland und dort ein Studium anfangen. Den Vorteil sah ich darin, dass ich dann zumindest einen dort anerkannten Abschluss hätte. Denn bei meinen Bewerbungen in Neuseeland war ich oft gefragt worden, ob ich denn einen B. A. oder anderen akademischen Abschluss hätte. Einen Abschluss der Fachhochschule sah man dort nicht als akademisch an, da es ja keine Uni war. Ich wollte auf gar keinen Fall immer nur in unqualifizierten »Jobs« arbeiten, so wie es in Neuseeland alle gern machten. So langsam wurde es Zeit etwas zu finden, das mir einigermaßen Spaß machte und wo ich eine Karrieremöglichkeit hätte.

Nach fünf Monaten in Deutschland sah die Bilanz dann so aus: es war mir nicht gelungen eine feste Stelle zu finden. Gefunden hatte ich aber ein Reiseunternehmen, das mich als Reiseleiterin für eine dreiwöchige Tour einsetzen wollte. Danach sollten eventuell noch einige Touren im Jahr darauf folgen. Ich dachte, dass dies besser sei als nichts und mir Erfahrung mit dieser Arbeit bringt. Also nahm ich diese Tour an. Im November ging es los, mit einer kleinen Gruppe von 7 Personen. Ich fuhr die Leute in einem Kleinbus kreuz und quer über die Süd- und Nordinsel Neuseelands nach einer festgelegten Route.

Wieder zurück in Deutschland, bereitete ich meine Abreise vor. Nach einem kurzen Urlaub auf den Philippinen flog ich weiter zu einer befreundeten Familie in Sydney, um dort

Weihnachten zu verbringen. Im Januar 1987 kam ich wieder in Auckland an. Damit begann Plan Nummer 3.

***

Erneuter Start in der Wahlheimat

Über meine Mutter hatte ich eine Hypothek organisiert, mit der ich in Auckland eine Wohnung kaufen wollte. Schon ein Jahr vorher hatte ich mich umgesehen, was diese kosteten. Ich konnte mir nicht vorstellen ewig in Wohngemeinschaften zu wohnen. Jetzt, ein Jahr später, waren die Preise sehr gestiegen. Im Februar klappte es aber doch noch: ich fand eine kleine freistehende Wohnung für meine Preisvorstellung, sogar von Garten umgeben. Es war eine so genannte »granny flat«, das heißt, im Vorderhaus hatten Leute gewohnt, die hinten im Garten eine kleine »unit« von 45 qm für die Mutter gebaut hatten. Nun verkauften sie beide Häuser separat. Ich machte mich sofort an die Renovierung, die ich allein durchführen wollte. Die gesamte Küche musste per Hand abgeschmirgelt und neu gestrichen werden, da die Farben in der gesamten Wohnung unmöglich waren. Der Teppichboden musste raus, alle Tapeten ab, sämtliche Decken und Wände mussten neu tapeziert werden. Ende Februar fing dann auch das Teilzeitstudium an, für das ich mich an der Universität angemeldet hatte. Zu der Zeit betrug die finanzielle Unterstützung für jeden Vollzeit-Student (ähnlich dem Bafög in Deutschland, allerdings wurde das Geld hier von der jeweiligen Uni bezahlt) noch 41 Dollar pro Woche, während die Mieten in einer Wohngemeinschaft aber schon zwischen 50 und 70 Dollar die Woche lagen. Also ohne Zuverdienst wäre das Studium kaum machbar gewesen. Ich entschied mich deshalb lieber normal zu arbeiten und Teilzeit zu studieren. Dadurch verlängerte sich natürlich die gesamte Studienzeit und auch die »Bewährung« betrug zwei, anstatt nur ein Jahr. Etwas Angst hatte ich vor dem akademischen Englisch und war nicht sicher, ob ich das alles so leicht schaffen würde. In Neuseeland war die Regelung zum Studium zu der Zeit so: Wer kein Abitur hatte, aber über 21 Jahre alt war, konnte sich zum Studium anmelden (»provisional entrance«) und musste sich ein Jahr lang bewähren, das heißt, mindestens die Hälfte der Fächer, die man belegt hatte, mussten auch bestanden werden. Danach wurde man dann zum normalen Student (der mit vollem Abitur anfing).

Ich versuchte nun eine Stelle zu finden, die in die Vorlesungszeiten passte. Leider waren zu der Zeit die Unis noch nicht auf arbeitende Studenten eingerichtet, denn Vorlesungen gab es nur tagsüber, nicht abends. So musste ich eine Arbeit für den Abend finden. Zuerst nahm ich eine Stelle an in der großen Jugendherberge von Auckland, die mir sehr viel Spaß machte. Ich konnte meine Sprachkenntnisse anwenden – eingestellt wurde ich vor allem, weil ich mich für japanisch an der Uni eingeschrieben hatte – und ich traf hier Leute aus aller Welt. Ich machte Buchungen, checkte Leute ein, gab viele touristische Auskünfte und verkaufte Kleinigkeiten aus dem dazugehörigen Laden. Leider stellte sich drei Wochen später heraus – als ich endlich mein Gehalt von dem Hauptverband bekam–, dass die Bezahlung so schlecht war, dass ich nicht davon leben konnte. Für eine 20-Stunden-Woche hatte ich netto 90 Dollar verdient. Es half alles nichts, ich musste mir etwas anderes suchen, auch wenn mir das nicht so gefallen würde wie diese Arbeit

Leider kam mir dann noch eine Operation dazwischen, die ich sofort machen lassen musste. Dabei kam mir das neuseeländische Gesundheitssystem sehr gelegen. Ohne eine Krankenversicherung konnte jeder die öffentlichen Krankenhäuser in

Anspruch nehmen, nur eben meist mit Wartezeit verbunden. Ich wurde sofort ohne Wartezeit in das Frauenkrankenhaus aufgenommen. Wahrscheinlich ging es so schnell, weil das Krankenhaus zu der Zeit von ehemaligen Krebspatientinnen vor Gericht verklagt wurde. Weil man bei mir eine Geschwulst im Unterleib festgestellt hatte, wollte man es wohl nicht riskieren einen Fehler zu machen, wenn etwas nicht erkannt würde. Ich war sehr zufrieden mit der Behandlung dort. Es gab zu der Zeit noch genug Personal, das Essen war gut und auch die Betreuung von den Ärzten. Das Einzige war, dass ich schon nach 6 Tagen mit einem riesigen Schnitt im Bauch wieder entlassen wurde. Ich konnte nicht einmal gerade stehen oder weit laufen und es war mir ein Rätsel, wie ich mich versorgen sollte. Obendrein steckte ich immer noch mitten in der Renovierung und hatte deshalb auch noch keine Möbel im Haus, nicht einmal ein Bett. Ich hatte auf einer Luftmatratze geschlafen, die ich mit dem Bauchschnitt aber nicht mehr nutzen konnte.

Vor dem Aufenthalt im Krankenhaus hatte ich einen Maler beauftragt, der als Fachmann seine »gute« Arbeit annonciert hatte. Er sollte die letzte Wand in der Küche mit glänzender Ölfarbe streichen (alle anderen Wände und Holzmöbel hatte ich schon gestrichen, fein säuberlich in verschiedenen Schattierungen einer Farbe). Außerdem sollte er sämtliche Fensterrahmen, die ich nicht mehr geschafft hatte, fertig stellen. Ich hatte zuerst alle Rahmen von außen gestrichen. Der Maler war sehr zuversichtlich, diesen »kleinen Job« schnell erledigt zu haben, so dass ich direkt nach dem Krankenhaus alles einrichten könnte.

Ich kam voll freudiger Erwartung in meine Wohnung und sah mir die Arbeit des Malers an: die Ölfarbe war übersät von Staubteilchen, die abgesetzten Farbnuancen waren mit zittriger Hand, nicht etwa in gerader Linie, geführt. Dasselbe sah ich an jedem Fensterrahmen: statt glatter Farbe alles überzogen von Dreck und Staub. Es war offensichtlich, was hier passiert war: Damit die Farbe schneller trocknet, hatte der Maler alles auf »Durchzug« gelüftet. Dreck und Staub blieben an der glänzenden Ölfarbe sofort haften. Ich sah mir die restliche Farbe in den Eimern an: alles unbrauchbar geworden, vollkommen verdreckt! Ich habe nie Maler als Lehrberuf erlernt, aber meine Arbeit sah professionell aus verglichen mit diesem Job eines Malers, den ich bezahlt hatte!

Das Studium hatte erst vor 3 Monaten angefangen. Nun hatte ich zwei Wochen verpasst. Diese Zeit war für mein schwieriges Fach Japanisch nicht mehr aufzuholen und so meldete ich mich sowohl für den Sprachkurs als auch für das Literaturfach wieder ab. Auf diese Weise gewann ich mehr Zeit, alles auf die Reihe zu bekommen. Ich musste mir unbedingt eine neue Arbeitsstelle besorgen, die mehr zahlen würde als die Jugendherberge.

Ich fand eine zeitlich ideale Stelle bei der Post: an der *Overseas Branch,* in der die gesamte Post Neuseelands, die in alle Welt ging, sortiert wurde, fand ich eine Teilzeitstelle. Montag bis Freitag von 18 bis 23 Uhr, und man wurde sogar mit Posttransportern nach Hause gebracht. Also ideale Arbeitszeit für eine Studentin und auch das Geld (220 neuseeländische Dollar die Woche) reichte zum Überleben. Zügig ging auch meine restliche Renovierung voran und so langsam richtete ich mich gemütlich ein. Ich war froh, dass ich in meinem 1. Studienjahr nun doch weniger Fächer belegte als ich am Anfang angemeldet hatte. Ich hatte zudem große Sorge gehabt, dass mein Englisch für ein akademisches Niveau nicht ausreichen würde. Tatsächlich war es auch sehr gewöhnungsbedürftig. Aber ich lernte schnell und hatte das Gefühl, dass ich immer besser wurde im »Essay«-Schreiben.

In diesem Jahr 1987 eröffnete mir dann auch mein Mann, von dem ich getrennt lebte, dass er Neuseeland im nächsten Jahr für eine längere Zeit verlassen wollte. Mir wurde damit klar, dass wir uns vorher scheiden lassen sollten, denn man konnte ja nicht wissen, was so alles noch kam. Zu der Zeit war es möglich eine Scheidung einzureichen, wenn man zwei Jahre getrennt gelebt hatte. Dies wurde nicht weiter nachgeprüft, solange beide Teile erklärten, dass sie seit zwei Jahren getrennt lebten. Wir hatten uns ja auch wirklich schon 1985 getrennt (erst im April 1984 hatten wir geheiratet!) und nahmen im November 1987 die Scheidung in Angriff. An dem Tag, als wir den Termin hatten, war es am Gericht sehr voll. Unsere Scheidung war innerhalb von 3 Minuten vollzogen, da wir in allem übereinstimmten, keine Immobilien oder Vermögen teilen mussten und vor allem keine Kinder hatten.

Das erste Studienjahr wurde mit den Abschlussexamen in jedem Fach Mitte November abgeschlossen. Die Ergebnisse der Prüfungen wurden den Studenten noch vor Weihnachten mit der Post zugeschickt. Das neue Studienjahr fing dann erst im Februar wieder an. In diesen ersten langen Sommerferien verdiente ich gutes Geld dazu, indem ich mehrere Wochen Nachtschicht arbeitete und auch meine normale Arbeitszeit um zwei Stunden pro Tag erhöhen konnte.

Für das neue Studienjahr schrieb ich mich für die Höchstzahl der Fächer ein, die man als Teilzeitstudent belegen durfte. Auch auf der Arbeit an der Post nahm ich alle Überstunden wahr, die angeboten wurden. Ich wollte mir die Kosten für den Spanischkurs, den ich belegt hatte, zusammensparen. Die Hälfte dieses Sprachfachs sollte an der Universität in Auckland stattfinden, die andere Hälfte als Intensivkurs an einem Fachinstitut in Madrid im Januar 1989. Mein Plan war, Weihnachten 1988 mit meiner Mutter in Deutschland zu verbringen und dann weiterzufahren nach Madrid. Rechtzeitig zum 3. Studienjahr im Februar 1989 wäre ich dann wieder in Auckland.

Im Laufe des Jahres 1988 lösten sich die meisten meiner Bekanntschaften und Freundschaften, die ich schon vor meiner Heirat gefunden hatte, in Wohlgefallen auf. Das lag daran, dass die Menschen in Neuseeland einfach nicht so sesshaft waren wie in Deutschland. Jeder war ständig in Bewegung. Arbeitsstellen wurden regelmäßig gewechselt oder man zog in andere Städte. Vor allem gab es einen ständigen Strom Arbeitswilliger, die nach Australien gingen, weil sie sich wirtschaftlich dort besser standen. Durch meine Arbeitszeiten konnte ich auch abends nichts mehr unternehmen, so dass ich das Gefühl hatte, zunehmend isolierter zu werden und praktisch nur noch für das Studium zu leben.

An der Uni lernte ich einen deutschen Chemiker kennen, der unter einem Nobelpreis-Gewinner an dieser Uni für ein Jahr arbeiten wollte. Ich lernte auch seine Frau kennen und wir trafen uns zum »Erfahrungsaustausch« einige Male. Thomas wollte unbedingt Professor an einer deutschen Uni werden und erklärte mir die unglaublichen Bedingungen, ehe man sich überhaupt eine Chance ausrechnen kann. So reichte nicht nur ein Studium mit Doktortitel, sondern man musste einige Jahre Erfahrung mit Arbeit an Unis nachweisen können, allerdings nicht bei irgendwelchen Professoren, sondern bei solchen, die für ihre Arbeit einen Nobelpreis gewonnen hatten! So waren Thomas und Gabi schon seit zwei Jahren im Ausland und nach diesem Aufenthalt in Neuseeland ging es gleich ohne Wartezeit weiter nach USA, wo Thomas die nächsten zwei Jahre arbeiten würde. Die Unterkünfte in den jeweiligen Ländern besorgten sie sich immer über Agenturen zum »Wohnung- oder Haushüten«, wenn deren Besitzer auch für längere Zeit im Ausland waren. Ihre eigene Wohnung in Stuttgart, wo zu der Zeit Wohnungsmangel herrschte, hatten sie inzwischen untervermietet. »Wir können nur hoffen, dass das immer gut geht, denn wir wüssten nicht, was wir machen sollten, wenn wir die Wohnung dort verlieren würden.« Thomas erklärte mir auch, dass weder ein *Bachelor*-Abschluss noch ein *Master* aus Neuseeland in Deutschland anerkannt würde. »Außerdem ist ja der *Bachelor,* zumindest im Fach Chemie, auf dem Niveau des deutschen Abiturs«, sagte er abfällig. Das Abitur werde ja hier auch im 12. Jahr gemacht, daher sei es logisch, dass die Uni weiter unten anfangen müsse.

Die Abwechslung kam mir ganz recht, als ich Mitte November aufhörte an der Post zu arbeiten, an der ich zwei Jahre lang beschäftigt gewesen war. Ich fuhr wie geplant zuerst nach Deutschland, dann weiter nach Madrid. Nach erfolgreichem Abschluss dort kam ich rechtzeitig für mein drittes Studienjahr wieder in Auckland an. Ich entschloss mich die letzten 2 Jahre Vollzeit zu studieren, einfach, damit sich die gesamte Studiendauer nicht so lange hinzog. (Vollzeitstudium 3 Jahre, Teilzeit 6 Jahre). Außerdem war die finanzielle Unterstützung für Studenten im Jahr 1989 auf das Arbeitslosengeld erhöht worden, das heißt von vorher 41 $ die Woche, auf nun 109 $ die Woche. Dazu gab es noch, je nach Wohngebiet, eine Zulage. Für mich in Mount Roskill waren das noch 20 $ zusätzlich. So musste ich mich nun zwar extrem einschränken, aber es war machbar. Das Vollzeitstudium brachte mir nun nicht etwa mehr Zeit ein, wie ich eigentlich gehofft hatte, sondern ich hatte genauso viel Arbeit wie vorher. Sicherlich lag es auch daran, dass ich als »mature student« alles viel ernster nahm als die jungen Mitstudenten (in Neuseeland kann man mit 17 Jahren schon an der Uni anfangen). Meine Zensuren wurden immer besser und vor allem das Geografie-Studium machte immer mehr Spaß. Zu der Zeit, als ich studierte, war das Studium in Neuseeland so, wie man sich das als deutscher Student gewünscht hätte: die Professoren kannten ihre Studenten noch alle mit Namen. Ihre Türen standen auch immer offen und man konnte jederzeit mit ihnen sprechen, ohne großartig Termine vorbereiten zu müssen. Außerdem redete man sich mit Vornamen an, was zu einem guten Vertrauensverhältnis führte. Die Vorlesungen fanden in lockerer Atmosphäre statt in relativ kleinen Gruppen. In gefragten Fächern, wie z. B. Japanisch oder Geografie im 1.Jahr, konnten auch schon mal einige hundert Eingeschriebene zusammenkommen, dann wurde man aber in kleine Gruppen aufgeteilt und parallel unterrichtet. Jede Gruppe hatte auch Tutoren, die noch extra Unterricht zum Üben anboten, so dass man wirklich viel Hilfe hatte. In einem meiner Hauptfächer, Geografie, waren wir im letzten Studienjahr immer noch 80 Studenten. Auch bei dieser Gruppengröße war es noch möglich, dass jeder seine Arbeits- und Forschungsprojekte einzeln vortragen konnte. Da hatte ich vom Massenbetrieb an deutschen Unis Schlimmes gehört, wie z. B. Stehplätze zur Vorlesung oder die Vorlesung über einen Fernseher, im Flur anzusehen!

Zu dem Studium hatte ich mich 1986 nur entschlossen, weil ich dachte, damit meine Chancen auf eine qualifizierte Stelle zu erhöhen. Eigentlich war ich von der Idee, wieder eine jahrelange Ausbildung machen zu müssen, nicht so begeistert gewesen. Insgeheim hatte ich gehofft, dass ich während des Teilzeitstudiums eine vernünftige Arbeitsstelle finden würde und dann vielleicht nur noch in einem Fernstudium den Abschluss machen könnte.

Durch eine Bekannte hatte ich 1987 von einer freien Stelle erfahren, bei der eine Schriftsetzerin gesucht wurde, die diese Arbeit am Computer ausführen konnte. Ich hatte mich auf diese Stelle beworben, da ich dachte, mit meinem Design-Abschluss qualifiziert genug dafür zu sein. Der Arbeitgeber aus England war ganz begeistert, dass ich mich beworben hatte, die

Einzige mit qualifizierter, abgeschlossener Ausbildung (Hauptfach Typografie). Das einzig Negative, das er an mir finden konnte, war, dass ich nicht perfekt Schreibmaschine schreiben konnte. Zwar hatte ich einmal einen Kurs belegt in Auckland, aber meine Schnelligkeit beim Schreiben war nicht mit einer geübten Sekretärin vergleichbar. Alle anderen Bewerber kamen eben aus dieser Berufsgruppe und hätten dann für die Arbeit als Schriftsetzer angelernt werden müssen. Im Laufe des Bewerbungsgesprächs kamen dem Mann aber dann doch Bedenken, weil ich ja eine Ausländerin war. »Ihr gesprochenes Englisch ist ja tadellos, aber wie sieht es mit dem geschriebenen aus?«, fragte er mich. »Ich hatte immer sehr gute Noten in schriftlichem Englisch und bin gern bereit mich testen zu lassen«, bot ich an. Leider ließ er sich darauf aber nicht ein. Wir verblieben dann so, dass er mich kontaktieren würde, wenn ich für die Stelle in Frage käme. Im Endeffekt hatte er sich dann für eine Sekretärin entschieden, deren Muttersprache Englisch war.

Auch von vielen meiner Freunde aus dem Ausland hatte ich schon von dieser Erfahrung bei der Stellenbewerbung gehört: Wenn schriftliche Arbeit verlangt wurde, traute man das einem Ausländer, dessen Muttersprache nicht Englisch war, nicht zu. Also dachte ich: Jetzt muss ich erst recht das Studium zu Ende machen, denn mit einem abgeschlossenen akademischen Grad aus dem eigenen Land werde ich ja dann dieses Argument nicht mehr hören! In meinem Studienfach der »Human-Geografie«, die auch Wirtschafts- und Kulturgeografie sowie Demografie beinhaltete, musste ich jede Menge akademischer Essays sowie Forschungsprojekte mit ausführlichen Reporten schreiben. Ich dachte, damit sei mein schriftliches Englisch mehr als genug abgedeckt und in Zukunft sei das kein Thema mehr. Leider merkte ich schon in meinen Sommerferien, November 1989 bis Februar 1990, dass ich keine Chance hatte eine Stelle zu finden. So musste ich mich direkt nach den Prüfungen im November am Arbeitsamt arbeitslos melden. Im Gegensatz zu Deutschland bekamen die Studenten zu dieser Zeit auch Arbeitslosengeld, was die gleiche Summe war wie die Unterstützung für Studenten. Eine kurze Unterbrechung gab es kurz vor Weihnachten. Ich bekam eine Aushilfsstelle bei der Firma »Christian Dior«, für die ich im Verkauf in verschiedenen Läden und Drogerien eingesetzt wurde. Danach gab es wieder Arbeitslosengeld vom Arbeitsamt.

Die Gebühren für das Studium waren bis zum Jahr 1989 nur 240 neuseeländische Dollar pro Jahr für Einheimische und Ausländer mit einem »permanent residence permit«. Diese Summe konnte man auch mit schlecht bezahlter Arbeit immer ansparen. Pech für mich war, dass ausgerechnet in meinem letzten Studienjahr, in dem ich ja nun auch in den Sommerferien nichts ansparen konnte, die Studiengebühren auf 1250 Dollar erhöht wurden! Zusätzlich zu den Gebühren gab es ja dann auch noch die Auslagen für Bücher, Kopien usw. Die neuseeländische Regierung rechtfertigte diese Anhebung der Gebühren damit, dass die Kosten der Unis einfach nicht mehr gedeckt werden konnten und außerdem sei ja dafür die Unterstützung für Studenten auf das Arbeitslosengeldniveau angehoben worden. Viele Studenten, die in diesem Sommer keine Arbeit finden konnten, mussten deshalb ihr Studium für ein Jahr unterbrechen, um sich das Geld zu verdienen. Ich hatte zum Glück noch ein wenig Gespartes, was ich nun einsetzen musste. Allerdings konnte ich dabei nur hoffen, dass das Haus keine außerplanmäßigen Kosten verursachen und vor allem, dass ich gleich nach dem Studium eine Stelle finden würde!

***

Anfang einer schwierigen Zeit

Zum Anfang des Studienjahres im Februar 1990 hatte ich Besuch aus Deutschland. Es war auch der Beginn der »Commonwealth Games«, für die die Stadt Auckland sehr viel Geld investiert hatte. Es wurde angekündigt, dass ein Teil dieser Auslagen z. B. auch auf die Haus- und Grundsteuer umgelegt würde. Allgemein war eine Verteuerung des Lebens festzustellen, was ich als Studentin mit wenig Einkommen natürlich sehr schlimm fand. Seit meiner Ankunft in Neuseeland im Jahr 1983 hatte sich in diesem Land sowieso sehr viel geändert. Der Sozialstaat wurde langsam, aber sicher demontiert, die Wirtschaft wurde immer mehr dereguliert. So war z.B. die Post bei meiner ersten Anstellung 1984 noch ein staatliches Unternehmen gewesen. Bei meiner Teilzeitbeschäftigung ab 1987 jedoch war die Post schon eine »Corporation« und musste profitabel wie ein Privatunternehmen geführt werden. Es war vertraglich so geregelt, dass es in vier Jahren so viel Profit einfahren sollte, dass das Unternehmen dann verkauft werden konnte. So mussten z. B. die Manager sich von Jahr zu Jahr bewähren, wenn sie nicht profitabel arbeiteten, wurden sie entlassen. Zu der Zeit, als ich dort arbeitete, kamen oft hohe Postangestellte und Manager aus anderen Ländern zu Besuch, um sich das weltweit erste private Postunternehmen genau erklären zu lassen. Ab 1988 wurde dann alles umstrukturiert. Viele Behörden veränderten sich völlig und viel Staatsvermögen wurde verkauft, was für sehr viel Unmut in der Bevölkerung sorgte. Besonders schlimm war der Verkauf der profitablen neuseeländischen Telekom an eine amerikanische Telefongesellschaft. Dieses Einkommen verringerte zwar die immensen Staatsschulden von Neuseeland etwas, dafür war aber auch ein einheimisches profitables Unternehmen verloren. Die neue Regierung wurde extrem angegriffen und beschuldigt, alles, was Neuseeland noch als Eigentum hat, »Stück für Stück ins Ausland zu verscherbeln«. So wurden z. B. auch 49 % der Fluglinie Air New Zealand an ein Konsortium ausländischer Fluggesellschaften verkauft und nur zu 51 % waren noch neuseeländische Unternehmen beteiligt.

Da ich bei meinem Studium schon in Geografie einen Schwerpunkt in Wirtschaft hatte, entschloss ich mich in meinem letzten Jahr die Einführung in die Betriebswirtschaft und Volkswirtschaft für das erste Semester zu belegen. In diesen turbulenten wirtschaftlichen Zeiten in Neuseeland interessierte mich besonders der Einblick in die neue Wirtschaftslage, außerdem rechnete ich mir bessere Chancen auf eine Arbeitsstelle aus, wenn ich das Studium damit abrundete. Natürlich war mir auch klar, wie schwer es werden würde, denn diese Fächer zählten zu den gefragtesten an der ganzen Uni. Jedes Jahr wurden diese Einführungskurse im ersten Semester von an die Tausend Studenten belegt, die in mehreren parallelen Gruppen unterrichtet wurden. Die Zahl der Studenten, die am Jahresende durch die Prüfungen fielen, waren ebenfalls in diesen Fächern die höchsten an der Uni. Ich war mir völlig bewusst, auf welche Unsicherheit ich mich einließ, als Niete in Mathematik, schon immer mein schlechtestes Fach, dazu alles in akademisch anspruchsvollem Englisch – ob ich das überhaupt schaffen würde? Denn schließlich musste ich ja auch in diesem Jahr mein Hauptfach abschließen mit den höchsten Anforderungen der drei Studienjahre, die man für jedes Hauptfach braucht. Ich nahm bewusst diese Herausforderung an, denn in jedem anderen Land hätte ich diese Chance es zu versuchen überhaupt nicht bekommen! Meist ist es so, dass nur Bewerber zugelassen werden, die eine gewisse Eignung für die mathematischen Anforderungen nachweisen können durch Tests oder Zeugnisse in Fächern, die zuerst absolviert werden müssen.

Ich freute mich darauf, mir selbst meine Theorie zu beweisen, die die Arbeitgeber nie mit mir teilen: nämlich dass man als durchschnittlich intelligenter Mensch alles lernen kann, wenn man die richtige Motivation hat und dass es nicht von irgendwelchen Ausbildungen oder Zeugnissen abhängig ist, ob man dies schafft oder nicht! Ich entwickelte einen großen Eifer, mir und der Welt zu beweisen, dass ich, als »hoffnungsloser Fall«, was die Mathematik betrifft (bewiesen durch ewig schlechte Schulzeugnisse in diesem Fach), durchaus in der Lage war es zu schaffen.

Schon bei den vielen Klausuren im Fach Wirtschaft während des Studienjahres zeigte sich, dass ich durchaus zu durchschnittlichen Zensuren fähig war. Ich musste natürlich für die Abschlussprüfungen im November wesentlich mehr lernen als für jede andere Prüfung vorher. Im Dezember hingen die Prüfungsergebnisse an den schwarzen Brettern aus. Ich wusste also noch bevor der Brief zu Hause ankam, dass ich sowohl Betriebswirtschaft als auch Volkswirtschaft mit einem »befriedigend« abgeschlossen hatte. Das waren zwar die schlechtesten Zensuren meines gesamten Studiums, aber trotzdem konnte ich stolz sein auf mein Ergebnis, denn immerhin waren wieder sehr viele Prüflinge durchgefallen, Prozentual eine höhere Zahl als in anderen Studiengängen.

In diesem Sommer stand wieder eine Reise nach Deutschland an: meine Mutter wollte mir den Flug bezahlen, denn sie wusste schon, dass sie zu meiner »graduation ceremony« im Mai 1991 nicht kommen konnte. So war es auch sinnvoll, dass ich gleich, bevor ich mich bewerben wollte, das Weihnachtsfest in Deutschland verbringen würde.

Wieder zurück in Auckland, war mein erster Gang im Januar 1991 zum Arbeitsamt.

Jeder Einwanderer, der in Neuseeland die uneingeschränkte

Aufenthaltserlaubnis hatte, durfte auch an den Wahlen im Land teilnehmen. Ich fand das auch selbstverständlich und konnte die Debatten um dieses Recht in anderen Ländern nicht verstehen. Wenn ich in einem Land wohne, nehme ich natürlich auch Anteil am Geschehen dort und jede Wahl betrifft auch mich, trotz der Tatsache, dass ich einen anderen Pass habe. Das Argument, das man oft in der Diskussion hört, »dann solle man auch seine Staatsbürgerschaft ändern, wenn man das Wahlrecht will«, kann man ja wohl so nicht verallgemeinern. Es gibt viele Gründe, warum man die angeborene Staatsbürgerschaft nicht ändern kann oder will. Da muss man schon im Einzelfall mal genauer hinsehen und nicht einfach etwas pauschal für jeden per Gesetz bestimmen!

Ich jedenfalls hatte schon im Jahr 1987 an der Wahl zur Regierung in Neuseeland teilgenommen und auch im Jahr 1990 stand das nun wieder an. Im Jahr 1987 war die Partei mit David Lange wiedergewählt worden, die ja die absolute freie Marktwirtschaft eingeführt hatte. Jetzt jedoch, kurz vor der Wahl, spitzte sich die Lage total zu. Die Regierung wurde massiv kritisiert, die Bevölkerung ging auf die Barrikaden, denn zu viele Änderungen wurden zu schnell durchgeführt. Alles wurde im Eiltempo privatisiert, Staatsvermögen verkauft, in Massen verloren die Menschen ihre Arbeit, die Rezession war da. Nur wenige Monate vor der Wahl trat David Lange dann zurück. Auch sein Nachfolger hielt sich nur wenige Monate im Amt und trat ebenfalls zurück. Nur zwei Monate vor der Wahl musste also ein dritter Mann das Amt übernehmen. Natürlich verlor diese Partei dann die Wahl und die konservative Partei der »National Party« bildete die Regierung.

Als ich im Januar 1991 wieder in Neuseeland ankam, wurden große Veränderungen angekündigt. Die neue Regierung wollte versuchen, das riesige Haushaltsdefizit total zu reduzieren. Es sollte also überall das Geld gekürzt werden, wobei das Arbeitslosengeld ganz oben stand. Bisher gab es ein einheitliches Arbeitslosengeld von 143 neuseeländischen Dollar pro Woche für eine allein stehende Person, dies war die Summe ohne Wohnungszuschuss, den man noch zusätzlich beantragen konnte. Die Kürzung sollte schon ab Mai 1991 gelten. Auch die Wartezeiten sollten sich verändern. Bisher begann die Zahlung des Arbeitslosengeldes einheitlich für jeden zwei Wochen, nachdem man sich arbeitslos gemeldet hatte.

Ich meldete mich Mitte Januar arbeitslos. Ab Mai traten dann alle Kürzungen der sozialen Zahlungen in Kraft. Ich bekam dann nur noch 129 Dollar die Woche. Es gab Massendemonstrationen im Land, die Bevölkerung war in totalem Aufruhr. Das Schlimmste aber trat am 15. Mai in Kraft: das neue Arbeitsgesetz. Ab sofort gab es keinen Zwang mehr Gewerkschaften anzugehören. (Als ich z. B. 1984 die Arbeit bei der Post annahm, musste ich meine Mitgliedschaft in der Gewerkschaft unterschreiben, sonst hätte ich die Stelle nicht bekommen.) Die Folge der neuen Situation war sehr nachteilig für die Arbeitnehmer: ab sofort musste man seinen eigenen Arbeitsvertrag allein aushandeln. Nicht nur das Gehalt, sondern auch alle Arbeitsbedingungen! Die Arbeitgeber waren an keinerlei Vorgaben der Gewerkschaften mehr gebunden. Auf Vorwürfe, dass diese neue Regelung zu totaler Ausbeutung von Arbeitskräften führen könnte, konterte die Regierung einfach, dass es ja schließlich auch noch andere Gesetze gebe, an die sich die Arbeitgeber halten müssten. So z. B. das Gesetz, das einen Mindestlohn vorschreibt. Trotzdem war es klar, dass die Löhne und Gehälter massiv gekürzt werden sollten mit dem neuen Gesetz.

Ich hatte in der Zwischenzeit sehr viele Bewerbungen geschrieben, um an eine Arbeitsstelle zu kommen. Nicht nur ausgeschriebene Stellen hatte ich versucht, sondern auch viele Blindbewerbungen. Vor allem hatte ich mich bei sämtlichen Reiseveranstaltern beworben, weil es mein Traum war, im Tourismus zu arbeiten. In der Vergangenheit hatte ich schon viel Erfahrung mit befristeten Stellen im Tourismus gemacht. So hatte ich Praxis als Reiseleiterin und als Ansprechpartnerin eines neuseeländischen Reiseunternehmens für ihre ausländischen Geschäftsverbindungen. Ich konnte mehrere Sprachen anwenden, hatte genug kulturelles und anderes Hintergrundwissen für die meisten Touristikländer der Welt. Durch meinen Schwerpunkt in Wirtschaft fühlte ich mich durchaus in der Lage, eine höhere Position in einem Reiseunternehmen einzunehmen. Eigentlich war ich nicht mehr interessiert an den »niedrigeren« Einstiegjobs, die ich ja allzu lange schon machte. Leider war es aber in den vielen Bewerbungsgesprächen, die ich zwischen Januar und Mai bei Reiseunternehmen hatte, immer so, dass sie nur an mehrsprachigen Reiseleitern interessiert waren. Nicht etwa als feste Anstellung, sondern saisonbedingt und auch erst ab der Sommersaison 1991/92. Für andere, vor allem anspruchsvollere Positionen bestand kein Bedarf.

Die Situation zur Arbeitssuche war denkbar schlecht: Seit Januar kletterten die Arbeitslosenzahlen immer höher, Firmen machten pleite, massig wurden Stellen abgebaut. Die Nachricht, dass die neuseeländische Telekom Rekordgewinne in zweistelliger Millionenhöhe eingefahren hatte, machte die Leute noch wütender; denn der Gewinn ging nun in die USA zur Mutterfirma und hier im Land wurden Stellen zur Kostensparung gestrichen.

Schon lange war es bekannt, dass in Neuseeland nach Geschlecht diskriminiert wurde, Frauen schlossen bei Bewerbungen für Stellen immer schlechter ab als Männer. Noch schlimmer, wenn dann die Frauen auch noch älter waren (in

Neuseeland war man ab 35 Jahren »altes Eisen«). Aber am schlimmsten war es, wenn die Frau älter und dazu noch Ausländerin war! Sobald sich ein Akzent in der Sprache bemerkbar machte, wurden die Arbeitgeber vorsichtig. Ich lernte ziemlich schnell, dass ein Studium an der Tatsache überhaupt nichts geändert hatte: als Ausländer wurde einem anspruchsvolle schriftliche Arbeit nicht zugetraut! Bei solchen Massen von Arbeitslosen war es ja auch nicht schwer, aus gleich ausgebildeten Einheimischen in allen Altersgruppen auszuwählen. Bei all meinen Bewerbungen stand ich in Konkurrenz mit Hunderten von Mitbewerbern, bei manchen Stellen gab es sogar über 1000 Bewerber.

Im neuen Haushaltsplan, den die Regierung dann 1991 im Juli bekannt gab, wurde auch das Rentenalter –, von vorher 60 Jahre – auf zukünftig 65 Jahre heraufgesetzt. Die Einheitsrente betrug für eine allein stehende Person 140 neuseeländische Dollar die Woche. Allgemein wurde in Neuseeland von den Menschen nicht viel gespart, also ganz das Gegenteil vom Verhalten in Deutschland. Man gab sein Geld lieber aus, denn man wurde ja vom Staat völlig versorgt, freie Behandlung in Krankenhäusern, preiswerte Arztbesuche. All das sollte nun massiv abgebaut werden, und die Auswirkungen würden vor allem die älteren Menschen zu spüren bekommen, die ja auch keine Chance mehr hatten noch privat vorzusorgen. Es bildeten sich mehrere Gruppen von Rentnern, so z. B. eine mit dem Namen »Grey Power«. Der Vertreter dieser Gruppe drohte der Regierung an, dass er 7 % der Bevölkerung mobilisieren könne, eine große Wählergruppe. Es gab in diesem Monat riesige Demonstrationen, das Land war in Aufruhr.

In Scharen kamen Neuseeländer, die jahrelang in Australien gelebt und gearbeitet hatten, nun nach Neuseeland zurück.

Auch in Australien zeichnete sich eine Rezession ab und viele Menschen wurden arbeitslos. Auswanderer überlegen sich in einer solchen Situation, dass es vielleicht doch besser ist, lieber arbeitslos im eigenen Land zu sein, denn dort sind immer die Chancen besser als in der Fremde. So wurde auch mir klar, dass meine schöne Zeit in Neuseeland sich dem Ende zuneigte. In diesem jungen Land, das ja auch nur junge Leute als Einwanderer wollte und arbeitsmäßig auch nur jungen Leuten eine Chance gab, hatte man als Mitt- oder Enddreißiger nichts verloren! In diesem Alter musste ich der Realität ins Auge sehen. Wollte ich hier alt werden unter diesen Bedingungen? Was nützte mir für meine Existenz die gute Lebensqualität mit sauberer Luft? Wenn ich überhaupt noch in meinem Leben beruflich etwas erreichen wollte, so musste ich jetzt damit anfangen, nicht erst in einigen Jahren, wenn es hier wirtschaftlich wieder besser ginge!

Aber noch war ich hochmotiviert und gab nicht auf. Ich nutzte jede Gelegenheit, die das Arbeitsamt bot und bewarb mich auf alles, was ich sah, sogar auf der neuseeländischen Station in der Antarktis. Auf die Stellenangebote dort, die von hoch qualifizierten Wissenschaftlern bis hin zum Küchen- und Reinigungspersonal reichten, bewarben sich rund 2000 Leute. Natürlich wurde ich aussortiert, denn ich war ja für die wenigen Stellen im Versorgungsbereich hoffnungslos überqualifiziert.

Dafür machte ich öfters Kurse im Bewerbungstraining, die das Arbeitsamt anbot. Der Leiter der Kurse kannte mich schon und fand immer, dass ich eine der motiviertesten und positivsten Teilnehmer war, die er hatte. Es machte mir Spaß zu lernen, wie man sich positiv, wie eine Ware, vermarktet, d. h. Marketing für sich selbst macht. Dazu musste man sich natürlich erst einmal über seine positiven Eigenschaften für den Arbeitsmarkt klar werden. Viele Arbeitslose hatten damit große Probleme, besonders wenn sie schon länger arbeitslos- oder lange als Hausfrau tätig waren. Ich hatte große Freude daran, diese modernen Lebensläufe zu schreiben, wo ich mich richtig für die Stelle präsentieren konnte. Mir war es völlig unerklärlich, wieso die deutschen Arbeitgeber immer noch diese langweiligen tabellarischen Lebensläufe verlangten, aus denen ja nichts anderes als Ausbildungen und Praxis zu ersehen ist.

Schon im Juni 1991 hatte ich mir eine ehrenamtliche Arbeit gesucht, die mir großen Spaß machte. Dafür war ich lange in einem Bewerbungsgespräch gewesen, bei dem man herausfinden wollte, für was ich mich am besten eignen würde. Ich nahm dann eine Stelle an in einem Verein der Gemeinde Mount Albert, die ein Freizeitangebot für psychisch Kranke einrichtete. Zweimal die Woche wurden diese Menschen aller Altersgruppen aus betreuten Wohnanlagen zu uns gebracht. Wir hatten ideale Räumlichkeiten, in denen wir jede Art von Spielen mit dem Ball, aber auch Handarbeiten, Brettspiele, puzzeln usw. anbieten konnten. Wir organisierten auch Ausflüge und Kinobesuche. Ich engagierte mich so sehr, dass ich schon bald als stellvertretende Koordinatorin eingesetzt wurde. Die junge Maori-Frau, die diese Stelle hatte, musste so viele Aufgaben wahrnehmen, so dass sie öfters verhindert war. Ich leitete dann an ihrer Stelle die Freizeitangebote für diese Gruppe, wofür ich dann natürlich auch bezahlt wurde. Ich wurde auch Mitglied des Komitees dieses Vereins und fungierte hier auch als Schriftführerin. Wir bekamen oft Fortbildungen und stimmten ab über jedes neues Angebot oder Änderung in unserem Vereinsangebot. Ich hätte mir durchaus vorstellen können, in diesem Bereich voll zu arbeiten, also eine Stelle, die normal von einer qualifizierten Fachkraft aus dem sozialen oder medizinischen Bereich besetzt würde.

Im Oktober des Jahres meldete ich mich dann beim Arbeitsamt auch für das neu eingeführte Programm für Langzeitarbeitslose an. Das »Community Taskforce Scheme« war erst einmal auf freiwilliger Basis eingeführt worden. An großen Stellwänden hingen Arbeitsangebote, unter denen man jedes annehmen konnte, ungeachtet der Ausbildung. Die Arbeitszeit für diese Stellen betrug immer drei volle Arbeitstage pro Woche ohne zusätzliche Bezahlung. Das heißt, man arbeitete also für das Arbeitslosengeld, anstatt nur zu Hause zu sitzen und Bewerbungen zu schreiben. Ich freute mich sehr über diese Möglichkeit wieder etwas Neues zu lernen und wieder einmal in eine Stelle hineinzukommen, die ich sonst nie kennen gelernt hätte, wenn man immer nur nach Ausbildungen ausgewählt wird. Ich suchte mir eine Arbeit an einer Schule aus, weil ich schon einmal mit dem Gedanken gespielt hatte, vielleicht eine Lehrerausbildung anzuhängen (was man bei dem BachelorAbschluss in relativ kurzer Zeit hätte machen können). Auf diese Weise könnte ich eine Schule von innen kennen lernen und auch Einblick in die Arbeitssituation der Lehrer bekommen. Ich nahm also eine Arbeit an in der Bücherei einer Grundschule im Ortsteil *Onehunga,* in dem sehr viele Polynesier wohnten. Dort arbeitete ich eng zusammen mit einer Bibliothekarin, die die Schulbücherei total modernisieren sollte. Wir legten ein neues Katalogsystem an, ordneten den gesamten Bücherbestand neu und reparierten auch die Bücher, die beschädigt waren. Diese neue Arbeit machte mir großen Spaß, und auch hier hätte ich mir vorstellen können, solch eine Stelle anzunehmen. Nach den Schulferien hatten wir schon viel erledigt und ich machte diese Arbeit nun allein weiter, denn der normale Büchereibetrieb fing für die Bibliothekarin wieder an. Ich hatte viel Gelegenheit mit Lehrern zusammen zu sein, sowohl im Lehrerzimmer als auch auf Feiern und Schulausflügen. Auch hier gab es Besuch aus anderen Ländern (genau wie damals an der Post), diesmal von

Lehrern, die sich über das neuseeländische Schulsystem informieren wollten, um herauszufinden, wie es in diesem Land gelang, dass die Kinder der Grundschule in der PISA-Studie so gut im Lesen abschnitten.

So fing das Jahr 1992 an. In diesem Jahr sollten in den EU-Staaten die Grenzen fallen, d. h., jeder EU-Bürger dürfte in jedem Mitgliedsstaat arbeiten. Ich hatte mich an die Botschaft der Niederlande gewandt um herauszufinden, ob ich wirklich problemlos dorthin ziehen könnte. Durch einen guten Freund dort hätte ich eine Chance gehabt, in Amsterdam zu leben und eine Arbeit zu suchen. Aber siehe da: »Nein, für die Niederlande gilt diese Regelung in diesem Jahr noch nicht. Erst ab 1993 wird es möglich sein dort zu arbeiten.« Ich hatte mir fest vorgenommen, noch vor dem neuseeländischen Winter das Land zu verlassen. Ich wandte mich an die Botschaft von Großbritannien, denn wenigstens würde dort meine neuseeländische Ausbildung anerkannt. Grünes Licht kam aus dieser Richtung: Ja, ich könne sofort nach England ziehen, dort leben und arbeiten.

Nur leider kannte ich dort niemanden. Wie sollte ich einen Umzug organisieren, wenn ich nicht wusste, wohin ich die Sachen verschiffen würde? Es half also alles nichts: ich musste zuerst zurück nach Dortmund, der einzigen festen Adresse in Deutschland. Von dort aus könnte ich es dann weiter versuchen, woanders hinzukommen, wo sich eben eine qualifizierte Arbeitsstelle und nicht wieder ein unqualifizierter Aushilfsjob ergeben würde.

Ich arbeitete voll weiter, zwei Tage die Woche im Freizeitangebot für psychisch Kranke und drei Tage die Woche in der Schule, bis kurz vor meiner Abreise im Mai 1992.

Es fiel mir sehr schwer, mein Zuhause und mein schönes ruhiges Leben in Auckland aufzugeben. Mein Leben hier hatte sich in den neun Jahren grundlegend verändert. Ich hatte intensiv an mir selbst gearbeitet, wusste jetzt, wer ich war und was ich noch erreichen wollte. Wahrscheinlich war ich einfach nur richtig erwachsen geworden! In den fünf Jahren, die ich in meinem eigenen Haus gewohnt hatte, musste ich zwangsläufig auch lernen Verantwortung zu übernehmen und wurde auch in handwerklichen Fähigkeiten gefordert. Da mir finanzielle Mittel fehlten, musste ich Reparaturen an Auto und Haus überwiegend selbst ausführen. Außerdem hatte ich erkannt, dass alle mitwirken müssen am Erhalt der berühmten Lebensqualität. Hier hatte ich gelernt die Natur zu schätzen und nicht als einfach gegeben hinzunehmen. Ich nahm aktiv teil an Naturschutz und war immer informiert, was vor sich ging im Land. Jahrelang traf ich jeden Sonntag meine Wandergruppe und wir erforschten immer neue Wanderwege im »Busch«. Ich lernte viele naturgeschützte Regionen kennen, erforschte jeden Teil der Halbinsel Coromandel, erwanderte mit spezieller Erlaubnis der Maori Major Island. Ich wurde selbst zur Wanderführerin in meinem Lieblings-Nationalpark Tongariro. Kaum eine Wanderroute habe ich auf der Nordinsel ausgelassen, vom Cape Reinga bis Wellington wurde alles erwandert. Immer werde ich die Wanderungen in der vielfältigen Natur und die Freundlichkeit der Menschen in Neuseeland vermissen.

Sicherlich wäre ich nie aus Neuseeland weggegangen, wenn ich beruflich bessere Chancen gesehen hätte. Zwar hätte ich hier weiterhin die gute Lebensqualität genießen können, aber der Preis dafür, ewig unqualifizierte Arbeit zu verrichten, war mir einfach zu hoch!

Die Enge in Europa, die Menschenmassen, die deswegen aggressiv werden, der raue Umgang miteinander im täglichen Leben und die schreckliche Bürokratie, die einen dort ständig begleitet, das alles würde mich nun erwarten. Aber es gab einen Lichtblick: mein *permanent residence permit* galt für vier Jahre.

Also, wenn sich in Europa beruflich nichts ergeben würde, konnte ich erneut in meiner zweiten Heimat einen Versuch starten!

***

Vier Jahre Übergangszeit bis zur Entscheidung

In Deutschland machte ich einen absoluten Neuanfang: in einer neuen Stadt, in Frankfurt am Main, bewarb ich mich auf eine Stelle als kaufmännische Angestellte bei einem japanischen Reiseveranstalter und wurde sofort eingestellt. Zuvor hatte ich in meiner Heimatstadt Dortmund in der akademischen Abteilung des Arbeitsamtes gehört, dass ich für die Anerkennung eines ausländischen Studiums entweder eine »Gleichstellung eines akademischen Grades« oder »die Anerkennung eines ausländischen Grades« beim »Ministerium für Wissenschaft und Forschung« beantragen müsse. Beim telefonischen Abklären meines Falles hatte der Berater abfällig bemerkt: »Die Frau hat so einen *Bachelor*-Abschluss, das ist ja nicht mal ein Vordiplom hier.«

Ich ging also tatsächlich diesen vorgeschlagenen bürokratischen Weg und erhielt Wochen später vom Ministerium eine »Zustimmungsurkunde«, die mir erlaubte, den Grad *Bachelor of Arts (NZ)* zu führen. Um mich mit diesem Grad zu schmücken, den ich mir ja sowieso schon 1991 verdient hatte, auch ohne diese Absegnung, durfte ich nun 150 DM bezahlen. Und was war dieses Papier nun wert? Bei deutschen Arbeitgebern natürlich gar nichts! Erst Jahre später kamen diese darauf, dass ein Bachelor-Abschluss plötzlich erstrebenswert war, denn nun wurde er auch in Deutschland als Abschlussmöglichkeit angeboten. Als Gipfel der Abwertung meiner Ausbildungen sah ich die unzähligen Bewerbungen auf Bürostellen im kaufmännischen Bereich, bei denen ich nicht einmal zu einem Gespräch eingeladen wurde. Mir war klar, dass es an der mangelnden »kaufmännischen Ausbildung« lag, die ich ja nicht vorweisen konnte. Wahrscheinlich wurde ich mit meinen abgeschlossenen Studiengängen für zu dumm gehalten mich in solche Arbeiten »einzuarbeiten«. Eine Chance mit einer Stelle im Tourismus wurde mir jedenfalls nicht von einem deutschen Arbeitgeber, sondern von einem ausländischem gegeben. Den Ausschlag in meinem Lebenslauf gab die Lebenserfahrung, der Auslandsaufenthalt und das neuseeländische Studium mit dem Wirtschaftsschwerpunkt Asien, nicht zuletzt meine vielen Reisen und mein Wissen über die Kultur in Asien. Außerdem fügte ich mich mit meiner japanischen Arbeitseinstellung (man arbeitet, bis der Job fertig ist und nicht nur bis zum Feierabend) wunderbar in die Firma ein. Da die offizielle Arbeitssprache Englisch war und ich in der Freizeit viel mit Angehörigen des amerikanischen Konsulats zu tun hatte, hatte sich für mich, zumindest sprachlich gesehen, gar nicht viel geändert, seitdem ich Neuseeland verlassen hatte. Auch in meiner Freizeit wanderte ich weiter jede Woche, nur eben durch ganz andere Landschaft.

1994 lernte ich dann Neuseeland endlich einmal als normaler Tourist kennen, d. h., ich reiste zwar als »resident« ein, aber konnte endlich alle Attraktionen dort genießen, ohne immer nur auf die Kosten achten zu müssen. Als ich noch in Auckland lebte, hörte ich oft von Freunden die Klage, dass sie sich eher einen Urlaub in Australien leisten konnten als in der Südinsel im eigenen Land. Eben weil diese Reise so teuer war, konnte auch ich nur die Nordinsel erkunden, und selbst da blieben mir aus Kostengründen viele schöne Erlebnisse verwehrt. In diesen sechs Wochen Urlaub nutzte ich nun alles, was die »reichen«

Touristen aus Europa so an Neuseeland begeisterte, indem ich nur die ungewöhnlichsten Dinge aussuchte, die ich vorher nie hatte machen können: Ich schwamm mit Delphinen in *Kaikoura*, fuhr mit einem Mietwagen über den *Arthur`s Pass* und die Westküste entlang zum *Golden Bay.* Dort nahm ich teil an einer Safari zum 24 km langen *Farewell Spit,* auch ein Unternehmen, was ich mir vorher nie leisten konnte. Danach blieb ich einige Tage in dem winzigen Ort *Collingwood,* machte viele Ausflüge und Wanderungen und fuhr dann die spektakuläre Küste entlang, die aufgrund ihrer Zerklüftung und der damit verbundenen langen Zeit, die man braucht, von Reiseunternehmen kaum angefahren wird. In Nelson erfüllte ich mir endlich den langersehnten Traum eines Tandem-Fallschirmsprungs. Auf dem wunderschönen *»Queen Charlotte Sound Drive«* konnte ich die einmalige Welt der Fjorde des *Marlbourough Sounds* genießen. Auf der Nordinsel verbrachte ich eine schöne Wanderzeit auf *Great Barrier Island.* Die Fahrt dorthin hatte ich mir nicht leisten können, als ich noch in Auckland lebte. Am Ende meines Urlaubs fasste ich den Entschluss, dass ich in Nelson auf der Südinsel einen Neuanfang machen würde, wenn ich meine Arbeit in Frankfurt verlieren sollte.

Nach drei Jahren in Europa zog ich Bilanz: Es ging mir hier finanziell gesehen wesentlich besser, das war einfach nicht von der Hand zu weisen. Ich konnte wieder meinem großem Hobby, dem Reisen, nachgehen. Seitdem ich in Frankfurt lebte, hatte ich besser verdient als jemals in Neuseeland, qualifiziertere Arbeit gemacht und wesentlich mehr Urlaub gehabt. Ich hatte mir leisten können, Urlaub in Costa Rica, Nepal und Neuseeland zu machen, ohne zu sehr auf die Kosten zu achten. Dafür musste ich mich abfinden mit unfreundlichen Menschenmassen, intolerantem, arrogantem Gehabe der Menschen in Deutschland (immer noch wurde mir erzählt, wie toll doch hier alles ist, »viel besser als woanders«).

Ich kam daher zu dem Schluss, dass Europa für mich einfach der bessere Wohnort war, aber nicht unbedingt Deutschland. Ich bereitete mich darauf vor nach England zu gehen, nicht, weil ich dort Menschen oder Klima liebte, sondern weil mir die Kultur und Sprache, das Gesundheitssystem und die Ausbildungen alle vertraut waren. Alles, was ich aus Neuseeland an Ausbildung, Lebens- und Berufserfahrung mitgebracht hatte, würde hier honoriert werden. Auch die Erfahrung als ehrenamtlicher Helfer (die in den meisten Ländern im Lebenslauf verwendbar ist). Doch dann traf ich meinen Mann und das änderte alle Pläne.

1996, das Jahr, in dem mein *resident permit* auslief, reiste ich das letzte Mal als *resident* in Neuseeland ein, um meinem amerikanischem Mann meine zweite Heimat zu zeigen. Wieder reisten wir auf die typische Touristenart und scheuten keine Kosten, um alles auszuprobieren. Mit dem Zug *Tranz Alpine* fuhren wir über den Arthur`s Pass und nahmen teil an einer Wanderung über den *Franz–Josef-Gletscher.* In Queenstown, Zentrum aller Abenteuer-Vergnügen, wagten wir einen Tandem-Flug mit einem Drachen, dort *»parapenting«* genannt. Ein Höhepunkt war die Wanderung auf dem *Hollyford Valley Walk,* der sehr abwechslungsreiche Vegetation bietet. Wir endeten am Martins *Bay* und nahmen dort die Möglichkeit eines Charterflugs in Anspruch, der uns die einmalige Aussicht bot, unseren Wanderweg zu überfliegen, dann um den *Mt Tutoko* durch den Milford Sound kommend dort zur Landung anzusetzen. Natürlich, ja, Sie ahnen es schon, war auch dieser »Luxus« etwas, das ich niemals hätte genießen können, als ich noch in Auckland lebte. Wir gönnten uns auch einen Überflug des höchsten Berges, *Mount Cook,* wobei wir auch unseren erwanderten *Franz-Josef-Gletscher* von oben sahen.

Zurück in Deutschland beantragte ich eine Verlängerung des *permanent residence permit*. Ich bekam leider nur drei Monate. Schweren Herzens musste ich dies nun aufgeben: nie mehr würde ich in Neuseeland wohnen können (Rentner, die übersiedeln wollen, sind hier auch nicht erwünscht). Damit wurde die letzte Seite im Kapitel Neuseeland in meinem Leben zugeklappt. Aber ich genieße immer noch hin und wieder als normaler Tourist das Land zu erleben, ohne nur auf die Kosten zu achten, so wie ich es dort als *resident* musste.

***

Erste Eindrücke anderer Einwanderer: Gedanken über den Umzug vom Norden Englands nach Neuseeland

(geschrieben von Joyce, ursprünglich aus England)

Es gibt immer etwas in der Atmosphäre, den Werten und Normen des Heimatlandes, was immer verbindet und nicht einfach an einen anderen Ort verpflanzt werden kann. Deshalb haben unzählige mutige Seelen, die freiwillig ausgewandert waren, in Herz und Geist »Heimweh« erfahren. Manchmal nur ein wenig, manchmal heftig – oft sogar tödlich für diejenigen, die zu ihren Wurzeln zurückkehren wollten.

In meinem Fall folgte die Braut ihrem Bräutigam in das Land, wo er zu Hause war. In 1959 war Neuseeland ein junges Land, grün und sauber, spärlich bevölkert, mit nur einer »großen Kleinstadt« auf der Nordinsel, die das kommerzielle Zentrum war. Die gesellschaftliche Moral, religiöse und kulturelle Ansichten schienen sich hier wenig verändert zu haben, seitdem sie von den frühen Siedlern hierher verpflanzt worden waren.

Autotüren wurden selten verschlossen, Bier gab es in den Kneipen nur bis 18 Uhr und in Restaurants überhaupt nicht. Geschäfte waren samstags und sonntags geschlossen. Die Mode reflektierte die sehr reelle Distanz zu Paris und London!

Meine Begrüßung durch die Familie und Freunde meines Mannes war herzlich und ich fühlte mich sehr willkommen. In dieser Beziehung hatte ich es wirklich gut. Und doch fühlte ich, da war ein schwer erklärbarer Verlust: von nordenglischem Humor, Liebe und »Offenheit«, was sich einfach nicht woanders so wiederholte. Wie viele andere Menschen, Gefangene ihrer Liebe zu einem Menschen oder ihrer wirtschaftlichen Not, hatten dieses Verlangen gespürt, ihre Wurzeln zu verlassen und einen Neuanfang zu wagen weit weg von ihren Geburtsstätten?

So wie mit allen Dingen, die einfach als selbstverständlich hingenommen werden, so verursacht jedoch ihr absolutes »Nichtvorhandensein« eine Sehnsucht und ein Gefühl von Verlust: – Gebäude, die älter sind als 150 Jahre, Kathedralen und alte Kirchen, verfallene alte Schlösser, erhabene Gutshäuser, Herrschaftshäuser, und sichtbarer Kontakt zur Geschichte und Erbschaft, die ein Teil davon war englisch zu sein.

Ich beneidete die Maori, die das Land ihrer Ahnen und ihre Geschichte hier hatten, die wussten, dass dies für so lange Zeit ihre Heimat war.

Die endlosen, schönen Strände ohne Menschenmassen und industriellem Smog, das Fliehen vor dem schwerfälligen, düsteren Grau des nordenglischen Winters – dies waren die Dinge, die so viele in dieses Land gebracht hatten auf der anderen Seite der Welt. Der dunstige, faule Sommer musste Ausgleich sein für den Verlust der weißen Weihnacht mit Kaminfeuer. Aber es dauerte seine Zeit!

Welche Schönheit in den südlichen Alpen der neuseeländischen Südinsel, welche Grandiosität, welche Weite, wenn man durch ihre Hügel und Ebenen streifte! Meine Kinder, die sich frei bewegen konnten auf weiten Feldern und Stränden oder im weitläufigen Garten, der zum Haus gehörte.

In Auckland und weiter nördlich wartete ich auf einen Winter, der Kälte und Dunkelheit bringen würde, aber der nie kam. Und so gewöhnte ich mich an dieses so angenehme Klima hier und erwartete auch, dass es immer so sei. Auch an die praktischen, sensiblen Menschen, die vor uns hierher gekommen waren, gewöhnte ich mich und sie wurden meine Freunde.

Das Neuseeland von 1959 war so vollkommen anders als das Neuseeland 2006! Sobald Flüge die normalen Transportmittel wurden, holte Neuseeland alle Rückstände auf. Vorher kam man nur ins Land, wenn man auf eine 4- bis 6-wöchige idyllische Seereise ging, die die Entfernung und den Unterschied der Kulturen noch zu betonen schien.

Die Kinder der Einwanderer Neuseelands waren nun gut verwurzelt in ihrem Heimatland, aber sie waren auch anpassungsfähig. Sie wollten ihre Erfahrungen außerhalb des Landes sammeln und reisten nach London, über Land quer durch England und auf den europäischen Kontinent, um ihre Herkunft zu erkunden. Sie kamen damit besser zurecht als ihre Vorfahren, die sich an die Bedingungen in Neuseeland anpassen mussten. Vielleicht ist das auch nur so, weil die Neuseeländer ja auch immer nur vorübergehend im Ausland bleiben wollten! Auch sie können sich der Anziehungskraft ihres Heimatlandes und ihrer Wurzeln nicht entziehen.

***

Verschiedene Gründe für eine Auswanderung nach Neuseeland

Ein junges deutsches Ehepaar erzählte, warum sie sich für dieses Land entschieden hatten: »Wir wollten unbedingt mindestens drei Kinder. In Deutschland gehört man ja gleich zu den Asozialen, wenn man mehr als zwei Kinder hat! Wir möchten, dass unsere Kinder natürlich aufwachsen können, mit sauberer Luft und viel Platz. Wir haben in Düsseldorf gewohnt, hatten einen gut gehenden Juwelierladen und wirtschaftlich gesehen eigentlich keinen Grund wegzugehen. Aber die kinderfeindliche Einstellung der Gesellschaft, dazu das kinderfeindliche beengte Umfeld hat uns im Endeffekt weggetrieben. Natürlich war der Anfang hier für uns leichter. Mit unserem Erlös aus dem verkauften Geschäft konnten wir uns hier gut einrichten und auch wieder geschäftlich tätig werden. Berufliche Selbstständigkeit wird hier sehr gefördert.«

Ein kinderloses deutsches Ehepaar, das ohne jegliche finanzielle Mittel nach Neuseeland kam: »Wir haben in Europa alle Brücken abgebrochen, wir werden nie mehr nach Deutschland fahren. Wir sind hier, weil wir wirklich alternativ leben wollen. In Auckland bleiben wir nur für wenige Jahre, um hier zu arbeiten und ein wenig Geld anzusparen. Aber wir kommen ja nicht in so ein schönes Land, um in einer Großstadt zu wohnen! Wir werden auf jeden Fall in einen kleinen Ort auf die Südinsel ziehen und dort Land kaufen, von dem wir uns auch ernähren wollen.«

Die beiden sind nach 4 Jahren in der Stadt wirklich auf die Südinsel gezogen, in die Nähe von Nelson. Sie leben dort vollkommen alternativ und ernähren sich vom eigenen Land. In den neun Jahren, die ich in Neuseeland war, sind die beiden nie nach Deutschland zurückgefahren.

Meine Freundin in Auckland, ursprünglich aus München: »Ich wollte einfach nur weit weg von meiner Familie, das heißt, eigentlich von meiner Mutter. Ich wäre überall hingegangen, Hauptsache weit weg. Leider hatte ich keine besonderen Ausbildungen oder akademischen Abschlüsse. Ich lernte einen Neuseeländer kennen und ging auf gut Glück mit ihm nach Australien. Dort fing ich an zu kellnern, da gab es immer Jobs. Nach einigen Monaten wollte mein Freund aber nach Neuseeland, so ging ich eben mit. Wegen ständiger Aufenthaltsprobleme hier haben wir dann geheiratet. Leider hat die Ehe nicht gehalten, aber ich bin wenigstens weit weg von Deutschland! Mir gefällt zwar das Leben hier, aber ich habe schnell herausgefunden, dass man hier mit normaler, ehrlicher Arbeit zu nichts kommt! Als Kellnerin und Verkäuferin verdiene ich sehr wenig und werde mir wohl auch nie Eigentum leisten können. An das Altwerden hier möchte ich auch lieber nicht denken!«

Eine andere Freundin aus Singapur, die mit Anfang dreißig ihre gut bezahlte Stelle als Chefsekretärin dort aufgegeben hatte: »Ich habe in Neuseeland schon lange eine verheiratete Schwester, die ich oft besucht habe. Ich lebte in Singapur schon zehn Jahre mit einem Engländer zusammen, wir wollen aber nicht heiraten. Wir haben uns überlegt, dass wir einfach genug haben von der Hektik und der Enge in der Großstadt Singapur. Auckland ist eine Erholung, saubere Luft, tolle Freizeitmöglichkeiten, keine Menschenmassen. Innerhalb von 20 Minuten ist man in der unberührten Natur und sieht niemand mehr. Jetzt, wo wir älter werden, brauchen wir die Kulturangebote und Hektik einer Großstadt nicht mehr. Wir haben uns beide hier in Auckland Arbeitsstellen gesucht und hatten damit keine Probleme. Wir sind hier total zufrieden.«

Eine indische Freundin, die in England aufgewachsen ist und durch ihre Heirat mit einem Neuseeländer nach Auckland kam: »Im Vergleich zu England wird man hier als Farbige viel weniger diskriminiert. Es gibt nirgendwo ein Land, wo man als Farbige vollkommen unvoreingenommen leben kann, aber Neuseeland kommt dem schon sehr nahe. Auch die indische Gemeinde hier ist weniger streng als in England, man bekommt weniger von dem kulturellen Druck zu spüren. Die Atmosphäre hier ist in jeder Beziehung lockerer, die Menschen haben mehr Freiheiten. Ich bin froh, dass meine drei Kinder hier aufwachsen können.«

Thomas, ein Ingenieur aus der Schweiz: »Ich habe meine Aufenthaltsgenehmigung ohne Probleme aufgrund meines Berufes bekommen. Ich hatte immer Stellenangebote, aber die Arbeit in meinem Beruf hier ist vollkommen uninteressant! Das Land ist viel zu schön, um meine Zeit mit langweiligen, schlecht bezahlten Stellen als Ingenieur zu verschwenden. Ich gehe jetzt immer zum Arbeiten in die Schweiz, wenn ich Geld brauche. Dort kann ich innerhalb von sechs Monaten genug verdienen, um mir dann hier ein wunderschönes Jahr zu machen und noch Geld zu sparen!«

Lothar, ein deutscher Computerfachmann mit Hochschulabschluss: »Aufgrund meines Berufes hatte ich hier Stellenangebote in mehreren Städten Neuseelands. Ich konnte mir also aussuchen, wo ich leben wollte und bekam die Aufenthaltserlaubnis ohne Probleme. Ich fand es allerdings sehr gewöhnungsbedürftig für so wenig Geld, wie hier gezahlt wird, zu arbeiten. Aber mittlerweile finde ich, dass es sich für die Lebensqualität hier lohnt, solche finanziellen Abstriche zu machen. Ich genieße es, nach der Arbeit noch zum Strand zu gehen. Ich habe Windsurfen gelernt und fange viele andere Sportarten an, die ich in Deutschland nie hätte machen können. Das Leben hier ist fast stressfrei und ich habe jede Menge Freude in meiner

Freizeit. Ich würde das alles nicht mehr eintauschen wollen gegen die Enge und Hektik in Europa.«

***

Allgemeines über das Leben in Neuseeland: Leben in der Stadt Auckland

Oft hatte ich von anderen Einwanderern gehört, dass sie doch nicht ausgewandert sind, nur um auch hier wieder in einer großen Stadt zu leben. Außerdem sei das Leben hier zu teuer.

Dies gilt tatsächlich besonders heute. Im Jahr 2006 muss man schon viel Geld mitbringen, um sich ein Haus in der Stadt kaufen zu können. Das war zu der Zeit, als ich dort lebte, noch nicht so extrem. Tief saß schon immer die traditionelle Meinung, dass man ein Haus kaufen muss – Miete ist rausgeschmissenes Geld, mit dem man anderen hilft, ihren Besitz abzuzahlen. War früher die Standardgröße des eigenen Grundstücks der »viertel acre« (ca. 1000 qm), so schrumpfte seit 1985 die Durchschnittsgröße für den plötzlichen Anstieg der neuen Bauzulassungen auf 600 qm, und später sogar auf zwischen 200 und 400 qm Land. Der Grund war, dass es plötzlich »Mode« war, seinen Garten zu verkaufen, denn mit steigenden Preisen konnte man so die Abzahlung des Hauses decken oder ein neues Boot dafür kaufen. Die Häuser werden, schon immer in Neuseeland, nach Anzahl der Schlafzimmer verkauft, wobei benannt ist, ob es sich um Doppel- oder Einzelschlafzimmer handelt. Laut Statistik war die Durchschnittsgröße von Häusern in Auckland 1991 etwa 160 qm. Häuser gab es im Allgemeinen billiger im Süden der Stadt, wie auch in den Randgebieten, teurer war es im Osten und nahe der Innenstadt. Laut Statistik des Instituts für Makler kosteten im Mai 1991 Häuser im Schnitt 135 000 Dollar, Wohnungen 80 000 Dollar. Davon können heute die Käufer nur träumen! Wohnungen sind kaum noch unter 150 000 Dollar zu haben, über 200 000 ist keine Seltenheit. Weil aber Häuser immer teurer wurden, greifen viele Erstkäufer – die hier oft Anfang 20 sind – auf Wohnungen zurück (vorher total verpönt das »beengte Wohnen« wie in europäischen Städten), die meist in einem Block von 6 Stück nebeneinander liegen, manchmal auch zweistöckig mit 12 Wohnungen. Mittlerweile gibt es aber auch in Auckland, direkt in der Innenstadt, Wohnungen in großen Blöcken, den europäischen Städten doch sehr ähnlich.

Ich liebte das Leben in dieser Stadt mit allen kulturellen Angeboten und einem hohen Freizeitwert: jede Menge Strände, ruhige Oasen, Parks und der einheimische »bush« zum Wandern nur 20 Minuten Fahrt entfernt.

Auckland ist auch heute die größte Stadt Neuseelands, in der ein Drittel der Bevölkerung des Landes lebt. In der Volkszählung (Census) vom 7. März 2006 war Auckland die Region in Neuseeland, die am schnellsten gewachsen war seit der letzten Volkszählung im Jahr 2001, nämlich 12,4 %. Anziehungspunkt für mehr und mehr Menschen, so weitete sich die Stadt im Laufe der Jahrzehnte immer mehr aus.

Genau wie zu der Zeit, als ich in Auckland wohnte, so ist es auch heute noch so, dass es die besten Arbeits- und Verdienstmöglichkeiten in dieser Stadt gibt. Laut Census von 2001 ist das durchschnittliche Einkommen (NZ $) in dieser Stadt $ 22 300 jährlich, verglichen mit $ 18 500 in ganz Neuseeland. 46,9 % der Menschen über 15 Jahre haben hier in der Stadt ein jährliches Einkommen von $ 20 000 oder weniger, verglichen mit 52,8 % der Menschen in ganz Neuseeland. Dagegen haben 17,8 % der Einwohner Aucklands mehr als $ 50 000 im Jahr. In ganz Neuseeland haben nur 11,5 % dieses höhere Einkommen. Insgesamt gesehen ist also das Einkommen in Neuseeland auf eher niedrigem Niveau, was ich auch schon bitter erfahren musste. Das heißt: Wenn man mit sehr wenig Vermögen oder gar ganz ohne in diesem Land ankommt, hat man es sehr schwer, durch normale Arbeit genug zu sparen!

An der Arbeitslosenrate aus dem Census von 2001 sieht man aber auch, dass immer noch große Unterschiede bei den ethnischen Gruppen bestehen. In 2001 war die Arbeitslosenrate in Auckland 7,9 %, aber die der Maoris 14,6 %.

Auch die neusten Zahlen am Ende des Quartals im Jahr 2005 belegen dies: Die Arbeitslosenrate für ganz Neuseeland lag bei nur 3,6 %, aber 7,6 % der Maoris waren betroffen, 6,2 % der eingewanderten Insulaner aus dem pazifischen Raum und 5,8 % anderer ethnischen Gruppen. Dagegen waren nur 2,5 % der weißen, also europäischen Bevölkerung arbeitslos.

Wenn also die Einkommenssituation nicht so rosig ist, wie ist die Situation dann für Mieter?

Zu meiner Zeit gab es die billigsten Mietwohnungen von der *Housing Corporation* in Form von staatlichen Häusern – zu erkennen an den einheitlichen verpönten roten Ziegeln – oder Wohnungen, oft in mehrstöckigen Gebäuden. Die Wartelisten dafür wurden immer länger. Um an ein solches Haus zu kommen, musste man ein Notfall sein, das heißt zum Beispiel, in Autos, Wohnwagen oder verkommenen Wohnungen in beengten Verhältnissen wohnen. Heute gibt es die *Housing Corporation* in der Form wie damals nicht mehr. Nun orientiert sich alles am freien Wohnungsmarkt.

Musste ich damals noch zwischen $ 100 und 120 wöchentlich für eine Wohnung an Miete zahlen, so war die durchschnittliche Miete in 2001 $ 236 in Auckland und $ 176 im Rest von Neuseeland. Immer noch sind aber Mieter in der

Minderheit, denn auch 2001 gehörten 57,5 % der privaten Unterkünfte in Auckland den Bewohnern, während in ganz Neuseeland sogar 68,8 % Eigentum haben.

Auckland wird immer noch als größte polynesische Stadt der Welt bezeichnet. Dies bezieht sich auf die vielen Einwanderer von verschiedenen Inseln der Südseestaaten. Was in den 60er Jahren türkische Gastarbeiter für Deutschland waren, das waren zur selben Zeit für Neuseeland Arbeitskräfte aus West Samoa und anderen Ländern im polynesischen Raum. Die Wichtigkeit Neuseelands als Arbeitsland für Bewohner kleiner Inselstaaten zeigt sich am Beispiel der Insel Niue. Ende der 80er Jahre gab es dort nur noch 2000 Einwohner, während es in Auckland 8500 waren! In Auckland ergibt sich durch die kulturelle Mischung ein interessantes Bild vom Leben in den Südseestaaten. Laut Census aus dem Jahr 2001 war die meistgesprochene Sprache nach Englisch in Auckland Samoanisch mit 4,2 % der Stadtbevölkerung. In ganz Neuseeland ist jedoch, wie sollte es anders sein, nach dem Englisch mit 4,5 % Maori die zweite Sprache im Land.

Das Erwachen zu der Erkenntnis, dass Neuseeland eigentlich Teil der Südseestaaten ist und sich mehr daran orientieren sollte als an weit entfernten Ländern in Europa, kam allmählich in den 80er Jahren. So wurden langsam auch engere wirtschaftliche Beziehungen mit asiatischen und Südseestaaten gesucht. Visuell ist diese Zugehörigkeit zu den Südseestaaten nicht nur in den Straßen Aucklands zu sehen, sondern auch z. B. die Kunst wird davon beeinflusst.

Als Großstadt hat Auckland im Vergleich mit anderen Städten der Welt wesentlich mehr zu bieten, was die Lebensqualität anbetrifft. Nicht nur, dass die Luft noch sauberer ist als anderswo, sondern ganz besonders die geografische Lage macht diese Stadt attraktiv. Besonders auffällig ist das viele Grün in der Stadt. Es gibt viele Parks, und einzelne Häuser mit Garten überwiegen immer noch. Ein Auto zum Leben hier ist unbedingt erforderlich, will man die hervorragenden Erholungsmöglichkeiten in der Freizeit nutzen. Die öffentlichen Verkehrsmittel reichen leider nicht aus. In nur 15 bis 20 Minuten Fahrt kann man den einheimischen Busch zum Wandern in den *Waitakere Ranges* erreichen. Dies ist auch das Wassergewinnungsgebiet mit mehreren Stauseen. Historisch gesehen ist das Gebiet interessant, weil es noch alte Kauri-Bäume zu sehen gibt sowie Reste alter Gleise und Brücken aus der Zeit, als das Fällen der Kauri-Bäume Hochkonjunktur hatte. Das ganze Gebiet ist ein geschützter Park. Spektakulär ist die ganze Westküste, die mit ihren schwarzen Sanddünen und wildem Wasser zum Freizeitsport des Wellensurfens einlädt. Die Strände entlang dieser Küste sind meist schön leer, und es gibt auch noch welche, an denen man ganz allein sitzen kann, wenn man einen 30-minütigen Marsch durch den Busch in Kauf nimmt. Viele Leute haben ein Sommerhäuschen in der Nähe der Strände. In zunehmendem Maße haben sich auch alternative Künstlergemeinden zusammengefunden, wie z. B. in Piha. Die Menschen, die dort leben, gehen zum Teil einem Kunsthandwerk nach.

Wer weniger wilde Küsten vorzieht – mit ruhigem Wasser ohne Wellen und hellem Strand –, der kann in genauso kurzer Zeit an die Ostküste gelangen. Natürlich gibt es auch viele solcher Strände innerhalb der Stadt.

Alternatives Leben in kleineren Ortschaften, aber noch in nächster Nähe der Großstadt, ist z. B. in Albany möglich. Dieser Ort hat alle Vorzüge – nah an beiden Küsten, Busch und Wanderwegen. Viele so genannte *retirement villages*, wo Rentner sich Häuser oder Wohnungen kaufen können, haben sich im Küstenort Orewa, nördlich von Auckland, gebildet. Mildes Klima, sauberer weißer Sandstrand und Urlaubsatmosphäre sind die Vorzüge hier.

Im Umkreis von 100 km der Stadt Auckland, sowohl entlang der Küste des Tasman als auch entlang des Pazifiks, gab es schon zu meiner Zeit dort 12 000 Hektar geschütztes Land als »Regional Parks«. Hier sollte die einheimische Flora und Fauna auch für zukünftige Generationen erhalten werden. Manche Parks waren auch eine Mischung aus Stränden und landwirtschaftlich genutztem Land, wo man das zum Lebensstil gehörende Wochenend-Picknick mit einem Spaziergang durch Weiden mit Schafen und Kühen verbringen konnte.

Die Stadt selbst veränderte sich allerdings ständig mit der wachsenden Einwohnerzahl. Ein Bauboom in der Innenstadt Mitte der 80er Jahre hatte Auckland, laut Metro-Magazin, bis 1989 hundertdreißig Hochhaustürme beschert und der Quadratmeterpreis war auf 1750 Dollar hochgeschnellt. Als 1984 die Schutzbestimmungen für die Wirtschaft aufgehoben wurden, um Wettbewerb zu begünstigen, konnten Baufirmen endlich ein Vermögen verdienen. Gesetze zum Schutz von historischen Gebauden konnten leicht verletzt werden: Höchststrafe für eine Firma, die ohne Erlaubnis ein altes Gebäude abriss, war 500 Dollar!

So geschah es, dass eines Nachts, im Schutze der Dunkelheit, das 120 Jahre alte Gebäude Brown's Mill im August 1988 abgerissen wurde – ohne Erlaubnis der Stadt und ohne Abschalten von Strom und Wasser. Damit sollte vermieden werden, was ein Jahr vorher geschehen war: Beim Abriss des »Majesty's Theatre« versammelten sich Demonstranten und behinderten die Abbrucharbeiten. Das Resultat dieser Abrisse waren nun 130 Glastürme, die zum Teil – laut Metro – auf billigste Weise gebaut waren. Was kümmerte es die Baufirma, ob der koreanische Aufzug funktionierte oder nicht. Hauptsache, das Geld stimmte, wurden doch manche Gebäude dreimal in einer Woche verkauft, jedes Mal für eine Million mehr. Seitdem war es im Jahr 1990 in kurzen Abständen dreimal hintereinander passiert, dass sich Leute an Fenster lehnten, die diesem Druck nicht standhielten und so die betreffende Person in die Tiefe stürzte.

Schon im Jahr 1991 sah vieles anders aus. Die meisten Gebäude standen leer, immer mehr Geschäftsleute verließen die Innenstadt. Dafür gab es das neue kulturelle Zentrum, das *Aotea Centre*, gebaut für viele Millionen mehr als geplant. Immerhin konnte Auckland nun konkurrieren mit Sydney, im Hinblick auf ein gebührendes Gebäude für Aufführungen. Und neue Gesetze wurden bald verabschiedet, die den Baustandard einheitlich und strenger regeln sollten. Das war auch dringend notwendig, nicht nur wegen der Vorfälle mit den Fenstern, sondern auch wegen der besonders hoch befundenen Anzahl von »kranken« Gebäuden in Aucklands Innenstadt, die das *sick building syndrome* hatten. Dies äußerte sich in Form von Beschwerden bei Leuten, die sich darin aufhielten. Ursachen waren: Chemikalien in Bau- und Verarbeitungsmaterial, aber auch die Ventilationssysteme. Außerdem ist die hohe Luftfeuchtigkeit in Auckland der Nährboden für vermehrten Pilz- und Milbenbefall. Heute scheinen all diese Probleme mit Gebäuden verschwunden zu sein, zumindest wird in den Medien nichts berichtet.

Statistisch wurde ausgewertet, in welchen Zeitabständen schwere Erdbeben in den verschiedenen Regionen Neuseelands vorkommen. Demnach hat der nördliche Teil der Nordinsel das niedrigste Risiko. Natürlich werden neue Gebäude in der Stadt Auckland erdbebensicher gebaut, obwohl die Seismologen sagen, dass die Möglichkeit von einstürzenden Gebäuden nur alle 1400 Jahre gegeben ist. In Wellington dagegen müssen alle Häuser 50 % stärker gebaut werden als in Auckland. Kleinere Erdbeben, die an der Oberfläche nicht gespürt werden können, kommen in der Bergkette der Hunua Ranges, südöstlich von Auckland, allerdings alle 2 bis 3 Monate vor. Dafür ist die Stadt reichlich mit Vulkanen gesegnet, 48 Stück gibt es in der Region. Der größte und jüngste Vulkan der Stadt ist die Insel Rangitoto, die am Eingang des Waitemata-Hafens liegt. Es wird vermutet, dass dieser Vulkan in Zukunft wieder aktiv werden könnte. Im Hinblick auf die Vulkanausbrüche im asiatischen Raum 1991 hatte die Stadt Auckland beschlossen, eine Kampagne zu starten, um Einwohner auf Gefahren und Sicherheitsvorkehrungen aufmerksam zu machen.

Das Leben in Auckland spielt sich allgemein in freier Natur und auf dem Wasser ab. Das Wahrzeichen der Stadt sind deshalb Segel, die für »City of Sails« stehen. Die Einwohner sind fast alle sportbegeistert. In vielen Familien gehört ein Boot, genau wie das Auto, zum Haushalt, ebenso wie Wellen- und Windsurfbretter. Zu meiner Zeit fand einmal im Jahr, meist im März, das große Jogging-Ereignis »Around the Bays« statt. Durchschnittlich 60 000 Menschen joggten dann an der Küste der Stadt mit ihren vielen Buchten entlang.

Segelbegeisterte sind in Auckland voll in ihrem Element: Rund 50 Inseln – bewohnt und unbewohnt –gibt es in der Region der Stadt. Natürlich gibt es auch regelmäßige Fährverbindungen zu den meisten Inseln und zum nördlichen Teil der Stadt, den man auch über die »Harbour Bridge« erreichen kann.

Wer dem Großstadtleben für einen Urlaub entfliehen will, braucht also nicht weit zu fahren. Viele ruhige Inseln lassen einem die Illusion, weit ab aller Zivilisation zu sein.

***

Auckland und das Nachtleben, als ich dort wohnte

In den 50er Jahren gab es keine Restaurants, keine Theater, überhaupt kein kulturelles Leben«, erzählt ein holländischer Einwanderer aus der Zeit. »Und in den 60er Jahren waren die Kneipen eine Stunde lang auf, von 17 bis 18 Uhr«, sagt ein anderer. »Da war immer so ein Andrang, dass die Männer gleich 10 Bier und einige scharfe Getränke auf einmal bestellten. Die mussten dann natürlich ziemlich schnell hinuntergeschüttet werden, denn eine Stunde ist ja nicht lang. Danach waren alle sehr betrunken.«

Meine erste Bekanntschaft mit neuseeländischem Nachtleben machte ich 1983 in Auckland. Kneipen boten die »Happy Hour« an, meist zwischen 17 und 19 Uhr, um Leute nach der Arbeit anzulocken. Drinks gab es dann für den halben Preis. Es gab »Public Bars«, wo man ohne vorgeschriebene Kleidung Zutritt hatte. Dementsprechend war das Publikum: überwiegend männlich, Schlägereien waren an der Tagesordnung. Deshalb war jeder Begleiter einer »Lady« darauf bedacht, sie in eine »Lounge Bar« zu führen. Hier gab es bessere Ausstattung und Dekoration. Vor allem wurde etwas dezenter und weniger laut getrunken. Schnell stellte ich fest, dass man hier nicht in eine Kneipe ging, um Freunde zu treffen und bei einem Bier über alles Mögliche zu quatschen, sondern hier ging man tatsächlich in die Kneipe, um so viel Alkohol wie möglich bis 22 Uhr, wenn geschlossen wurde, in sich hineinzuschütten!

Bekannte in Auckland zeigten mir viele Kneipen in verschiedenen Stadtteilen, und die Abende liefen immer nach demselben Muster ab: Es wurden Runden ausgegeben, wobei jeder immer gleich für alle bezahlte. Damit man nicht so oft zur Theke laufen musste, wurden »jugs« bestellt, das waren 1-Liter-Kannen

Bier. Ab 20 Uhr ließ sich kaum noch ein vernünftiges Gespräch führen, Frauen wurden angepöbelt, wenn sie durch den Raum liefen. Frauen gingen grundsätzlich in männlicher Begleitung in die Kneipen. Etwa um 21:45 Uhr kam der letzte Aufruf zum Bestellen, 22 Uhr klingelt es, danach hatte man etwa eine halbe Stunde zum Austrinken. In manchen Kneipen kamen um 22:30 Uhr Polizisten herein, woraufhin die Leute dann auch schnell verschwanden. Am Wochenende, Freitag und Samstag (sonntags geschlossen), war bis 23 Uhr geöffnet. Dieselben Öffnungszeiten galten auch 1991 noch, jedoch hatten die Kneipen alle ihr Image aufgebessert, nach dem Motto: weg mit dem Trinkhallen-Look, hin zum Gemütlichen. Public Bars gehörten in Auckland Anfang der 90er Jahre der Vergangenheit an, finden konnte man diese nur noch in kleineren Orten außerhalb der Großstadt.

Der Mangel an Nachtleben (oder an Geld) wurde mit privaten Partys ausgeglichen, die allerdings oft ganz anders als in Deutschland verliefen. Denn es war üblich, dass viele ungeladene Gäste, *gate crashers*, auftauchten. Besonders bei großen Feiern, wie dem 21. Geburtstag, tauchten meist dutzendweise Leute auf, die das Geburtstagskind überhaupt nicht kannten. So fand man dann manchmal in seinem Haus so unterschiedliche Grüppchen wie: Mitglieder verschiedener Motorradclubs, Punks, Überbleibsel der 60er Jahre und irgendwo dazwischen seine eigenen Bekannten. Wenn man Glück hatte, lief zu fortgeschrittener Stunde alles friedlich ab. Viele der Ungeladenen sahen leider die Party oft als Verlängerung des Kneipenabends und man konnte froh sein, wenn sich die fremden Alkoholleichen nur ausschliefen. Und daran musste man sich als Deutscher auch gewöhnen: Wenn man zu einer Party ging, brachte man seinen eigenen Alkohol mit. Zu fortgeschrittener Stunde jedoch musste man sein Getränk gut bewachen, ehe es aus dem Kühlschrank verschwand.

Von Mittwoch bis Samstag konnte man sich auch in einem »Nightclub« vergnügen. Das waren Discos, in denen strengstens auf die Kleidervorschriften geachtet wurde. Es gab grundsätzlich immer einen »bouncer«, der an der Tür stand und die Leute kontrollierte, die hereinwollten. Eintritt wurde denen verwehrt, die zu betrunken und aggressiv waren oder Jeans trugen, Turnschuhe, T-Shirts oder Jeansjacken. Dabei war es gleichgültig, ob die Jeans von Dior oder Levis waren. Auch wenn alles stimmte – außer dass man Turnschuhe trug –, durfte man leider nicht eintreten.

Bei einem meiner Besuche eines Nightclubs mit einem Touristen aus Liechtenstein wurde ihm – auf Grund seiner Jeans – der Eintritt verwehrt. Nach langem Argumentieren, dass ein »rucksackreisender Weltenbummler« nicht extra einen Anzug für seinen einzigen Samstag in Auckland mitnimmt, wurde er zum Manager vorgelassen, der, wie sich herausstellte, ein Deutscher war. »Die Kleidervorschrift ist hier so streng«, erklärte er, »weil es Probleme mit Motorrad-Gangs gibt. Deren Mitglieder tragen Jeans, T-Shirts und Stiefel oder Turnschuhe. Und weil man nicht diskriminieren darf, zumal viele dieser Leute Maoris sind, muss eben die Regel ‚keine Jeans', auch wenn es teure sind, für alle gelten.«

Im Laufe meiner Jahre in Auckland waren auch kulturelle Veranstaltungen populär geworden, von kleinen Theatern, bis hin zum großen, neuen Aotea-Komplex, der für alle Arten von Aufführungen benutzt wurde. Nicht zu vergessen auch die große Auswahl an Restaurants, in die man entweder seinen Alkohol selbst mitnahm, (BYO = Bring Your Own) oder dort bestellen konnte, wenn sie eine Lizenz hatten. In manchen Esslokalen wurden sogar beide Möglichkeiten angeboten.

Es hatte Jahrzehnte gedauert, bis sich Feinschmeckerrestaurants in Neuseeland angesiedelt hatten. Waren früher die Leute mit nur einfachem, traditionellem britischen Essen zufrieden, so waren sie nun anspruchsvoller geworden. Touristen bemängelten auch noch oft den Service. Das kam wohl daher, dass z. B. Kellner kein anerkannter Beruf in Neuseeland war. Bessere Lokale und Hotels wie das »Regent« (1991 das teuerste Hotel in Auckland) bildeten deshalb ihr eigenes Personal aus, um wenigstens einen gewissen Grundstandard zu gewährleisten. In kleineren Restaurants, die meist nur eine BYO-Lizenz hatten, waren Studenten angestellt. Verwundern mochte es auch so manchen, dass man oft mitten durch die Küche gehen musste, um auf die meist einzige Toilette zu gelangen. Hatte ein Lokal dagegen volle Lizenz, musste auch eine bestimmte Anzahl Toiletten vorhanden sein, nach Geschlechtern getrennt.

Das neuseeländische *fast food* wurde hauptsächlich aus Warmhalteregalen heraus serviert. Da wurden dann für den deutschen Gaumen ungewohnte Sachen, wie *Meat Pie*, angeboten, ein rundes Teiggebilde mit verschiedenen Füllungen. Diese gab es auch an Tankstellen und Eckläden. Dabei war allerdings Vorsicht geboten. So hatten sich bei Untersuchungen Bakterien gefunden, die sich nach zwei Stunden »Warmhalten« fleißig vermehrt hatten.

Ein Artikel in dem Magazin »Environmental Health« wies darauf hin, dass Hygienekontrollen strenger gehandhabt werden müssten. Eine Ausbildung für Leute, die mit Essen zu tun haben, war vorgeschlagen worden.

Gab es in den 50er Jahren kein Restaurant, so konnte man Anfang der 90er Jahre schon wie in Kambodscha, Indien oder Russland speisen. Auch Esslokale, die 24 Stunden geöffnet waren, gab es zu der Zeit. Das Nachtleben hatte sich also stark verbessert. Aber eine Tradition war nicht totzukriegen:

Kneipen waren immer noch überwiegend nur zum Trinken da und für Frauen nur in Begleitung erstrebenswert. Ob sich daran heute etwas geändert hat?

***

Überlegungen zur Einwanderungspolitik

Dieser Beitrag soll kein aktueller für Einwanderer in Neuseeland sein, sondern einmal die Diskussion aufzeigen, die zur heutigen Einwanderungspolitik geführt hat.

Bis zum Jahr 1991 galt noch das alte Einwanderungsgesetz (ohne Punktesystem). Demnach musste der Einwanderer eine Stelle nachweisen können, die von der Firma nachweislich nicht mit Einheimischen besetzt werden konnte. Diese Praxis führte dazu, dass Stellenanzeigen in der Zeitung waren wie z. B.: »Deutschsprachige Kellnerin gesucht«, oder »Ingenieur, der die malaiische Sprache in Wort und Schrift beherrscht, sowie einen Shanghai-Dialekt und Hakka«. (Letztere Sprache ist die einer chinesischen Minderheit.)

Sinn solcher Anzeigen war, dass die Firma einer bestimmten Person ins Land helfen wollte und damit beweisen konnte, dass kein Einheimischer auf die Stelle passte.

Jeder, der eine Aufenthaltsgenehmigung – *permanent residence permit* – beantragte, wurde auch auf seine Ausbildung und Qualifikationen hin beurteilt. Wer also einen Beruf hatte, der immer sehr gefragt war in Neuseeland, konnte unter Umständen auch ohne festes Stellenangebot ein *permanent residence permit* bekommen. Gute Chancen hatten vor allem diejenigen, die sich selbstständig machen –- und vielleicht sogar Arbeitsplätze schaffen wollten. Dazu war ein Minimum an Kapital erforderlich, das Anfang 1991 noch 250.000 NZ-Dollar betrug. Diese Art des *permanent residence*-Antrages war für so genannte »business migrants«, während das vorher Beschriebene sich »occupational and family migrants« nannte.

Es soll einige Male vorgekommen sein, dass Einwanderer aus Taiwan und Hongkong die verlangten 250.000 NZ Dollar untereinander ausgeliehen haben. Das heißt, jeder behielt das Geld so lange auf dem Konto, wie es zum »Vorzeigen« erforderlich war, dann wurde es an den nächsten Geschäftseinwanderer überwiesen.

Im März 1991 wurde der Regierung der Bericht einer speziellen Arbeitsgruppe vorgelegt, die Vorschläge für eine neue Einwanderungspolitik präsentierte. Im Mai fand ein Treffen von Vertretern der Maoris und verschiedenen Einwanderungsgruppen statt, die über diesen Bericht abstimmten. Er wurde abgelehnt mit der Begründung, dass Maoris kaum konsultiert wurden und andere ethnische Minderheiten auch betroffen wären. Arbeitslose hatten sich dieser ablehnenden Haltung angeschlossen. Jedoch plante die Regierung, sich beim Verabschieden von neuen Einwanderungsbestimmungen an den vorgelegten Bericht zu halten. Im Juli 1991 wurde die gesetzmäßige Basis für die Veränderungen der neuen Gesetze im Parlament bekannt gegeben. Demnach waren große Werbekampagnen zur Anwerbung von Einwanderern geplant, die 1992 in Form von Seminaren in Nordamerika, Skandinavien und Osteuropa beginnen sollten. Die Regierung der National-Partei legte Wert auf Einwanderer aus »aller Welt«, um »ein Gleichgewicht im ethnischen und kulturellen Charakter von Neuseeländern zu gewährleisten«. Als Erklärung sei dazu erwähnt, dass Einwanderer aus Asien schon 1990 um 50 % zugenommen hatten.

Die Regierung wollte auch auf das System von Quoten für einzelne Länder verzichten, außer für starke Einwanderungsländer wie Holland und West Samoa. Es wurde gehofft, möglichst viele Europäer anzulocken. Sir Kerry Burke, der ab 1992 fünf Jahre in Warschau stationiert wurde, um die Werbekampagnen für Neuseeland zu organisieren, sagte damals: »Es ist unrealistisch zu glauben, dass West- und Osteuropäer uns die Tür einrennen, um nach Neuseeland einzuwandern, denn die Konkurrenzländer wie Skandinavien und Deutschland bieten einen wesentlich höheren Lebensstandard.« So wies er darauf hin, dass noch 1979 ein neuseeländischer Dollar drei DM wert war, während der Kurs nun schon lange 1:1 sei. Daher folgerte er: »Wir müssen die Vorteile des Lebensstils in Neuseeland verkaufen.«

Das neue Einwanderungsgesetz zielte also darauf, die vielen Einwanderer aus Asien mit qualifizierten und kapitalkräftigen Einwanderern aus ganz Europa zu komplementieren. Schon im Juli 1991 wurde ein Gesetz verabschiedet, unter dem Besucher Neuseelands, die *permanent residence* beantragten, nicht mehr im Land bleiben durften, während sie auf die Entscheidung warteten. Die Grundlage für eine »pro aktive Einwanderungspolitik« wurde geschaffen, die darauf zielte, 20 000 Einwanderer pro Jahr anzunehmen. Diese Zahl sollte jedoch auch zurückkehrende Neuseeländer enthalten. (Viele Neuseeländer lebten jahrzehntelang in England, Australien usw.) Der Einwanderungsminister bestätigte, dass ein Punktesystem eingeführt würde – von den meisten Einwanderungsländern schon länger praktiziert. Dabei sollten Punkte gesammelt werden für: Alter, Qualifikation, Berufserfahrung, Kapital und Bürgen in Neuseeland. Alle Einwanderer mussten ein Minimum an Punkten für englische Sprachkenntnisse erreichen. Diejenigen, die unter dem separaten Programm für Geschäftsleute einwandern wollten, mussten ein Kapital von mindestens 500 000 Dollar vorweisen, brauchten aber kein Englisch sprechen zu können. Die Sprachkenntnisse trafen auch nicht auf Flüchtlinge und Familienzusammenführung zu.

Man erklärte damals den Vorteil des Punktesystems damit, dass der Einwanderungswillige sich selbst schon seine Chancen ausrechnen könne und die Regierung Neuseelands den Spielraum hätte, die Punktezahl je nach Bedarf herauf- oder herabzusetzen. Ende der 80er Jahre z. B. gab es eine massenhafte Auswanderung von Neuseeländern (bis zu 60 000 im Jahr), von denen viele während der Rezession in den Commonwealth-Ländern wiederkamen (29 000 im Jahr 1990 / 91). Das Land wollte also in Zukunft Verluste an Bevölkerung mit mehr Einwanderung ausgleichen. Demographen allerdings unterstützen mittlerweile die Maoris, die argumentierten, dass 20 000 Einwanderer im Jahr sie – die »eigentlichen Besitzer dieses Landes« – immer mehr zu einer Minderheit in ihrem eigenen Land werden lassen würde. Dies war schon in Kolonialzeiten eine verbreitete Taktik, z. B. von Frankreich in seinen Südsee-Kolonien, wo die Ureinwohner bewusst zur Minderheit gemacht wurden. (Maoris waren noch 1991 ca. 14 % der Bevölkerung Neuseelands.) Maori wurde erst in den 80er Jahren als offizielle Zweitsprache im Land eingeführt. Bei der Versammlung von Minderheiten im Mai 1991 – als die Vorschläge zur neuen Einwanderungspolitik abgelehnt wurden, – war einer der Kritikpunkte, dass das neue Gesetz »zu viel Wert auf Vermögen legt und jede andere Art von Wert für die Gesellschaft nicht beachtet«. Der bekannte Maori-Aktivist, Autor und Universitätsprofessor Dr. Ranginui Walker wollte »erst mal von der Regierung Beweise sehen, dass all die Einwanderer tatsächlich die Wirtschaft stimulieren und Arbeitsstellen für Neuseeländer schaffen«. Denn: »Wenn wir selbst keine gut ausgebildeten Leute haben, warum verbessern wir dann nicht die einheimischen Ausbildungsmöglichkeiten an Universitäten und Fachschulen?«

Der frühere Einwanderungsminister, Herr Malcolm, sah die Regelung für Geschäftsleute als Lotterie, bei der sich »reiche, ältere Leute aus Hongkong in Neuseeland einkaufen, nachdem sie von Kanada und Australien abgelehnt worden sind. Sie führen ihre Geschäfte in Hongkong weiter, schicken ihre Kinder in Neuseeland zur Schule und setzen sich dann hier zur Ruhe. Junge motivierte Europäer dagegen, die das Geld nicht haben, bekommen keine Chance.«

Das Punktesystem wollte vor allem Leute bis 35 Jahre anziehen. Ältere Bewerber mussten die Punktezahl also woanders sammeln. Zum Beispiel gab es 5 Punkte für den Besitz von 100 000 Dollar, aber nur einen Punkt für Verwandte in Neuseeland. (Daher die Kritik, dass der Schwerpunkt das Vermögen der Antragsteller sei.)

Das neue Punktesystem sollte fairer sein, weil es allen mehr Chancen einräumt. Punkte sollten in allen möglichen Kategorien vergeben werden, z. B. jede Sprache, die der Einwanderer spricht, sollte in Zukunft Punkte bringen. Unter dem alten Gesetz, das bis 1991 galt, war hauptsächlich der Beruf maßgebend.

Am 5. November 1991 trat dann das geplante neue Einwanderungsgesetz in Kraft. Das Ziel war zu der Zeit auf 25.000 Einwanderer jährlich festgelegt. Bis zum Jahr 1991 kamen 70 % der Einwanderer aus Asien und dem pazifischen Raum. Der Minister, der für die Einwanderungspolitik zu der Zeit zuständig war, betonte, dass auf »weltweite« Einwanderer Wert gelegt wird. Um dies zu gewährleisten, wurde nun doch – erst mal nur theoretisch – über Quoten aus bestimmten Regionen (wie z. B. Asien) nachgedacht.

Der erfolgreiche Einwanderer musste, zum Zeitpunkt, als das Gesetz in Kraft trat, 20 Punkte erreichen. Als Beispiel eines sehr erwünschten Bewerbers wurde angegeben: abgeschlossenes Studium in einem wissenschaftlichen Fach (15 Punkte), ein 2-jähriger Diplom-Abschluss (8 Punkte), 26 Jahre alt (10 Punkte), 100 000 Dollar Vermögen (2 Punkte) und ein festes Stellenangebot (3 Punkte). Diese Idealperson könnte außerdem fließend englisch in Wort und Schrift und besteht die medizinischen und Charakterprüfungen.

Bis zum heutigen Jahr 2006 sind diese zu erreichende Punktezahl sowie die Kategorien, für die Punkte vergeben werden, schon oft wieder verändert worden.

Für Geschäftsleute, die ab 1991 einwandern wollten, sollten geringere Summen notwendig sein. Die war als Anreiz gedacht, sich in ländlichen Gebieten anzusiedeln, anstatt in den großen Städten. So brauchte man z. B. 625 000 Dollar, um sich in einer der Städte niederzulassen, in anderen Regionen »nur« 500 000 Dollar. Wer Geld nur »passiv« anlegen wollte, also ohne Arbeitsstellen zu schaffen, brauchte sogar 750 000 Dollar. Diese Summen wurden noch vor der endgültigen Verabschiedung des neuen Gesetzes bekannt gegeben, konnten also jederzeit wieder verändert werden. Dennoch, gleichgültig, wie hoch die mitgebrachte Summe war: die Schwierigkeiten, die Geschäftsleute hatten, wenn sie im Land waren, wird hier an zwei Beispielen von Geschäftsleuten aufgezeigt. Die Meinungen dieser beiden eingewanderten Asiaten wurde in der Tageszeitung Ende September 1991 (also während der schlimmsten »Depression« im Land) veröffentlicht.

Der Direktor einer taiwanesischen Gesellschaft für Einwanderer sagte dazu, dass das Einkommen aus gegründeten Firmen in Neuseeland so gering sei, dass einige Inhaber sogar lieber wieder nach Hongkong und Taiwan zurückgekehrt seien. Als Grund gab er an, dass der einheimische Markt für Produkte zu klein sei, Produktionskosten zu hoch und das Land sei zu weit entfernt von seinen Rohstoffquellen. Auch Schiffstransportkosten seien zu hoch für den Export. Daher gebe es keine Garantie, mit gegründeten Firmen Geld zu verdienen. »Asiaten lieben den neuseeländischen Lebensstil und die gute Lebensqualität, nur leider kann man davon nicht leben.«

Ein Geschäftsmann aus Hongkong, der 2 Millionen US-Dollar in ein neues technisches Unternehmen investiert hatte, brauchte dringend Fachleute, die er – wie er sagte – in Neuseeland nicht finden konnte. Techniker aus Hongkong, die er einfliegen wollte, bekamen keine Arbeitserlaubnis, und die neuseeländischen Techniker seien »zu langsam und nicht flexibel genug«. Er sagte, hätte er diese Probleme vorausgesehen, hätte er hier nicht investiert und: »Wegen solcher Art von Problemen hinkt Neuseeland in der Entwicklung hinterher und befindet sich in einer Depression.«

In den letzten Jahren hat Neuseeland als Einwanderungsland allerdings sehr zugelegt. Im Jahr 2003 gab es einen Gewinn von 8,7 Menschen pro 1000 Einwohner des Landes. Dagegen war der durchschnittliche Zuwachs an Bevölkerung von 1990 bis 2003 nur 3,3 Menschen pro 1000 Einwohner. Im Jahr 2001 waren 19,5 % der Bevölkerung Neuseelands außerhalb des Landes geboren.

Die gesamte Einwohnerzahl Neuseelands steht Anfang des Jahres 2006 auf 4 Millionen und 128 120 Einwohnern.

***

Die Natur in Neuseeland

Die Natur ist wohl die größte Attraktion des Landes und der Grund, warum es viele Besucher nach Neuseeland zieht. Viele Fachbücher sind darüber geschrieben worden, und dem Interessierten wird schnell klar, dass man Jahre brauchen würde, wollte man alle noch relativ unberührten Landschaften wirklich auskundschaften. Eins ist sicher: Wer das wahre Neuseeland sehen will, muss sich in den einheimischen »Busch« begeben.

Im Vergleich der OECD-Länder für die Kategorie »geschützte Gebiete« (Nationalparks und Naturschutzgebiete) kommt Neuseeland auf den vierthöchsten Wert, denn 30 % seiner Gesamtfläche ist geschützt. Der Durchschnitt der OECD-Länder liegt bei nur 14,6 %. Nur Dänemark, Österreich und Deutschland haben eine höhere Proportion geschützter Gesamtfläche.

Während noch um 1800 ca. 66 % Neuseelands von ursprünglichem Wald bewachsen war, so war dieser in den neunziger Jahren auf etwa 22 % geschrumpft. Und dieser Rest war überwiegend »veränderter« Wald, hervorgerufen durch holzverarbeitende Industrien, landwirtschaftliche Nutzung und grasende Tiere. Die ersten europäischen Siedler haben viele dieser Tiere eingeführt, die heute zum Problem werden. So z. B. Ziegen, Hirsche, Hasen und das australische Possum, um nur einige davon zu nennen. Viele einheimische Pflanzen- und Tierarten, die bis dahin kaum Feinde hatten, wurden nun akut dezimiert. Besonders die verschiedenen einheimischen Vogelarten sind in Gefahr, ausgelöscht zu werden. Einer der bekanntesten der gefährdeten Vögel ist der Kakapo, eine Papageienart, von dem es 1990 nur noch 43 Stück gab. Bedroht ist auch das »lebende Fossil«, der Tuatara, alle Arten des Kiwi und das furchterregend aussehende, aber harmlose Insekt »Weta«. Zum Glück wird die Bevölkerung immer motivierter, aus alten Fehlern zu lernen. Viel wird getan, um was noch zu retten ist, zu schützen. Bis 1992 gab es 10 »Nationalparks« und mehr als 1000 geschützte Gebiete, die zusammen ein Zwölftel der Landesfläche ausmachten. Dort soll die Natur für nachkommende Generationen erhalten werden. Viele aktive Organisationen zum Schutz der Umwelt haben sich gebildet, und viele freiwillige Helfer sind jedes Jahr gewillt, an Säuberungsaktionen auf Inseln, an Stränden usw. teilzunehmen. Viele Leute geben auch ihre Freizeit zu Gunsten von Arbeitswochenenden auf, an denen den Förstern bei der Instandhaltung von Parks geholfen wird. Wer einmal an Säuberungsaktionen teilgenommen hat, wird feststellen, dass es leider einen großen Teil der Bevölkerung gibt, der alles in der Natur zurücklässt, wobei vor allem von privaten Booten aus sehr viel in die Fluten geworfen wird. (Ganze Bootssitze und kiloweise Plastik hatte ich selbst schon aus Lagunen und Buchten gezogen!)

Nationalparks sollen einheimische Pflanzen und Tiere schützen, das heißt, dass alle schädlichen, eingeführten Tiere reduziert werden müssen. Deshalb wird Leuten, die gern auf die Jagd gehen, in Neuseeland – meist sehr zum Erstaunen der Europäer – ziemlich freie Hand gelassen. Es gibt viele Firmen, die sich darauf spezialisiert haben, Jäger mit Hubschraubern in abgelegene Gebiete zu bringen und Tage später wieder abzuholen. Geschossen werden kann alles »Feindliche« vom Possum über Hirsch und Wildschwein. Die Förster verbringen viel Zeit mit z. B. »Possum Management«, was hier bedeutet, möglichst alle zu vergiften. Dies in Australien heimische Tier gehört dort zur geschützten Art, und Neuseeland exportiert sogar Possums dorthin. Sagte doch ein neuseeländischer Förster von seinen australischen Kollegen: »Es muss schön sein, sich zur Abwechslung mal nur um Erhaltung von Tierarten zu kümmern, während wir hier hauptsächlich damit beschäftigt sind, Tiere zu töten, weil sie zur Pest geworden sind.«

Naturgeschützte Reservate wurden eingerichtet, um einheimische Flora und Fauna zu schützen. Bis 1992 gab es davon 71 Stück mit einer Fläche von zusammen 179 101 Hektar. Diese Reservate sind besonders wichtig, denn es sind hauptsächlich Inseln. Die subantarktischen Inseln, wie z. B. die Auckland Inseln, Campbell, die Antipodes usw. gehören dazu, genauso wie die nördlichen Inseln: Little Barrier, Hen and Chickens, Poor Knights usw. Diese Inseln sind die einzigen Zufluchtsorte für bedrohte Vogelarten sowie den Tuatara; denn Feinde wie Ratten, wilde Katzen und Possums fehlen hier. So haben sich so manche Inseln unter der Isolation – vor allem besucherfrei oder zumindest unter streng geregelter Besucherzahl – wieder zu Enklaven von ursprünglicher Vegetation zurückentwickelt.

Die Tatsache, dass es kaum gefährliche Tiere gibt, macht den Ausflug in die Natur in Neuseeland umso erfreulicher. Meiden sollte man nur die Katipo-Spinne (etwa 10 mm groß, mit rotem Band auf dem Rücken). Sie hält sich vorwiegend im Treibholz an Küsten auf. Das Gift verursacht Schmerzen und Unwohlsein. Der Weta – sollte jemand den Mut haben, ihn anzufassen – verursacht mit seinen kräftigen Hinterbeinen nur einen unangenehmen Schlag (ähnlich einem elektrischen Schlag an einem der vielen Weidezäune). Man sollte bedenken, dass dies ein geschütztes Insekt ist, also das schreckliche Aussehen kein Töten rechtfertigt!

Leider sind die Meerestiere auch nicht mehr sicher. Nicht nur durch Wasserverschmutzung, sondern hauptsächlich durch die Fischereiindustrie. Der seltenste Seelöwe der Welt, der »Hooker's sea lion«, wurde schon 1840 durch Fänger fast ausgerottet. Nach 1990 war er wieder bedroht durch exzessives Fangen von Tintenfisch, wo er – ebenso wie der seltene

Hector's Delfin – als »unerwünschtes Beiprodukt« mitgefangen und getötet wurde. Eine mysteriöse Krankheit hatte Anfang der 90er Jahre auch die »yellow-eyed-pinguins« befallen, die im südlichen Dunedin dutzendweise angeschwemmt wurden. Und das in dem noch relativ sauberen Meer in einem dünn besiedelten Gebiet. Gab es dort 40 Jahre vorher noch 1200 brütende Pärchen, so wurden 1991 nur 180 gezählt. Schon drei Jahre davor starben Hunderte dieser Art, weil ihre Futtergrundlage stark reduziert wurde.

Heute (2006) gibt es wieder zwischen ein- und zweitausend dieser Pinguine auf der Südinsel, wo man sie mittlerweile besser geschützt hat. Mehrere Tausend leben auch auf den noch südlicher gelegenen *Campbell-* und *Auckland-Inseln.*

Trotz aller Probleme: Neuseelands Umweltpolitik ist in der heutigen Zeit vorbildlich. Wissenschaftler der Unis Yale und Columbia haben in einer Untersuchung im Bereich Umweltpolitik 132 Staaten miteinander verglichen. Neuseeland schnitt dabei am besten ab. Es erreichte auf der Bewertungsskala 88 %. Die Bewertung umfasst 6 Sparten: Umweltgesundheit, Luftqualität, Wasserversorgung, Biodiversität und Lebensräume, produktive natürliche Ressourcen und nachhaltige Energiegewinnung. Details dieser Studie sollen am World Economic Forum 2006 in Davos präsentiert werden.

Hinter Neuseeland platzierten sich Schweden (87,8 %) und Finnland (87 %). Deutschland landete mit 79,4 % auf Platz 22.

(Quelle: N24.de, Netzzeitung)

***

Umweltverschmutzung im Paradies, als ich dort wohnte

Auch drei Millionen Menschen– die Neuseeland damals noch hatte – in einem kleinen Land können der Natur schaden. Das Motto: »Wir haben doch noch genug Natur und wenig Menschen« galt damals noch. Es ist also noch gar nicht so sehr lange her, dass auch in diesem Naturparadies Umweltprobleme akut waren. Nur der Vollständigkeit halber soll das hier auch erwähnt sein, denn es gibt nirgendwo ein Land, wo alles nur hervorragend und vorbildlich ist.

Greenpeace Neuseeland hatte im Januar 1991 eine Kampagne gestartet, bei der die »Rainbow Warrior II« sechs Wochen lang um das Land fuhr. Sie legte in vielen kleinen Orten an, um die Bevölkerung zum Thema »Umweltgifte« zu informieren. Aus diesen Informationen hier ein kleiner Ausschnitt:

Eine der schlimmsten Industrien, die in Neuseeland zu der Zeit die Umwelt belasteten, war die Papierindustrie. Allen voran die Firma »Tasman Pulp and Paper«, die täglich 10 Tonnen Beiprodukte von Bleichvorgängen in den Tarawera-Fluss leitete. Der Erfolg war, dass z. B. im Sommer 1990 / 91 fast kein Leben mehr im Fluss zu finden war. Die Firma hatte daraufhin versprochen, die Ausscheidungen in Zukunft besser zu klären. Die Firma selbst führte aber die Tests aus, die den Grad der Luftverschmutzung bestimmten. Das regionale Gesundheitsamt unternahm nur einmal jährlich eine Prüfung, die zwei Tage vorher angekündigt wurde. »Tasman Pulp and Paper« hatte selbst zugegeben, dass die Sulfur-Belastung der Ausscheidungen, die als dichter Qualm aus den Schornsteinen des Werkes quollen, manchmal 30-mal höher als die erlaubte Grenze war. Dies verursachte bei den Bewohnern des Ortes Kawerau dann Beschwerden.

Besonders schlimm für die Umwelt war die exzessive Anwendung von Düngemitteln und Pestiziden. Das Sprühen aus der Luft hatte schon oft zu »Unfällen« geführt. Besonders um Auckland herum, wo bewohnte Gebiete oft dicht an Obstplantagen grenzten, mussten Menschen oft ärztlich behandelt werden oder sogar aus der Gegend wegziehen. Besonders gefährliche Produkte, die z. B. in USA und Australien verboten waren (z. B. Captan), fanden hier noch verbreitete Anwendung. Greenpeace berichtete in dem Zusammenhang von einer Untersuchung stillender Mütter in Canterbury (Südinsel), deren Milch fünfmal mehr DDE enthielt (ein Nebenprodukt von DDT) als die der Mütter in Kanada oder Großbritannien.

Auch Pestizide wurden großzügig eingesetzt in der Landwirtschaft. Bei der offiziellen Führung um die Kiwi-Plantage in Te Puke wurde damals den Touristen erzählt, dass Kiwi-Früchte bis zu 10-mal mit Pestiziden behandelt wurden.

Die Müllkippen wurden in Neuseeland erst sehr spät als Problem erkannt, dementsprechend lasch waren noch die Gesetze bis in die 90er Jahre. Bei den meisten Kippen wurde – laut Greenpeace – der Müll immer noch einfach übereinander gestapelt, so dass das Durchsickern von Flüssigkeiten früher oder später Wasser und Boden bedrohte. In Städten wie Auckland war dieses Problem sehr akut, zumal die Müllkippen zu klein für den steigenden Bedarf wurden. Die Stadt versuchte, der wachsenden Müllberge mit verstärktem Recycling Herr zu werden. Verschiedene Organisationen und Firmen sammelten Kleidung, Papier, Glas, Aluminium und Plastik. Bei einigen Firmen konnte man sogar eine gewisse Menge Plastik gegen Plastikprodukte wie Klammern, Eimer usw. eintauschen.

Die Stadt hatte auch 1991 eine Werbekampagne gestartet, um Leute davon abzuhalten, Säuren, Terpentin und ähnliche

Mittel in den Ausfluss zu schütten, was durchaus damals noch üblich war. Die Kläranlage im Hafen von Manukau (Auckland) jedoch, konnte diese Mittel nicht ausfiltern. Die Anlage war sowieso schon völlig überfordert und lief oft über. Wenn dies geschah, flossen die Abwässer dann ungeklärt ins Meer, was schon genug Probleme erzeugte. Die Stadt versuchte mit ständigen Säuberungsaktionen den Standard des Hafens zu verbessern. Jedoch waren es 1986 immerhin 4 von 5 geprüften Stränden, die zum Schwimmen als ungeeignet erklärt wurden. Auch 1991 hatte sich daran nicht viel geändert. Nicht nur ungeklärte Abwässer ließen in diesem Hafen alles Meeresleben absterben, sondern dazu kamen die Industrieabfälle, die von Fabriken in Süd-Auckland eingeleitet wurden. Obwohl die Kläranlage mit 70 Millionen Dollar verbessert wurde, genügte auch das nicht, um das Problem zu beseitigen. Es musste dringend eine Lösung gefunden werden.

Als ich noch in Auckland wohnte, gab die Stadt den Bürgern die Möglichkeit, sich zu drei Vorschlägen zu äußern. Entweder sollte die vorhandene Kläranlage erweitert werden, aber noch denselben Hafen benutzen, oder die Abwässer würden umgeleitet ins offene Meer des Tasman. Nur die dritte Lösung kam für die Maoris in Frage, deren Kultur die Wasserverschmutzung verbietet: Das geklärte Abwasser sollte auf Land und Wald versprüht werden. Gewählt wurde im Endeffekt die zweite Lösung für die Zukunft, womit also das Problem nur in ein anderes Gewässer umgeleitet wurde. Und wahrscheinlich war es für die Stadt auch die billigste Variante.

Das Abwasser-Problem beschränkte sich jedoch nicht nur auf Auckland. Greenpeace veröffentlichte Fotos und Resultate von Proben mit den Worten: »In fast allen Küstenorten, die wir besuchten, wurde unbehandeltes Abwasser ins Meer geleitet … Wellington ist eins der schlimmsten Beispiele. An den

Ausflüssen des *Pencarrow* und *Moa Point* ergossen sich ungeklärtes Abwasser, industrielle Abfälle, durchgesickerte Flüssigkeit von Müllkippen und Regenwasser – alle ins Meer. Die Kläranlagen entfernten wenig mehr als nur die festen Bestandteile. Und der Rest der verunreinigenden Substanzen – wir schwimmen darin!«

Immerhin gab es endlich Anfang der 90er Jahre auch Sammelstellen für Metall, gefährliche Flüssigkeiten, Batterien und gebrauchtes Motoröl. Leider waren es wenig und das Vernichten auf diese Art geschah natürlich auf freiwilliger Basis. Laut der Firma Castrol Öl wurden in Neuseeland damals jährlich 40 Millionen Liter Öl für Fahrzeuge verbraucht. Davon wurden nur 4 Millionen Liter zu den Sammelstellen gebracht, und eine kleine, unbestimmte Menge wurde industriell verwertet, aber: »Der Rest findet sich in der Umwelt wieder.« Öl wurde Abflüsse hinuntergespült oder auf Müllkippen geschüttet. Es wurden sogar Fotos von Greenpeace veröffentlicht, die zeigten, dass es Werkstätten gab, bei denen das gewechselte Öl die Böschung hinter dem Gebäude hinuntergeschüttet wurde! Das kommt wohl dem Rat, den mir ein Werkstattbesitzer gab, sehr nahe, dass ich das Öl »auf mein Unkraut schütten sollte«. Ein Grund für diese Einstellung war wohl die Tatsache, dass Werkstätten, die gebrauchtes Öl zu einer Verwertungsstelle brachten, dafür bezahlen mussten. Dass sich die Einstellung zu Müll bei jedem Einzelnen ändern musste, zeigten nicht nur diese Beispiele von chemischen Flüssigkeiten, sondern auch die Meinung, dass jeder das Recht hat, in seinem Garten alles zu verbrennen. Fast in jedem Garten stand ein Verbrennungsofen, in dem Müll und Gartenabfälle zu jeder Tageszeit verbrannt wurden. (Sehr zur Freude der Nachbarn, die Wäsche im Garten hängen hatten!)

Diese in Neuseeland traditionell locker gehandhabten Bräuche und Einstellungen dazu lassen sich nicht von heute auf morgen ändern. Ein Gesetz, das 500 Dollar Strafen für unerlaubtes Verbrennen verhängt hätte, war zumindest in der Stadt Auckland nicht durchgekommen. Als Grund wurde von der Stadtverwaltung angegeben, dass mit dem Verbrennen der Stadt das Problem der Müllverwertung abgenommen würde. Außerdem wäre die Gefahr groß, dass illegal verbrannt – und vernichtet würde. Die Aufklärungsarbeit von verschiedenen Umweltschutz-Organisationen sowie das seit Mitte der 80er Jahre wachsende Umweltbewusstsein hatte vielleicht auf Dauer mehr Erfolg, wie man an den neuesten Statistiken sehen kann. Da Neuseeland heute im Vergleich mit anderen Ländern gut abschneidet, kann man nur hoffen, dass sich die beschriebenen Probleme weitgehend gelöst haben.

Aber im Vergleich der OECD-Länder in der Produktion von Müll (es gibt eben nichts, was die OECD nicht vergleicht!) aus dem Jahr 2004 schneidet Neuseeland mit 400 kg pro Einwohner sehr schlecht ab. Es wird damit genauso viel Müll produziert wie in Australien. Dieser Wert liegt über dem OECD-Durchschnitt von 372 kg pro Einwohner.

***

Historische Orte

Im Allgemeinen wird Neuseeland als »junges Land« in der Reiseliteratur beschrieben. Dementsprechend haben Touristen den Eindruck, dass es in diesem Land kulturell »nichts zu sehen« gebe, dass Orte »langweilig« seien und »gleich aussehen«. Natürlich stimmt es, dass neuseeländische Städte nicht mit europäischen zu vergleichen sind. Die oft als »charakterlos« kritisierte Architektur bezieht sich ja sowieso nur auf das Europäische in den Ballungsgebieten. Wer historische Orte in Neuseeland sehen will, muss sich in »den Busch« begeben.

Vor allem auf der Südinsel gibt es noch einige wenige historische Überreste der Moa-Jäger, der wahrscheinlich ersten Bewohner des Landes – und zwar in Form von Höhlenzeichnungen. Gefundene Moa-Knochen wurden in voller Größe rekonstruiert und in verschiedenen Museen ausgestellt. Aus der nachfolgenden Maori-Kultur gibt es viele historische Orte, hauptsächlich auf der Nordinsel. So genannte »pa sites« sind oft zu sehen. Das sind Plätze, die an strategisch wichtigen Punkten von den verschiedenen Stämmen angelegt wurden, um sich gegen Angriffe zu verteidigen. Meist sieht man dies in Form einer Vertiefung und Terrassen auf Hügeln, mit gutem Ausblick auf das Umland, oft auf Vulkanen und entlang verschiedener Bergketten. Viele historische Orte zeugen auch von der Zeit ab 1840, als Kriege auf der Nordinsel intensiver wurden. Hauptsächlich in Taranaki und Waikato wurde um 1860 stark gekämpft – natürlich um Land, das die Europäer den Maoris nun streitig machten.

Um frühe europäische historische Orte zu sehen, läuft man in Neuseeland nicht – wie in Europa – einfach durch eine Stadt, sondern man muss dafür auch in abgelegene Gebiete wandern. Dort findet man dann alte Ruinen und Bahngleise von z. B. Walstationen und Goldminen. »Alte« europäische Gebäude, wie Bauernhöfe oder Missionsstationen, sind meist restauriert und als Attraktion ausgeschildert. Europäische Gebäude, die in bekannten, touristischen Orten wie Christchurch oder Rotorua zu sehen sind, sollten im lokalen Zusammenhang gesehen werden. Besonders interessant ist z. B. die Geschichte der Stadt Rotorua, die im Museum mit vielen Fotos geschildert wird. Dieses Gebiet hat nicht nur interessante Reste von Maori- und europäischer Kultur zu bieten, sondern auch faszinierende Überreste von ungewöhnlicher Landschaft, die ohne Zweifel die Kulturen stark beeinflusst hat.

So kann man leider von der ehemals großen Touristenattraktion – eins der damaligen Weltwunder – die »weißen und rosa Terrassen« in Rotomahana – nur noch Zeichnungen und Gemälde – im Museum bewundern. Doch den Vulkan, Mt. Tarawera, kann man besuchen, der in gewaltiger Explosion 1886 alles verschüttete.

Die wenigen älteren Gebäude in Städten, wie z. B. Auckland, mussten leider oft modernen, gläsernen Türmen weichen. Manchmal versuchte man wenigstens die originale Fassade zu erhalten, die dann – mehr oder weniger erfolgreich – in ein neues Glasgebäude integriert wurde.

Der historische Friedhof mitten in der Stadt Auckland (Grafton Cemetary, 1841) wurde von der Stadt schon immer geschützt gegen kommerzielle Interessen. Er sollte als Park »zur Rast in der Hektik der Innenstadt« einladen.

***

Veränderungen der Einkaufsmöglichkeiten im Laufe der Zeit

In früheren Reiseführern wurde oft der Tipp gegeben, es zu vermeiden, an einem Sonntag im Land anzukommen, weil die »Bürgersteige hochgeklappt seien«. Auch Alkohol durfte nicht ausgeschenkt werden. Erst seit Mitte 1991 gehörte dies der Vergangenheit an. Auch erst im November 1980 wurde eingeführt, dass Läden samstags geöffnet sein durften bis 13 Uhr.

Bei meiner Ankunft in Neuseeland 1983 war jeden Abend ab 17:30 Uhr alles geschlossen. Bis auf einen Abend die Woche, das war der große »Ausgeh-Abend«. In Auckland traf es sich gut, dass dieser Abend ein Freitag war: bis 21:30 waren die Geschäfte geöffnet. Reges Leben in den Straßen – und man konnte danach gleich weitermachen in den Kneipen oder Diskos!

Ab Juni 1991 waren in Ballungsgebieten die Läden, besonders die großen Einkaufszentren, auch sonntags zwischen 10 bis 16 Uhr geöffnet sowie auch an den Abenden der anderen Wochentage. Während noch in der ersten Hälfte der 80er Jahre die Innenstädte das Haupteinkaufszentrum waren, so verteilten sich die Einkaufszentren in den Städten immer mehr auf die Vororte. Nach amerikanischem Muster wurden große »shopping malls« gebaut, in denen man bei jedem Wetter alles unter einem Dach fand. Viele kleine Spezialläden gab es hier, Kaufhäuser, Essensstände wie in Asien und oft auch Bühnen, auf denen Aufführungen stattfanden.

Der größte Durchbruch jedoch wurde beim Alkoholverkauf erzielt. Gab es bis 1990 alkoholische Getränke nur in speziellen »bottle shops« zu kaufen, so gab es seitdem Wein (jedoch keinen anderen Alkohol) sogar in Supermärkten.

Heutzutage, also 2006, gibt es Wein und Bier in jedem Supermarkt, 7 Tage die Woche. Diese sind, zumindest in den Städten, von 7-23 Uhr durchgehend geöffnet. Stärkeren Alkohol gibt es immer noch in speziellen »liquor stores«. In den Innenstädten gibt es nun auch, nach amerikanischem Muster, durchgehend geöffnete Läden. Eine typisch neuseeländische Einrichtung ist geblieben: die kleinen Eckläden, *Dairy* genannt. Diese sind fast alle in der Hand von Indern und 7 Tage die Woche mindestens 12 Stunden oder länger geöffnet. Sie verkaufen alle gängigen Artikel des täglichen Bedarfs (außer Alkohol). Aber auch Tankstellen bieten dies nun an.

Auch die Bezahlungsweise in Neuseeland wird heute der in USA immer ähnlicher: Das bargeldlose Zahlen ist üblich. Bezahlen mit Bargeld, besonders mit größeren Geldscheinen, ist regelrecht »verdächtig«, auf jeden Fall ist es ungebräuchlich.

Viel geändert hat sich auch im Angebot von Lebensmitteln. So stellte ich mit Schrecken 1983 fest, dass es nur zwei Sorten Käse gab, in großen Blöcken, die alle gleich schmeckten. Unfassbar, dass es nur Colby- und Cheddar-Käse in den drei Geschmacksrichtungen »tasty«, »mild« und »normal oder regular« gab, das war die gesamte Käsepalette!

Noch schlimmer war, dass es überhaupt keine Auswahl an Milchprodukten – wie Buttermilch, Kefir, Quark oder viele Sorten Joghurts – gab, und das in einem Land, das vom Export landwirtschaftlicher Produkte lebte! Die Erleichterung war natürlich groß, als nach einigen Jahren ein cleverer Europäer anfing, Quark und Buttermilch herzustellen. Auch Käsesorten für den Export fand man nun in den Regalen, z. B. neuseeländischen Emmentaler oder Gouda. Natürlich durfte ein Käsespezialist nicht erwarten, etwa Gouda in den Ausführungen »alt«, »mittelalt« und »jung« zu finden. Natürlich gab es hier alles nur in junger Ausführung, ob Brie, Camembert oder Gouda.

Weil die neuseeländische Landwirtschaft heute überhaupt nicht mehr vom Staat subventioniert wird wie in Europa, sind Molkereiprodukte leider sehr teuer. So kann z.B. ein Liter Milch doppelt so viel kosten wie ein Liter Diesel!

Europäische Einwanderer, die auf ihr gewohntes Essen nicht verzichten wollten, konnten immer auf teure Importe in speziellen Delikatess-Läden zurückgreifen. Mittlerweile sind allerdings die Einfuhrbestimmungen noch strenger geworden, damit nichts Unbehandeltes ins Land kommt.

Was Supermärkte anbetrifft, so gibt es auch billige Ketten, wo man seinen Einkauf in Kartons packen kann. Die Kette »Pak`n Save« hat auch heute noch unschlagbare Sonderangebote, sogar für Wein und Bier. Allerdings ist immer noch der neuseeländische Wein sehr teuer im Vergleich zum importierten, was ich schon immer sehr bedauerlich fand.

Möbel sind in Neuseeland immer und überall teuer. Als ich dort lebte, hatte ich fast alles auf Auktionen gebraucht gekauft. Es gibt bis heute kein IKEA-Geschäft. Aber es gibt eine ähnliche Franchise-Kette aus Australien, die sich »Freedom« nennt.

Auch die Kaufhäuser »The Warehouse« gibt es heute noch, gerne hatte ich dort eingekauft. Außer Nahrungsmitteln gibt es hier alles, was man sich denken kann. Sie haben sich auf billigste Importe spezialisiert.

Im Bereich von Kleidung hat sich enorm viel getan. Herrschte früher die Meinung vor, dass Mode erst viel später in Neuseeland ankommt, so ist doch jetzt alles in jeder Saison zu haben. Auch die Preise sind vergleichbar mit Europa.

Sehr populär geworden sind auch Secondhand-Läden, die fast neue Kleidung verkaufen. Manche sind spezialisiert auf australische und europäische Designerkleidung.

Mitte 1991 war bekannt geworden, dass gebrauchte Kleidung in großen Mengen aus USA und Australien importiert wurde, was der einheimischen Industrie schadete. Die Medien gaben dazu Kommentare ab, wie: »Neuseeland wird zur Müllhalde für andere westliche Länder. Wir nehmen anderen die Probleme der Müllentsorgung ab als der Welt größter Importeur von Gebrauchtwagen aus Japan, und nun auch noch Kleidung.«

***

Der Verkehr

Neuseeland hatte immer eine hohe Unfallrate. Im Vergleich der OECD-Länder aus dem Jahr 2004 wurden tödliche Unfälle pro eine Million Autos gegenübergestellt. Dort liegt Neuseeland mit 144,2 nun im Mittelfeld (Deutschland z.B. hat 119,5, Frankreich 154,8, Australien 134,8). Seit dem Jahr 1993 konnte sich Neuseeland jedes Jahr verbessern. Viel wurde getan, um die jungen Leute davon abzuhalten Alkohol zu trinken, wenn sie fahren müssen. Das Problem von Einwanderern, die gefälschte bzw. gekaufte Führerscheine verwendeten, wurde auch erkannt und bekämpft. Das ganze Führerscheinsystem wurde reformiert, als ich dort lebte (es gab kaum einen Bereich, in dem nicht alles verändert wurde). Der Vollständigkeit halber möchte ich hier auch davon berichten, denn es ist ja immer interessant, etwas von der Vorgeschichte zu erfahren, wenn man erklären möchte, warum es heute so gut funktioniert.

Das System des »abgestuften Führerscheins« wurde Ende der 80er Jahre eingeführt. Das heißt, es gab zwei Stufen, bevor der volle Führerschein ausgestellt wurde. Die Fahrerlaubnis für Anfänger (Stufe 1, nur mit theoretischer Prüfung) erlaubte das Fahren nur unter bestimmten Bedingungen. Unter anderem musste der Fahranfänger von einer Person begleitet werden, die mindestens 20 Jahre alt war und den vollen Führerschein seit zwei Jahren hatte. Nach sechs Monaten konnte dann Stufe 2 beantragt werden. Fahrschulen waren nicht Pflicht, derjenige, der sie benutzte, wurde aber mit kürzeren Zeiten in der ersten Stufe belohnt.

Stufe 2 war die »eingeschränkte Fahrerlaubnis«, die nach Bestehen einer praktischen Prüfung verliehen wurde. Der Anfänger konnte nun auch allein fahren, durfte aber keine Passagiere mitnehmen oder nachts zwischen 22 Uhr und 5 Uhr fahren.

Dies war nur möglich, wenn eine Person, die mindestens 20 Jahre alt war und den vollen Führerschein seit zwei Jahren besaß, auf dem Beifahrersitz mitfuhr.

Neuerdings konnte nun erst mit 25 Jahren der volle Führerschein beantragt werden.

Das offizielle Alter zum Fahren war immer noch 15 Jahre. Dies war eingeführt worden, weil die frühere Gesellschaft sehr ländlich war und Teenager schon mit 15 die Gelegenheit haben sollten, auf den Bauernhöfen auszuhelfen. Kritiker sagten mittlerweile, dass diese Lebensweise sich geändert hatte und das junge Alter daher nicht mehr gerechtfertigt war. Das abgestufte System der Fahrerlaubnis wurde eingeführt in der Hoffnung, dass sich die vielen Unfälle – hauptsächlich verursacht von Jugendlichen – verringern würden. Leider war Neuseeland im Ländervergleich der Unfallraten sogar nur an drittletzter Stelle, gefolgt nur von zwei weniger entwickelten Ländern. Trotzdem hatte sich die Zahl der Unfälle von Jugendlichen im Alter zwischen 15 bis 17 Jahre um 35 % verringert (laut AA August 1991), seitdem das abgestufte System eingeführt wurde. Und das, obwohl sich viele nicht an die Auflagen hielten, weil sich ja nur die Anwartzeiten für ein paar Monate verlängerten, eine verhältnismäßig milde Strafe.

Eingewanderte mit ausländischem Führerschein mussten einen Sehtest, eine mündliche und eine schriftliche Prüfung bestehen. Je nach Ergebnis des theoretischen Tests musste entweder noch eine praktische Prüfung abgelegt oder ein Antrag auf »Befreiung von der praktischen Prüfung« gestellt werden.

Im Vergleich zur deutschen Theorie mit vielen hundert Fragen war die neuseeländische Anzahl von möglichen Fragen in der theoretischen Prüfung wesentlich weniger umfangreich. Die hohe Unfallrate in Neuseeland wurde oft mit der hohen

Anzahl von Autos pro Einwohner (die zweithöchste der Welt zu der Zeit) erklärt. Dazu meinte ein ehemals leitender Angestellter bei Mercedes jedoch in einem Kommentar in der Tageszeitung, dass die hohe Zahl von Autos wohl deshalb zustande kam, weil viele Leute mehrere alte Autos zwar im Garten stehen hatten, aber oft nicht alle benutzten, weil sie erst durch den neuseeländischen TÜV (WOF) mussten. Verglichen mit europäischen Städten war der Verkehr, selbst in Auckland, nicht dicht. Und nach Meinung dieses Deutschen war das einer der Gründe, warum es viele Unfälle gab, denn »die Neuseeländer überholen z. B. an unübersichtlichen Stellen und vor Kurven, weil die Wahrscheinlichkeit eines entgegenkommenden Fahrzeugs gering ist«.

Als Hauptgründe für die vielen Unfälle wurden, als ich in Auckland wohnte, von Europäern oft genannt:

A) »Obwohl jedes Auto, das älter als 6 Jahre ist, alle 6 Monate einen neuen WOF-Aufkleber braucht, ist das ganze WOF-System nicht sehr wirksam, wie man an den vielen unsicheren Autos auf der Straße sehen kann. Was aus dem Auspuff kommt, wird nicht getestet. So fahren viele Fahrzeuge, die Öl verbrennen, herum, ganz zu schweigen von dem Rost, von dem so manches Auto völlig zerfressen ist. So lange keine tragenden Teile durchgerostet sind und die Türen noch schließen, bekommt man trotzdem eine WOF-Plakette«. (Erklärung: WOF = Warrant of Fitness, war in Neuseeland wie der TÜV in Deutschland.)

B) Veränderungen von Fahrzeugen. Zum Beispiel war es üblich, Autos mit überbreiten Reifen – besonders beliebt bei VW Käfern – zu fahren. Autofirmen bemühten sich auch bei der Entwicklung von Kühlern mit speziellem Design um Abmilderung von Schäden beim Zusammenprall mit Fußgängern. In Neuseeland wurde dieses Bemühen oft zunichte gemacht, indem Eisenstangen (bull bars) angebracht wurden, die eigentlich nur im australischen Outback von Nutzen sind.

C) Einige Verkehrsregeln waren gefährlich und auch einmalig in der Welt. So z. B. die Regel, dass man beim Linksabbiegen einem entgegenkommenden Fahrzeug, das nach rechts abbiegen will, die Vorfahrt geben musste. (Siehe ABBILDUNG 1, Frage 24 aus dem Fragebogen der theoretischen Prüfung.) Diese Regel wurde noch verschlimmert, weil die einheimischen Fahrer es meist nicht für nötig hielten, ihre Fahrtrichtung anzuzeigen.

D) Die Einstellung von Fahrern. Nicht nur zeigten sie nicht an, wenn sie abbiegen wollten, sondern sie tranken auch Alkohol, obwohl sie noch fahren mussten.

ABBILDUNG 1

23, 24 & 25. IN EACH OF THE SITUATIONS SHOWN WHO GIVES WAY?

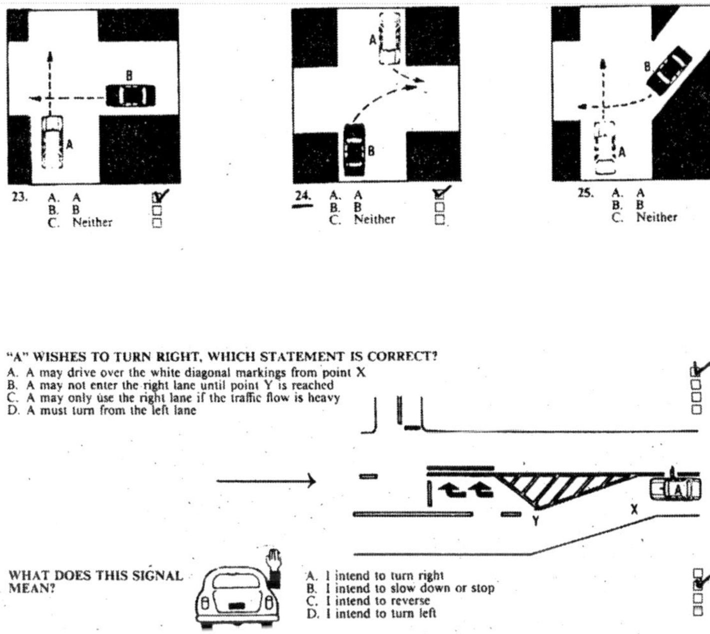

Abbildung 1 zeigt Beispiele von Verkehrsregeln aus einem Fragebogen der theoretischen Prüfung für den Führerschein in Neuseeland (1985).

Seit der Kürzung der Ausgaben in verschiedenen öffentlichen Bereichen gab es auch weniger Verkehrskontrollen. Und wenn einmal an einem Wochenende, zu besonders notorischen Zeiten, wie z. B. Neujahr, Alkoholtests auf der Straße durchgeführt wurden, so geschahen diese so genannten »road blitz« nur unter Vorankündigung. Zum Ende des Jahres 1991 wurden zum ersten Mal willkürliche Alkoholkontrollen auf Straßen durchgeführt. Auf diese Idee – die mit sehr erfolgreichem Ergebnis abschloss – kam man auf Grund des in Australien erzielten Erfolges im Verlauf des Jahres 1991. Dort wurden nämlich die Unfallraten in dem Jahr drastisch gesenkt, was auf die Alkoholkontrollen, die überall zu jeder unangekündigten Zeit ausgeführt wurden, zurückgeführt wurde.

***

Politik in Neuseeland

Mit diesem interessanten Kapitel werden die Änderungen in Neuseeland verständlich gemacht, die sich alle abspielten, als ich dort lebte. Am Resultat, das heute zu sehen ist und das ich am Ende darstelle, kann man vielleicht auch erkennen, ob sich alles gelohnt hat oder nicht.

Die erste Regierung der »Labour Party« (1935-49) hatte aus Neuseeland den totalen Sozialstaat gemacht, mit einer völlig geschützten Wirtschaft, in der alles durch den Staat reguliert war. Dadurch ging es mit dem Land aufwärts, der Lebensstandard stieg, alle waren wohl versorgt. Die nachfolgende Regierung der »National Party« weitete die staatlich bezahlte Versorgung noch aus und führte z. B. die weltweit erste Unfallversicherung für alle ein. Dieses System totaler Versorgung entwickelte sich gut bis in die 60er Jahre, und der Staat wurde als der »für alles verantwortliche Freund« gesehen. In Europa wurde dies oft als Form von Sozialismus ohne Lehre bezeichnet. Um alles in diesem Zustand zu halten, ähnelte sich die Politik der beiden Hauptparteien, die sich mit der Führung des Staates abwechselten.

Laut Colin James (siehe Literaturverzeichnis) war der europäische Neuseeländer ein Individualist, der auf seinem Anteil aus der Wirtschaft bestand. Diese Einstellung umfasste die Meinung, dass der Staat immer mehr ausgeben sollte für z. B. das Gesundheitswesen, Schulen usw. Dafür sollte er einsparen bei Sozialhilfe für Arbeitslose. Diese wurden schon immer als faul und nicht arbeitswillig gesehen, da sie vom Steuerzahler lebten. Genau wie allein stehende Mütter als verantwortungslos abgestempelt wurden. Denn: Der Staat gab ja jedem eine Chance. Der Gedanke der Individualisten, der tief in der Psyche saß, war und ist immer noch, dass Neuseeländer danach strebten, ihr eigener Boss zu sein, statt für jemand anders zu arbeiten. Der Staat machte es ja auch jedem Unternehmer leicht auf Watte zu fallen. Laut Colin James war »der Einzelne« in Neuseelands politischem und wirtschaftlichem Leben der Mittelpunkt, nicht etwa aus der Vorstellung heraus, dass jedes Individuum Würde und Wert darstellt, sondern weil das Leben jedes Einzelnen sich auf sich selbst konzentrierte – und was dieser für sich aus der Gesellschaft bekommen konnte. Dies zeigte sich auch im sozialen Zusammenleben, indem sich jeder in seinem Haus mit Garten durch einen Zaun ringsherum abgrenzte und seine sozialen Kontakte in Clubs pflegte.

Dies zu wissen hilft die Politik zu verstehen und die Schwierigkeiten, die sich anbahnten.

Seit der Rezession in den 70er Jahren musste die Regierung, um das ganze System aufrecht zu erhalten, Geld leihen, um alles bezahlen zu können. So wuchsen die Schulden, ebenso wie die Ausgaben des Staates, bis in den 80er Jahren die Idylle dann zusammenbrach. Allgemeines Aufwachen der Bevölkerung zur Politik, Demonstrationen, Verwirrung, alles passierte auf einmal. Alternative Parteien fanden plötzlich Zuspruch, aber verschwanden auch wieder. Der Premierminister Robert Muldoon, dessen National-Partei von 1975 bis 1984 regierte, war sehr konservativ, traditionell und führte den Staat mit absoluter Autorität. Er war ein Verfechter des totalen Sozialstaates, wie er ursprünglich gegründet worden war: mit voll geschützter und kontrollierter Wirtschaft – einschließlich staatlich festgesetzter Zinsen, die Profit garantierten.

Diese Kontrolle musste jedoch irgendwann zusammenbrechen, und als eine Bank sich schließlich nicht an die Vorschriften hielt, war dies der Grund für eine plötzliche – um Monate vorgezogene – Wahl.

Schon 1981 war Opposition gegen die Muldoon-Regierung laut geworden, als massive Polizeigewalt gegen die größten Demonstrationen in Neuseelands Geschichte eingesetzt wurde. Anlass war die Rugby-Tour der südafrikanischen *Springboks*, bei der Rugbyfans mit politischen Gegnern und einem nie da gewesenen Polizeiaufgebot zusammenprallten. Dieses Ereignis spaltete nicht nur das Volk, sondern einzelne Familien, in der oft ein Ehepaar sowie das Kind jeder auf einer der drei verfeindeten Seiten stand.

Der Staat wurde zum Feind und war es seitdem geblieben.

Gleich nach der Verkündung der vorgezogenen Wahl setzte ein Ansturm auf den überbewerteten neuseeländischen Dollar ein. Millionen wurden aus dem Land gebracht, die Auslandsreserven waren erschöpft. Der Devisenhandel wurde am 13. 7. 1984 geschlossen. Wer an diesem Tag einen Flug in ein anderes Land hatte, durfte nur $ 100 »Notgeld« mitnehmen, und es war unbestimmt, wann Geld nachgeschickt werden durfte. In diesem Zustand übernahm die 4. Labour-Regierung die Führung unter David Lange. Mit 42 Jahren der jüngste Regierungschef des Jahrhunderts, war seine erste Aktion die Abwertung des

Dollars um 20 %, woraufhin die Millionen aus dem Ausland wieder eingeführt wurden. Und nun wurde fleißig reformiert. Atomfreier Status Neuseelands wurde eingeführt, Kontrollen für Importe, Zinsen und Subventionen für landwirtschaftliche Betriebe – die Grundlage der Wirtschaft – wurden aufgehoben. Freie Marktwirtschaft wurde eingeführt. Der Finanzminister Roger Douglas folgte extremen Strategien, seine Politik wurde allgemein als »Rogernomics« bezeichnet.

Der Staat sollte nur noch über den Marktmechanismus eingreifen, anstelle von direkter Kontrolle. Douglas verfolgte seine Strategien weiter, und vor allem schneller als in anderen demokratischen Ländern. Ziel war, die Kontrolle der Wirtschaft aufzuheben und die Industrien den freien Marktkräften auszusetzen. So führte er unter anderem ein, dass der öffentliche Sektor privatisiert wurde, die Philosophie des »Verbraucher zahlt« im Gesundheits- und Erziehungswesen angewendet wurde, Aufhebung des festen Wechselkurses der Währung usw.

Zusammen mit dem Finanzministerium produzierte Douglas den wohl am wenigsten mit Regulationen behafteten Finanzsektor der Welt. Freie Marktwirtschaft, gekürzte Ausgaben der Regierung und ein kommerzialisierter Staat sollten alle nur einem Ziel dienen: die Inflation zu senken ohne Beachtung von Arbeitslosigkeit.

Der Direktor der Reserve-Bank war vertraglich dazu verpflichtet, das Ziel 0 bis 2 % Inflation bis Ende 1992 zu erreichen. Im Juli 1991 war die Inflation mit 2,8 % die niedrigste Rate seit 25 Jahren, dafür war die Arbeitslosigkeit mit 10,2 % die höchste Zahl seit Jahren. Dieses Resultat schien die Theorie zu bestätigen, dass Inflation und Arbeitslosigkeit voneinander abhängig sind. Die Reserve-Bank argumentierte, dass die hohe Arbeitslosenzahl nur vorübergehend sei und niedriger werden würde, wenn sich die Inflation auf einen niedrigen Prozentsatz eingependelt hat.

Durch das extrem schnelle Reformieren des Sozialstaates wurde die Gesellschaft, und die Labour Party selbst, gespalten. So gab es zwar mehr Freiheit für Unternehmen – öffentliches Investieren lohnte sich für viele –, jedoch waren die sozialen Kosten hoch. Wachsende Unsicherheit bei großen Teilen der Bevölkerung durch das Verschwinden von ganzen Industrien, Stellen und sozialen Einrichtungen, vor allem in ländlichen Gegenden. Die »New Labour Party« wurde gegründet und innerhalb des Jahres 1990 folgten noch zwei verschiedene Premierminister dem Anfang des Jahres zurückgetretenen David Lange. Die Wahl Ende 1990 brachte dann wieder die National-Partei an die Macht unter Führung von Jim Bolger. Er versprach das »zersplitterte Land wieder zusammenzufügen«, soziale Ordnung wieder herzustellen, die hohen Studiengebühren abzuschaffen und die Renten unangetastet zu lassen. Der Slogan vor der Wahl war: »Wählen Sie Veränderung, mehr Stellen, bessere Bezahlung.«

Schon nach einigen Monaten wurde die Sozialreform eingeführt: Alle Ausgaben des Sozialamtes – von dem auch z. B. Arbeitslosengeld, Witwenrente usw. bezahlt wurde – wurden um 10 % gekürzt.

Die Renten wurden nicht, wie versprochen, in Höhe der Inflationsrate von 4,9 % (1990) am 1. April aufgestockt. Im Juni war dann sogar von Kürzungen die Rede, weil »Alte auch ihren Teil zur Wiederherstellung des Landes leisten müssen«. Daraufhin kündigte sogar eine Vereinigung von Rentnern an, die Regierung wegen »gebrochener Versprechen« vor Gericht zu bringen.

Nach 53 Jahren staatlicher Zuschüsse für Ärzte und Rezeptgebühren wurde dieses System im Februar 1991 beendet. Nur für die verschiedenen Empfänger von Sozialhilfe wurde noch eine Zulage gezahlt.

Die neue Regierung wollte wirtschaftliches Wachstum von jährlich 3 % erreichen, Zinsen unter 10 % drücken, den Haushalt ausgleichen, Inflation zwischen 0 und 2 % halten, Staatsausgaben und Steuern senken, so dass sie prozentual zum Bruttoinlandsprodukt stehen würden. Ironischerweise vertiefte die Kürzung der Sozialauszahlungen die Rezession, da die Bürger weniger zum Ausgeben hatten. Die Regierung jedoch beteuerte, dass dies nur vorübergehend sei und hoffte, auf lange Sicht gesehen, dass niedrigere Zinsen den Export stimulieren und die Wirtschaft zu Wachstum anregen würde.

Die wohl wichtigste Veränderung war am 15. Mai 1991 in Kraft getreten, als das neue Arbeitsgesetz, die *Employment Contracts Bill* verabschiedet wurde. Damit hatte sich die Beziehung zwischen Arbeitgebern und Arbeitnehmern grundlegend gewandelt.

Wer eine Stelle antreten wollte, musste seinen Arbeitsvertrag entweder selbst aushandeln oder konnte dafür einen der Verhandlungsagenten bestimmen. Dieser konnte sowohl die alte Gewerkschaft sein oder einfach ein Arbeitskollege, ebenso wie eine der neu gebildeten Verhandlungsagenturen. Zu den Letzteren gehörte auch die ehemals gefürchtete Rockergang »Black Power«, die man als seinen Agenten bestimmen konnte. Beim Aushandeln eines Arbeitsvertrages musste man darauf achten, dass sich der Arbeitgeber an die immer noch bestehenden Gesetze hielt, wie z. B. Mindestbezahlung, für alle vorgeschrieben im *Minimum Wages Act*. Drei Wochen Urlaub (15 Tage) waren vorgeschrieben im *Holidays Act 1981*. Leuten unter 20 Jahren brauchten die Arbeitgeber allerdings nicht den Mindestlohn zu zahlen. Das konnte dazu führen, wie in dem groß publizierten Fall einer 18-Jährigen in Wellington, die in einer Imbissbude 72 Stunden die Woche für $ 140 arbeitete!

Dieses neue Gesetz individueller Arbeitsverträge sollte mehr Flexibilität in den Arbeitsmarkt bringen. Den allmächtigen Gewerkschaften, die bisher mit unzähligen Streiks das Land lahm gelegt hatten, war nun die gesamte Macht entzogen worden. Der ausgehandelte Vertrag zwischen Arbeitnehmer und Arbeitgeber durfte bis zu seinem Ablauf weder durch Streik noch durch Ausschließen der Arbeiter gebrochen werden. Erst nach Vertragsablauf waren diese Vorgänge legal. Das neue Gesetz sollte damit die Produktivität des Landes steigern, würde aber auch die Löhne drücken. Diese beiden Punkte waren im Porter-Report (siehe Kapitel »Wirtschaft«) empfohlen worden. Kritiker sagten jedoch, dass die gedrückten Löhne nur einen kurzfristigen Gewinn bringen würden, denn die Beziehungen zwischen Arbeitgebern und Arbeitnehmern würden ernsthaft gestört.

Es wurde auch befürchtet, dass die Produktivität automatisch fallen würde, wenn die Leute unter schlechteren Bedingungen arbeiten müssten. Demnach wäre das Gesetz nur zum Vorteil von Arbeitgebern geschaffen worden. Wie dem auch sei, Tatsache war, dass drei Monate nach Inkrafttreten des Gesetzes die Arbeitslosenzahl so hoch wie noch nie war und dadurch immer mehr Arbeitnehmer, aus Angst ihre Arbeit zu verlieren, jeden Vertrag unterschrieben.

Erfahrungen meiner eigenen Bekannten reichten von der telefonischen Bewerbung auf ein Stellenangebot, wo die erste Frage war: »Was ist der niedrigste Lohn, für den Sie arbeiten würden?« bis hin zum Angestellten – in diesem Fall eines Reisebüros –, dem plötzlich angeboten wurde, eine verantwortungsvollere Stelle als Vorgesetzter zu übernehmen, für dieselbe Bezahlung natürlich! Wurde diese Position früher mit ca. $ 34 000 jährlich bezahlt, so konnte der Betreffende nur $ 1000 mehr als vorher raushandeln, nun bekam er $ 25 000 im Jahr.

Dafür arbeitet er nun oft 70 Stunden die Woche, wegen Personalmangel. Hätte er die »Beförderung« nicht angenommen, wäre er entlassen worden.

Bei vielen Arbeitslosen gab es natürlich viele Verzweifelte, die alles unbesehen annahmen, und so war zeitweise tatsächlich der Arbeitgeber im Vorteil.
Das Amt für Statistik veröffentlichte, dass zwischen Februar 1990 und Februar 1991 das Durchschnittseinkommen einer normalen Arbeitswoche in Neuseeland um 4,6 % gestiegen war. Demnach bekamen Frauen $ 458,70 brutto wöchentlich und Männer $ 587,93.

Die mit Spannung erwartete Verkündung des Haushalts der neuen Regierung, am 30. Juni 1991, brachte dann auch die versprochenen grundlegenden Änderungen, die den Sozialstaat umgestalten sollten. Das meiste sollte allmählich über die nächsten drei Jahre eingeführt werden.

Interessant ist ja nun die Frage: Was hat die Umgestaltung des Sozialstaates nun gebracht?

Dazu habe ich die Fakten der OECD zusammengetragen: die neuseeländische Regierung ist eine von 10 in den OECD-Ländern, die im Jahr 2004 einen Haushaltsüberschuss (budget surplus) hatte. Norwegen hatte mit Abstand den höchsten Überschuss, wegen Öleinnahmen. Gleich dahinter auf Platz 2 lag aber Neuseeland. Auch die Schulden des Landes waren 2004 die viertniedrigsten von 26 OECD-Ländern. Die Arbeitslosenrate war in dem Jahr 3,9 % (OECD-Durchschnitt: 6,9 %). Damit hatte Neuseeland die zweitniedrigste Rate, gleich nach Korea mit 3,7 %.

Neuseelands staatliche Steuer, als Proportion des Bruttoinlandsprodukts, war die siebtniedrigste von 27 OECD-Ländern im Jahr 2004, nämlich 38,3 %.

Es scheint also nun wirklich so: Ich lebte in Neuseeland während der schwierigen Übergangsphase, in der sich nun auch Deutschland befindet. Am Ende dieser Phase scheint aber dann das Land gut dazustehen. Also gibt es auch für Deutschland diese Hoffnung!

***

Die Wirtschaft des Landes

Auch dieses Kapitel ist, genau wie das vorherige, zum Verständnis der Situation sowohl damals als auch heute gedacht. Auch hier kann man die Übergangszeit mit der jetzigen in Deutschland vergleichen. Vielleicht ist doch ein *happy end* zu erwarten?

Die Wirtschaft Neuseelands war schon immer völlig vom Export abhängig. Hauptsächlich wurden landwirtschaftliche Produkte ausgeführt. Jedoch, seitdem Großbritannien zur EU gehörte, ging es mit der neuseeländischen Wirtschaft bergab. Dazu kam, dass eine Veränderung in Essensgewohnheiten in den meisten westlichen Ländern stattfand. Der Trend ging weg von rotem Fleisch, das Neuseeland produzierte, stattdessen wurde weißes Fleisch verlangt, auf das sich das Land nicht umgestellt hatte. Dann wurden fettarme Produkte bevorzugt, was sich auf den Butter- und Käseverkauf auswirkte. Außerdem fielen die Preise für landwirtschaftliche Produkte, während Preise für Manufakturwaren und Öl stetig stiegen. Um letztere Produkte importieren zu können, mussten immer mehr Waren exportiert werden. Somit geriet die Handelsbilanz immer mehr aus dem Gleichgewicht.

Anfang 1991 verging kein Tag, an dem man nicht in den Medien die neuesten Vergleiche mit den OECD-Ländern (spöttisch der »Club der Reichen« genannt) sehen und hören konnte. Da hieß es z. B., dass Neuseeland noch oft vor Spanien und der Türkei lag im Vergleich, wenn es jedoch zur Produktivität der Bevölkerung kam, lag Neuseeland an letzter Stelle. Das Amt für Statistik gab in den Zahlen für 1990 bekannt, dass die Produktivität der Wirtschaft um 1,3 % fiel, der höchste Prozentsatz seit 1976 / 77. So stellte die Tageszeitung fest, dass in den letzten drei Jahrzehnten z. B. Japans Produktivität sich um 547 % erhöht hatte, verglichen mit Neuseelands »kümmerlichen« 38 %, sogar die USA steigerten ihr Wachstum in der Zeit um 85 %. Die Inflation im selben Zeitraum jedoch betrug in Neuseeland 1248 %, so dass die 38 % Steigerung des Wachstums damit null und nichtig gemacht wurden.

Mitte 1991 wurde dann auch ein Report über die Konkurrenzfähigkeit von 34 Ländern veröffentlicht. Hauptpunkte bei der Bewertung waren:

1. Die Attraktivität des wettbewerbsfähigen Umfeldes in jedem Land zum Investieren und
2. die Aggressivität seiner Unternehmen im weltweiten Wettbewerb

Im Ergebnis der Reihenfolge von 23 Ländern schnitt Neuseeland mit Platz 18 schlecht ab.

Der größte Schock für die Regierung jedoch kam, als im Januar 1991 die Finanzministerin in New York vorsprach. *Moody's Investors Service*, das einzelne Länder nach ihrer Kreditwürdigkeit bewertet, machte der Ministerin klar, dass Neuseeland »beinahe« dieselbe Einstufung wie Venezuela erhalten hätte. Es wurde jedoch bei der AA3-Beurteilung belassen mit der

Warnung, dass die angekündigte Wirtschaftsreform Resultate bringen müsse, oder es gebe beim nächsten Mal eine Abwertung. Verständlich also die drastischen Maßnahmen, die zum Haushaltsjahr 1991 / 92 verkündet wurden.

Im März 1991 wurde auch das Ergebnis der großen Untersuchung der Wirtschaft des Landes veröffentlicht. Dafür hatte die Regierung $ 1,5 Millionen ausgegeben. Ausgeführt vom damaligen Wirtschaftsexperten der Harvard-Universität, Professor Porter, wurde der Report über die Wirtschaft und wie sie zu retten war, offiziell im Parlament überreicht.

Empfohlene Hauptpunkte:

- Niedrigere Löhne im kommenden Jahrzehnt,
- die Regierung muss 10 Billionen Dollar einsparen,
- Abschaffung staatlicher Einheitsrenten und Einführung von Beitragszahlungen,
- strenge Gesetze gegen Monopole und Einführung von Wettbewerb, vor allem in Neuseeland selbst, denn hier existierten zu viele Monopole,
- Sparen sollte durch Steuervergünstigung angeregt werden,
- das Schulwesen sollte dahin verändert werden, dass Priorität für Fächer wie Management und Technologie gegeben wird, anstelle von sozialwissenschaftlichen Schwerpunkten,
- eine grundlegende Veränderung zur Einstellung zum Lebensstil müsste stattfinden, nämlich weg von der Priorität der Freizeit, hin zum Wettbewerbsdenken.

»Zu viele Geschäftsleute gehen am Wochenende lieber segeln als ihre Produkte für den Export vorzubereiten, womit dem ganzen Land geholfen wäre«, kommentierte dazu Herr Porter.

Der Report stellte fest, dass in den letzten 30 Jahren Neuseeland von Platz 8 auf 23 abgerutscht war im Vergleich der Produktivität der OECD-Länder. Verglichen mit der Schweiz und Schweden, die ähnliche Industrien wie Neuseeland als wirtschaftliche Grundlage besaßen und diese ständig verbessert hatten, hat Neuseeland zu lange dieselbe Ware, wie z. B. Butter und Cheddar-Käse, produziert.

Nach Meinung von Professor Porter ist die Entfernung des Landes von seinen Märkten kein Grund, dass es wirtschaftlich nicht hätte eine »zweite Schweiz« werden können.

Nach seiner Meinung war stattdessen die Wirtschaft auf »Dritte-Welt-Standard« abgesackt, während das Volk weiterhin in der »ersten Welt« gelebt hatte, mit geliehenem Geld.

Die Fehler, die gemacht wurden, sollten sein:

1. Zu hohe Kosten beim Schiffstransport.
2. Nicht genug gut ausgebildete Leute: Der Report stufte Neuseeland als vorletztes Land, nur vor der Türkei, ein, bei der Aufstellung der Zahlen von 18-Jährigen, die noch in weiterführender Ausbildung waren. Es wurde geraten, dass sowohl private Firmen als auch die Regierung mehr für Ausbildung ausgeben sollten.
3. Zu wenig Forschung. Forschungsinstitute sollten zusammen vom Staat mit privaten Firmen betrieben werden und sich mehr mit Technologie beschäftigen, die dem Land einen Vorteil in der Konkurrenz mit anderen verschaffen könnte.
4. Es wurde zu wenig gespart. Das Sparen der Haushalte in Neuseeland hatte sich im Jahrzehnt ab1980 von nur 6 % der Einkommen auf 1 % verringert. Dies zwang Betriebe im Ausland für hohe Zinsen zu leihen. Die Schuld am wenigen Sparen gab Porter dem staatlicheinheitlichen Rentensystem.
5. »Unverdorbene« Konsumenten, die sich mit minderwertiger

Ware zufrieden gaben, z. B. nur Cheddar-Käse kauften und nicht, wie in Europa, spezialisiertere Produkte verlangten.

6. Falsche Prioritäten: Neuseeländer hatten sowohl Sicherheit als auch nicht-wirtschaftliche Ziele – wie den Sport – überbewertet.
7. Es gab zu viele Monopole. Zum Beispiel waren Milchprodukte zu 100 % in Händen des zuständigen »producer board« und 90 % des Weins kam von nur zwei großen Firmen.
8. Mangel an Kapital für Spekulationen. Es sollte Kapital zur Verfügung gestellt werden für kleine und mittlere Unternehmen.

Das Ziel, die Inflation zu senken, wurde als gut bewertet, sollte jedoch gekoppelt sein mit dem Bemühen, die Produktivität des Landes zu verbessern und die Ausgaben der Regierung zu kürzen.

Es sollte vor allem Wert darauf gelegt werden, die Beziehungen zwischen Arbeitgebern und Arbeitnehmern zu reformieren. Außerdem sollte auch das Marketing für die produzierten Lebensmittel besser werden.

Die meisten Punkte der Porter-Empfehlungen waren von der neuen Regierung ab 1991 beherzigt worden. Die Basis für niedrigere Löhne wurde geschaffen, mehr Wettbewerb wurde überall eingeführt und die Einsparungen von Staatsausgaben wurden im Haushaltsplan bekannt gegeben.

Viele ehemals staatliche Betriebe, wie z. B. Air New Zealand, Telecom usw. wurden an zumeist ausländische Besitzer verkauft, nachdem sie sich einige Zeit als privater Betrieb bewährt hatten und als profitabel ausgewiesen werden konnten. Telecom z. B. hatte für das Jahr 1990 einen Profit in Millionenhöhe bekannt gegeben. Dies veranlasste die Kritiker, von Verkäufen staatlicher Vermögen zu sagen, sie hätten mit ihrer Warnung Recht behalten: Ein profitables Unternehmen war für immer verloren und die Einnahmen davon konnten nun der amerikanischen Wirtschaft zufließen, »wo sie dort zur Beschaffung von Arbeitsplätzen dienen können«. Noch geschockter wurden sie, als die Finanzministerin ankündigte, dass jeder Verkauf von Betrieben im kommenden Jahr dazu verwendet würde, Schulden abzuzahlen und nicht zum Investieren, um etwas für spätere Generationen übrig zu lassen.

Die sozialen Kosten all dieser Veränderungen waren natürlich hoch, zumal alles viel zu schnell passierte. Keine Regierung ist wohl zu beneiden, die vor der Aufgabe steht, ihrem Volk, das gewöhnt ist von »der Wiege bis zum Grab versorgt zu werden« beizubringen, dass in Zukunft jeder mehr Verantwortung tragen muss. Dies ist natürlich leicht gesagt, in einer Zeit der tiefsten Rezession. Die Umgestaltung auf die freie Marktwirtschaft mit viel Konkurrenz hatte einen hohen Preis: Immer mehr Betriebe konnten nicht mithalten und mussten schließen. Viele Arbeitsstellen waren damit vernichtet worden.

Das erste Mal seit den Unruhen 1981 fanden große Demonstrationen statt. Durch die Kürzungen der Sozialausgaben hatte die Armut, und damit leider auch die Kriminalität, zugenommen. Kein Tag verging, an dem nicht Banken, Tankstellen und Läden überfallen wurden. Und zum ersten Mal mussten Unternehmen überlegen, ob sie in kugelsicheres Glas an Schaltern investieren sollten. Natürlich sagten manche: Kriminalität gibt es doch überall! In Neuseeland jedoch war es bis dahin nicht alltäglich. Darauf waren die Einwohner auch besonders stolz gewesen: gehörte das Gefühl allgemeiner Sicherheit doch zur Lebensqualität!

Sogar 1983 gab es in Auckland noch Leute, die ihre Häuser nicht abschlossen, wenn sie nur schnell einkaufen gingen. Erst Mitte der 80er Jahre gab es einen der ersten Kindermorde, daran nahm das ganze Land Anteil und von überall her kamen Leute zur Beerdigung. Innerhalb weniger Jahre war Neuseeland von den Geschehnissen in der Welt eingeholt worden. Das von schrecklichen Ereignissen sicher abgeschirmte Land existierte nicht mehr.

In einer großen Umfrage – Mitte der 80er Jahre – zum Thema »Neuseeland und seine Zukunft« befürworteten nur 36 % der Befragten die Industrialisierung des Landes. Diese Gruppe wollte es aber auch nur unter den Bedingungen, dass natürliche Rohstoffe nicht schnell verbraucht würden (71 %).

Und 74 % wollten keinen Lebensstil, der mit Stress verbunden wäre, nur 7 % würden dies in Kauf nehmen. Der Vorschlag von Professor Porter, die lockere Einstellung zum Lebensstil mit viel Freizeit zu ändern, würde demnach also sehr zögernd angenommen werden. Und letztendlich war die entspannte Lebensweise auch meist der Grund, dass z. B. Europäer in Neuseeland einwandern wollten. Jedoch war es nur eine Frage der Zeit, bis das Land im Wettlauf mit allen anderen auch dieselben Probleme haben würde. Denn eins ist sicher: Ein Paradies gibt es nirgendwo mehr, in dem etwa sowohl hoher Lebensstandard als auch ebenso hohe Lebensqualität zu haben sind. Das eine scheint mit dem anderen im selben Verhältnis zu stehen wie Inflation und Arbeitslosigkeit.

Einer der schwärzesten Tage für die wirtschaftliche Lage Neuseelands war der 26. Juli 1991. Da wurden 1450 Arbeiter auf einmal entlassen, und zwar in der Fleischindustrie, die eine der Exportgrundlagen des Landes war. Kleine Ortschaften auf der Südinsel existierten zum Teil nur für diese Art von Betrieben und hatten nun keine Grundlage mehr. Die wachsenden

Zahlen der Arbeitslosen fragten mit Recht: Wovon sollten sie sparen, für ihre Rente sorgen, Ärzte bezahlen? (Wurde doch 30-Jährigen geraten, ab sofort 22 % ihres Einkommens für ihre Altersversorgung anzulegen.)

Kein Wunder, dass der Maori-Minister, Winston Peters, im Juni 1991 bemerkte: »Die klassenlose Gesellschaft, die Neuseeland einmal hatte, ist nur noch ein Mythos. Der Unterschied zwischen Reich und Arm hat sich vergrößert.«

In all dem Chaos schlechter Nachrichten gab es aber auch Gutes zu berichten: Die Leute in Neuseeland waren gewillt, am Wohlergehen des Landes und seiner Wirtschaft mitzuarbeiten. So hatten z. B. viele Angestellte 1991 auf eine Lohnerhöhung freiwillig verzichtet. Und die Inflationsrate war Mitte des Jahres das erste Mal seit 25 Jahren unter 3 % gesunken.

Im Januar 1992 wurde bekannt gegeben, dass die Inflationsrate für das gesamte Jahr 1991 nur 1 % war. Damit hatte die staatliche Reservebank ihr Ziel schon zwei Jahre früher erreicht und wurde viel deswegen kritisiert. Das Hauptargument war, dass das Land einen sehr hohen Preis für diese niedrige Inflationsrate gezahlt hatte. Banken zögerten immer noch die Zinsen zu senken für Hauskäufer (10-10,9 % im Jan. 92).

Der Dollar war stark gefallen, 1 DM war nur noch zwischen 84 und 87 Cents wert. Statistiken zeigten, dass die Kaufkraft der Bürger im Jahr 1991 die niedrigste seit 9 Jahren war, was wiederum einen zerstörerischen Effekt auf den Einzelhandel hatte. Auch ausgestellte Baugenehmigungen waren in dem Jahr um 20 % im Vergleich zum Vorjahr gefallen. Am schlimmsten sah es mit den Arbeitslosenzahlen aus.

Seitdem die National Partei im Oktober 1990 die Wahl gewonnen hatte, war die Arbeitslosigkeit um 32 % gestiegen. Im Dezember 1991 waren 215 846 Arbeitslose registriert, das waren 13 % der arbeitsfähigen Bevölkerung. In dieser Zahl waren nicht enthalten: 5953 Studenten und Saisonarbeiter, die vorübergehend arbeitslos waren (Studenten bekamen während der Sommerferien Arbeitslosengeld), 10 738 subventionierte Arbeiter (der Staat zahlte z. B. kleine Summen obendrein zum Arbeitslosengeld, wenn ein Langzeitarbeitsloser eine zeitlich befristete Teilzeitstelle annahm) und 9033 Personen in weiterbildenden Kursen.

Wenn all diese Leute in die Arbeitslosenrate mit eingeschlossen wären (denn sie hatten ja alle keine feste Arbeitsstelle), dann wären 14,5 % der arbeitsfähigen und -willigen Bevölkerung arbeitslos gewesen.

Und nun wieder die große Frage: Was haben diese ganzen Maßnahmen dem Land und seiner Bevölkerung gebracht?

Dazu nun wieder die gesammelten Fakten:

Im Vergleich mit OECD-Ländern war das Bruttoinlandsprodukt Neuseelands im Jahr 2003 mit US $ 23 200 oder 88 % des OECD-Durchschnitts dem von Spanien sehr ähnlich. Damit war es 2003 unter dem Durchschnitt der OECD-Länder auf Platz 21 von 30 Ländern.

Im Vergleich des Preisniveaus in verschiedenen OECD-Ländern lag Neuseeland im Jahr 2004 auf Platz 12, etwas unter dem OECD-Durchschnitt. Die Preissteigerung war Ende 2005 nur für Lebensmittel 1,5 % höher als im Quartal davor, wobei die Verteuerung mit 2,9 % nur in der Gruppe Fleisch, Fisch und Geflügelprodukte dazu beitrug.

Bis zum September 2005 war das Wirtschaftswachstum 2,7 % und damit wesentlich niedriger als im Vorjahr: 4,3 %.

Es gab ein großes Handelsdefizit im Jahr, das im Januar 2006 endete: NZ$ 7,1 Milliarden (23,1 % von den Exporten). Als Prozentzahl der Exporte ist dies das größte Defizit seit der Ölkrise 1976. Damals war das Defizit fast die Hälfte des Exportwertes. Auch die Importe sind im Januar 2006 mit NZ$ 37,9 Milliarden auf einem Höchststand.

In dem Fernsehfilm »Das Reformparadies, Neuseelands Wirtschaftswunder« von Günter Ederer, der im März 2003 das erste Mal im deutschen Fernsehen ausgestrahlt wurde, kamen Selbstständige, Bauern sowie Einwanderer in Neuseeland zu Wort. Die Auswanderer, die vorgestellt wurden, wollten auf keinen Fall wieder zurück. Die Bauern, die interviewt wurden, sagten, sie finden jetzt die Arbeit ohne Subventionen viel besser und produktiver als vorher. Erstaunlich auch, dass es scheinbar gar nicht so viele Bauern waren, die aus dem Markt gedrängt wurden. Und die, die übrig geblieben waren, produzieren ihre landwirtschaftlichen Erzeugnisse effektiver als vorher. Wirtschaftlich gesehen eine Verbesserung. Aber die Konsumenten müssen natürlich mehr bezahlen als vorher, als es noch Subventionen gab.

Alles betrachtet, scheint es so zu sein: Wer mit genug Vermögen im Rücken nach Neuseeland auswandert, könnte Glück haben, eine gute Lebensgrundlage zu finden in dieser freien Marktwirtschaft, die für Unternehmer viel bietet. Wer aber mit nichts ankommt und hofft, »vom Tellerwäscher zum Millionär« aufzusteigen, wird enttäuscht werden. Derjenige, der genug erwirtschaften kann, um auch im Alter hier gut zu leben, wird wahrscheinlich eher die Ausnahme sein.

Deshalb möchte ich im nächsten Abschnitt einmal das Rentensystem und einige andere sozialen Ausgaben betrachten, wie sie damals funktionierten für Leute, die nicht zu den Reichen mit Vermögen gehörten.

***

Die Sozialpolitik in Neuseeland:

Beispiel Rente

Ein ähnliches Rentensystem wie in Deutschland, also mit Beitragszahlung, gab es in Neuseeland auch Anfang der 70er Jahre, wurde aber von der Regierung Robert Muldoon 1975 wieder abgeschafft. Also zu der Zeit der Ölkrisen und Rezession, als in anderen Ländern, wie den USA, deshalb z. B. das Rentenalter erhöht wurde, führte Neuseeland eins der großzügigsten Systeme ein. Die folgende Tabelle zeigt Renten im Vergleich einiger Länder. Demnach stellte die Rente 1991 in Neuseeland immer noch den höchsten Prozentsatz des bruttodurchschnittlichen Einkommens dar. Allerdings geht aus der Tabelle nicht hervor, wie es mit den Steuern zu der Zeit aussah. So wurde z. B. die neuseeländische Rente versteuert, so dass von den fast 44 % des Durchschnittseinkommens noch 36 % übrig blieben, während die australischen Renten steuerfrei waren. Die Rentner in Australien bekamen außerdem billigeren Strom, preiswertere Telefongebühren und andere Vergünstigungen. Noch wichtiger war, dass in den meisten westlichen Ländern die staatliche Rente aufgestockt wurde mit den eingezahlten, einkommensabhängigen Rentenbeiträgen, so dass sich die allumfassende Rente aus diesen beiden Faktoren zusammensetzte.

Tabelle: Renten im Vergleich von verschiedenen Ländern

Land	Rentenalter Männer / Frauen	Staatliche Rente als % des durchschnittlichen Verdienstes	Pflichtbeitrags-, einkommensabhängige Renten
Neuseeland (1990)	60 / 60	43,6 %	--
Australien (1986)	65 / 60	24,9 %	--
England (1987)	65 / 60	19,9 %	25 % des Verdienstes
Kanada (1987)	65 / 65	15,0 %	25 % des Verdienstes
Irland (1986)	65 / 65	30,8 %	--
Schweden (1986)	65 / 65	20,6 %	60 % der Differenz zwischen Verdienst und Grundbetrag
Finnland (1985)	65 / 65	6,3 %	60 % des Verdienstes
Norwegen (1986)	67 / 67	21,0 %	45 % des Verdienstes
Dänemark (1985)	67 / 67	22,6 %	bis zu 7 % des Durchschnittsverdienstes

Die angegebenen Prozentsätze sind für Bruttorenten, als Prozent von Brutto-Durchschnittsverdiensten.
Quelle: Reforming Public Pensions, 1988 (OECD, Paris) / New Zealand Herald (Tageszeitung) vom 13.4.1991

Neuseelands 36 % Rente des Durchschnittsverdienstes war also, trotz Großzügigkeit, wesentlich geringer als die in Europa üblichen 60-70 % des durchschnittlichen Einkommens.

Schon 1974 wurde eine offizielle Untersuchung von Rentnern veröffentlicht, die belegte, wie die Leute mit diesem Geld auskamen. Das Resultat war, dass 13,5 % der befragten über 65-Jährigen an Strom sparen mussten – und demzufolge im Winter nicht viel heizen konnten. 10,4 % gaben an, Kleidung zu reparieren, weil sie sich nichts Neues kaufen konnten, und 6,7 % waren nicht in der Lage, sich ein Gebiss anzuschaffen. Dieselbe Umfrage wurde im September 1990 wieder ausgeführt, als die Rente 35 % des durchschnittlichen Verdienstes war. 15 % der befragten über 60-Jährigen konnten nicht so viel Strom benutzen, wie es eigentlich notwendig gewesen wäre. 18 % kauften sich keine neue Kleidung und 23 % mussten auf Gebiss, Hörgerät oder Brille verzichten. Diese erhöhten Prozentsätze reflektierten den fallenden Lebensstandard seit den 70er Jahren.

Einen Monat nach Verkündigung des Haushalts im Jahr 1991 hatte die Unruhe in der Bevölkerung zugenommen. Versammlungen von Ministern mit Rentnern brachten meist nur Zorn und Ablehnung seitens der Pensionäre hervor und einige der Minister hatten hierüber sogar ihre Partei verlassen. Kleine Parteien fanden mehr Interesse und es war sogar von Koalitionen die Rede. Viele Hilfsorganisationen und Kirchen verteilten Essenspakete, die immer gefragter wurden. Ein anglikanischer Priester hatte, wie viele andere Sprecher auch, die Regierung beschuldigt, Wohlfahrtsorganisationen und freiwillige Helfer zu benutzen, um »für die Bevölkerung Grundbedürfnisse wie Essen, Unterkunft und Krankenversorgung zu liefern«. Tatsächlich gab es kaum einen Rentner, eine Hausfrau oder andere

Leute mit Zeit, die nicht irgendwo als freiwillige Helfer mitarbeiteten. Ein Bittgesuch an die Regierung wurde in Auckland von vielen unterschrieben. Organisiert von der *Armuts-Aktion-Koalition*, wies diese Eingabe darauf hin, dass »die schwächsten Mitglieder der Gesellschaft am härtesten betroffen sind«. Eine Lebensmittelkooperative wurde auch ins Leben gerufen.

In Auckland zum Beispiel wurde ein »Armutsbericht« für die Regierung erstellt, in dem Manukau City (Süd-Auckland) untersucht wurde. Dort waren 50 000 von den 225 000 Einwohnern direkt von den Kürzungen in der Sozialversicherung betroffen, die unter zum Teil extremen Bedingungen lebten. 3800 Leute bzw. Familien waren auf der Warteliste für Sozialwohnungen und oft in Notunterkünften untergebracht. Jedoch wurde im Haushalt 1991 / 92 verkündet, dass die Mieten für diese Sozialwohnungen und Häuser von der staatlichen *Housing Corporation* ab Oktober 1991 erhöht würden. Bis 1993 sollten sich die Mieten an den privaten Wohnungsmarkt angeglichen haben. Damit sollten sich die Wartelisten auflösen.

Während eine Familie mit geringem Einkommen bisher ein staatlich finanziertes Haus für nur 25 % ihres Einkommens mieten konnte, z. B. für $ 85 wöchentlich, so würde dasselbe Haus 1993 auf dem freien Wohnungsmarkt $ 225 wöchentlich kosten. Die neu eingeführten Zahlungen von Mietzuschuss waren aber im Höchstfall nur $ 91 wöchentlich, verglichen mit der Mieterhöhung von $ 140. Mit der gleichzeitigen Einführung bzw. Erhöhung aller anderen sozialen Kosten hatten dann manche Familien 32 % weniger für notwendige Dinge wie Lebensmittel zur Verfügung.

Der Unmut über den Abbau des Sozialstaates war zwar verständlich, aber, wie von der Regierung immer wieder betont:

»Neuseeland ist mit Schulden von 70 % des Bruttoinlandsprodukts das am höchsten verschuldete westliche Land, und wir müssen daher aufhören, Geld auszugeben, das wir nicht haben.«

Letztendlich gab es nur zwei Möglichkeiten die Schulden zu reduzieren: entweder durch Steigerung des Exports (den die Regierung mit ihren Maßnahmen zu stimulieren versuchte) oder mit dem Verkauf von staatlichem Vermögen, das dann für immer verloren war. Das volle Ausmaß aller eingeführten Änderungen, die weitere Entwicklung des Landes und die sich daraus ergebenden sozialen Veränderungen und Probleme würden sich erst im Laufe der Zeit zeigen.

Was hat sich nun getan seit dieser Zeit, in der die beschriebenen drastischen Maßnahmen stattfanden?

Das Land hat seine Exporte seit 1992 ständig steigern können. In Milliarden US$:

Waren es im Jahr 2000 noch 12,7, so steigerten sich die Exporte 2003 auf 16,5 und 2004 auf 21,1. Neuseeland hat sich Nischen geschaffen und seinen Export dementsprechend angepasst. So werden immer noch hauptsächlich Lebensmittel und Getränke exportiert, aber auch Maschinen, Aluminium und Produkte daraus. Wolle wird zwar auch noch exportiert, aber sie hat längst nicht mehr die Bedeutung, die sie früher einmal hatte.

Bei den Renten hat sich nichts drastisch geändert. Sie belaufen sich auf ca. 39% des Durchschnitteinkommens. Junge Leute sorgen auch privat vor und im Alter will immer noch jeder sein Eigentum haben, um keine Miete zahlen zu müssen. Die Verlierer sind – meiner Meinung nach – die älteren Menschen, die keine Möglichkeit mehr hatten, noch privat vorzusorgen. So kenne ich einige Rentner, die nun tatsächlich in Neuseeland nur von der staatlichen Rente leben (also die 39 % ihres durchschnittlichen Einkommens), sie haben aber ihr eigenes Haus. Ansonsten beklagen sie allerdings die allgemeine Verteuerung und können sich eindeutig noch weniger leisten als vorher (zu der Zeit, als ich dort wohnte). Konnten sie z. B. früher noch wenigstens einmal Urlaub machen, geht das nun nicht mehr.

***

Das Gesundheitswesen

Bis in die 70er Jahre gab es in Neuseeland totale staatliche Versorgung. Krankenhausbehandlung war umsonst, Ärzte bekamen einen Zuschuss von einem Drittel ihrer Kosten, bis zum Alter von 18 Jahren war für zahnärztliche Behandlung gesorgt. Das Gesundheitsamt und die Krankenschwestern der »Plunket Society«, die staatlich gefördert wurde, versorgten Kinder im Vorschulalter. Die Menschen verließen sich völlig auf den Staat.

Seit den 80er Jahren hatte eine Veränderung stattgefunden. Obwohl es immer noch ein staatliches Gesundheitswesen gab, schloss, laut Statistiken, in Auckland die Hälfte der Einwohner plötzlich private Versicherungen ab. Operationen, die in privaten Krankenhäusern ausgeführt wurden, stiegen von 22 % (1980) auf 30 % (1989). Immer üblicher wurde die Frage beim Arzt: »Haben Sie eine Krankenversicherung?«

Grund dieser Veränderung waren die immer länger werdenden Wartezeiten.

Heute, im Jahr 2006, ist es so:

Es gibt immer noch ein staatliches Gesundheitswesen, das vom Gesundheitsministerium überwacht wird. Finanziert wird es – nach wie vor – aus Steuergeldern. Die regionalen *District Health Boards* sind zuständig für die technische, personelle und medizinische Verwaltung der öffentlichen Krankenhäuser und Ärzte dort.

Man geht in diesem Gesundheitssystem davon aus, dass ein wirklich kranker Mensch sich eben in ein öffentliches Krankenhaus begibt, wo genügend Ärzte verfügbar sind für eine Untersuchung. Diese ist kostenlos. Muss man trotzdem noch zum Hausarzt, so muss man diese Kosten selbst tragen.

Eine Errungenschaft, auf die Neuseeland immer stolz war, ist die »Accident Compensation Corporation (= ACC)«, die alles bezahlt, was mit einem Unfall zusammenhängt. Diese Unfallversicherung wird finanziert aus Arbeitgeberbeiträgen und einer Abgabe bei der Kfz-Zulassung.

Ärzte für Allgemeinmedizin, General Practioners (G. P.), müssen immer noch grundsätzlich zuerst aufgesucht werden, selbst wenn man weiß, dass ein Spezialist angebracht wäre. Nach jedem Arztbesuch bezahlt man sofort an der Rezeption. Die Preise für Allgemeinmediziner sind je nach Wohnort 40-60 NZ $ (20-30 Euro). Sozialleistungsempfänger zahlen nur einen geringen Teil davon. Private Krankenversicherungen erstatten die Kosten für den GP, war es ein Unfall, gilt automatisch das ACC System.

Der GP schreibt eine Überweisung an den Facharzt (*letter of recommendation*). Dort werden hohe Preise verlangt, die meist zwischen NZ$ 120 und $ 200 (60-100 Euro) liegen. Private Versicherungen erstatten diese Kosten bis zu einem bestimmten Limit. Bei Zahnärzten und Optikern z. B. ist es so: Das staatliche Gesundheitswesen übernimmt nur die Kosten für die Wiederherstellung der Grundfunktionen, alles andere muss man selbst zahlen. Private Versicherungen bezahlen einen jährlichen Pauschalbetrag. Ein Besuch beim Zahnarzt kostet zwischen 120 und 200 NZ$ (60-100 Euro) pro Besuch. Folgebesuche sind meist billiger.

Vorteil des neuseeländischen Systems: Man wird umsonst in einem öffentlichen Krankenhaus operiert und behandelt, bei Arztbesuchen ist die Wartezeit im Wartezimmer gering (im Gegensatz zu den überfüllten deutschen Wartezimmern), die Ärzte nehmen sich auch mehr Zeit für Patienten. Nachteil: Es gibt Wartelisten für fast jede Operation, die für nicht lebensbedrohliche Behandlungen Jahre dauern kann. Bekommt man aber einen akuten Blinddarm und die Betten sind alle belegt, wird auf private Krankenhäuser ausgewichen – und schon hat man Schulden, wenn keine private Krankenversicherung besteht. Braucht man z. B. eine Ultraschalluntersuchung, gibt es im staatlichen System lange Wartezeit, während es privat schnellere Termine gibt, aber man zahlt dann auch ca. NZ $ 250 (125 Euro).

Der größte private Versicherungsträger in Neuseeland ist heute immer noch »Southern Cross«. Als ich dort wohnte, war ich auch Mitglied und hatte sehr gute Erfahrungen gemacht. Die Beiträge sind auch heute noch erschwinglich. So zahlt z. B. ein Ehepaar im mittleren Alter je nach Plan und Selbstbeteiligung zwischen 150 und 200 NZ$ (75-100 Euro) **zusammen** monatlich.

Muss man operiert werden, kann man sich als privat Versicherter ein privates Krankenhaus aussuchen. Der normale Zimmerpreis ist ca. NZ$ 400 (200 Euro). Üblich ist dort ein Einzelzimmer im Hotelstandard, also mit Bad, TV und Telefon. Patienten bleiben nur kurze Zeit im Krankenhaus, werden also viel schneller entlassen als in Deutschland.

Als ich in Neuseeland lebte, wurde ich auch im Frauenkrankenhaus von Auckland operiert, ein staatliches, also öffentliches Krankenhaus. Auch da hatte ich ein Einzelzimmer, sehr gute Versorgung (keine Spur von Personalmangel) und eine kurze Verweildauer von nur 6 Tagen. Ich fühlte mich dort gut beraten und aufgehoben. Im Hinblick auf die hohen Beiträge zur Krankenversicherung in Deutschland plus die hohen Zuzahlungen, die trotzdem noch notwendig sind, würde ich sagen, dass das System in Neuseeland jedenfalls nicht schlechter ist.

***

Dinge, an die sich der deutsche Einwanderer gewöhnen muss

Dieses Kapitel basiert sowohl auf persönlicher Erfahrung als auch auf Bemerkungen anderer Einwanderer.

Eins der offensichtlichen Dinge ist das neuseeländische Englisch. Viele Wörter und Redewendungen sind völlig verschieden von anderen englischsprachigen Ländern. In Neuseeland wird z. B. auffällig oft das Wort »thanks« oder »tak« (danke) am Ende eines Satzes verwendet, wo der Engländer das Wort »please« gebrauchen würde. Auf einen Ausdruck möchte ich besonders hinweisen, den Deutsche zu ernst nehmen. Das »how are you« hört man ständig von Leuten, die an einem vorbeigehen, (besonders beim Wandern), als auch von Bekannten, die diesen Ausdruck als Begrüßung benutzen. Dies heißt tatsächlich nichts anderes als »hallo« – was man auch als Antwort auf die Redewendung sagen kann – oder »wie geht's«, worauf man auch einfach »gut« antwortet. Es interessiert bei dieser Begrüßungsfloskel also niemand, wie es dem Angesprochenen geht, was die meisten Deutschen nicht begreifen können.

Wie mir von Neuseeländern erklärt wurde, muss man hier die Feinheiten der Sprache beachten. Würde jemand sich tatsächlich nach dem Befinden erkundigen wollen, dann würde die Frage lauten: »How are you feeling?« Engländer und Kanadier jedoch sehen es nicht so und fühlen sich wie die Deutschen meist nur irritiert, wenn auf die Frage »how are you« keine ehrliche Antwort erwartet wird. Amerikaner jedoch sehen das »Problem« genauso wie Neuseeländer.

Die Sprache kann auch zu lustigen Missverständnissen führen. Die folgende Begebenheit wurde mir von einer Einwanderin aus Schottland erzählt: Sie wurde zu einer Party eingeladen mit der Aufforderung »bring a plate«. Sie dachte: »Wahrscheinlich haben die Gastgeber nicht genug Geschirr.«. Also brachte sie einen Teller mit. In Neuseeland ist aber damit gemeint, etwas zum Essen mitzubringen für das Buffet!

Die nächste Sache, an die sich der Deutsche gewöhnen muss, ist die Tatsache, dass Neuseeländer an Kälte gewöhnt sind und sich über Deutsche wundern, die bei 0 °C nicht mit kurzer Hose herumlaufen können. Ganz zu schweigen von den unbeheizten Häusern, die alle im gleichen Stil vom Norden bis zum Süden des Landes gebaut sind. So ist es z. B. keine Seltenheit, dass der Süden der Südinsel im Winter Temperaturen um -18 °C hat, so dass sogar Schafe morgens am Boden festgefroren sind! Aber, ähnlich also den Mittelmeerländern, die dieselben Breitengrade wie Neuseeland haben, können die Sommer im Süden heiß werden und daher treten Trockenperioden regelmäßig auf. Auckland und der Norden hat das ganze Jahr über milderes Klima als z. B. Rotorua, nur 3 Stunden Fahrt südlich von Auckland, wo der Winter Frost bringen kann, weil es höher liegt. Allerdings können die Nachttemperaturen selbst in Auckland auf bis zu 5 Grad unter 0 fallen.

Auf Grund der hohen Luftfeuchtigkeit jedoch kann der Winter in oft unbeheizten, nicht isolierten Häusern zur Qual werden. Neuseeländer bestehen darauf, dass ein offenes Kaminfeuer bei ihrem Klima völlig genügt. Wem das Gefühl von »vorne gebraten zu werden« und von hinten mit eisiger Kälte aus unbeheizten Zimmern oder Windstößen aus zugigen Fenstern einzufrieren, nicht genügt, der kann ja noch die üblichen elektrischen Heizöfen dazu nehmen.

Wer natürlich in der glücklichen Lage ist, neu bauen zu können, benutzt Material zur Isolierung von Dach und Wänden, so dass sich dann auch die Investition eines modernen Ofens lohnt, der mit Holz betrieben wird. Zur Bauweise der Häuser wäre noch zu bemerken, dass diese meist auf Stelzen stehen (Unterkellerung gibt es nicht), so dass beim Umzug das Haus mitgenommen werden kann.

Firmen, die darauf spezialisiert sind, können sogar riesige alte Villen unbeschadet umstellen auf ein anderes Grundstück. Es gibt auch Häuser, bei denen die untere Hälfte aus Ziegeln gebaut ist oder Häuser, die ganz aus Stein oder Beton bestehen. In Auckland, wo nicht oft Erdbeben vorkommen, ist diese Bauweise relativ oft zu sehen. Deutsche werden also Keller und Dachboden vermissen.

Und hier noch ein Tipp für Hauskäufer: Wer im subtropischen Bereich der Nordinsel, besonders in Auckland, Eigentum erwerben will, sollte dies möglichst nach langen Regenfällen besichtigen. Es gibt nämlich eine große Anzahl von Grundstücken, bei denen sich die Rasenflächen – auch unter dem Haus – nach anhaltenden Regenfällen in einen See verwandeln. Das ist besonders im regenreichen Winter unangenehm, denn man kann den Rasen nicht mähen und dieser verwandelt sich in eine Schlammfläche.

Auf Grund des feuchten, milden Klimas wächst und gedeiht alles im doppelten Tempo als anderswo: vom Gemüse und Zitrusfrüchten bis zum Unkraut, allerdings auch Milben, Pilze, Schimmel und leider haben alle Haustiere Flöhe. Als an Sauberkeit gewöhnte Deutsche fiel es mir besonders schwer, mit Parasiten im Haus zu leben. Ein ständiger Kampf mit »Stechtieren« wie Wespen, Mücken und riesigen Bienen, aber auch mit Ameisen und anderen Insekten, wurde also aufgenommen. Neuseeländer sind damit aufgewachsen und nehmen dies entsprechend gelassen hin. Nach meiner Erfahrung ist es möglich, das Haus insektenfrei zu halten, indem in Abständen entsprechendes Gift gelegt und alles vom Mehl bis Reis in verschlossenen Gefäßen aufbewahrt wird. Moskitonetze vor Fenstern und Türen sind auch sinnvoll.

Auffallend ist auch, dass Neuseeländer nicht viel Wert auf Wohnungseinrichtung und Dekoration legen. Mieter gaben grundsätzlich kein Geld für die Gestaltung von Wohnungen aus, die ihnen nicht gehörten. Das Leben war im »Outdoor-Stil«, Gartengestaltung war und ist also wichtiger.

Besonders auffällig war die »Hundeplage« in Neuseeland, als ich noch in Auckland lebte. Ich wage zu bezweifeln, dass sich daran heute viel geändert hat, denn auch damals gab es Gesetze, an die sich allerdings die Tierhalter einfach nicht hielten! Weil die Menschen in Häusern statt in Wohnungen wohnten, hatte auch, wie es schien, jedes zweite Haus einen Hund, der meist völlig frei durch die Straßen lief. Offiziell musste jeder Hund eine Marke um den Hals tragen und sollte auch auf dem eigenen Grundstück gehalten werden. In der Praxis jedoch – viele Grundstücke waren nicht eingezäunt – wurden die Hunde frei gelassen. Die Besitzer gingen arbeiten und brauchten sich die Mühe des »Gassi gehen« nicht zu machen.

Manch ein Einwanderer – so wie ich mit Hunden aufgewachsen – lernte erst in Neuseeland die Furcht vor Hunden durch die gelegentlichen Konfrontationen mit Meuten von Rottweilern und Bulldoggen, wodurch die »Verdauungsspaziergänge« dann also ausfallen mussten.

Wie schon vorher erwähnt, nimmt man in Neuseeland seinen eigenen Alkohol mit in Restaurants, auf Partys und meist auch zu Bekannten, bei denen man zum Abendessen eingeladen ist. Als europäischer Gastgeber sei man daher vorbereitet: Wenn einem von Gästen eine Flasche Wein überreicht wird, soll diese in seltenen Fällen ein Gastgeschenk sein, sondern die Gäste wollen diesen Wein auch trinken. Selbst habe ich es bei europäischen Gastgebern erlebt, die sowohl Essen als auch Getränke für ihre Gäste vorbereitet hatten, dass ein neuseeländischer Gast sich hinterher bitter bei mir beklagt hat, dass er nicht seinen »guten« mitgebrachten Wein zu trinken bekam, sondern einen »schlechteren«. Der Gastgeber hatte die Flasche als »Gastgeschenk« für sich selbst weggestellt.

Und hier noch eine Geschichte aus den 90er Jahren, die eine Warnung sein sollte, dass man sich auf jeden Fall vorbereiten und gut erkundigen muss:

Was Arbeitsstellen betraf, so musste sich der deutsche Einwanderer nicht nur mit weniger des gewohnten Verdienstes zufrieden geben, sondern auch mit weniger Urlaub. Nach mehreren Jahren bei derselben Firma konnte man eventuell 18 bis 20 Tage bekommen. Einen Schock allerdings konnte man erleben, wenn es – wie einem deutschen Bekannten von mir passiert – um Krankheit ging. Der Betreffende in diesem Beispiel war schon seit vier Jahren bei derselben Firma (in Neuseeland ist das lange), die pro Jahr fünf Tage Kranksein bezahlte. In den ersten drei Jahren hatte er diese Tage aufgebraucht, jedoch waren die fünf Tage vom Jahr vorher noch unverbraucht. Nun musste er für einen operativen Eingriff für einen Tag ins Krankenhaus, sollte aber insgesamt drei Wochen krankgeschrieben werden. Davon wurde die erste Woche von der Firma bezahlt, nicht jedoch die nächsten zwei Wochen. Das Sozialamt, das für Krankengeldzahlungen zuständig war, teilte mit, dass es – wie beim Arbeitslosengeld – eine Wartezeit von zwei Wochen gab. Diese zwei Wochen musste man selbst bezahlen, erst ab der dritten Woche zahlte das Amt. Im Falle meines Bekannten also waren die zwei Wochen völlig unbezahlt. Auch Krankenversicherungen deckten solche Zeiten nicht ab. Familienväter und Alleinverdiener sollten sich also gut informieren. Hinzu kam noch bei meinem Bekannten – und das war zur Zeit der Rezession ziemlich alltäglich –, dass ihm am Tag der Operation im Krankenhaus (nicht etwa am Tag vorher auf der Arbeit) der Chef die Mitteilung machte, dass die Firma pleite war und er deswegen nicht mehr wiederkommen brauchte, da es keine Aufträge mehr gab. Damit hatte er zwar gerechnet, denn die zwei anderen Angestellten waren schon die Woche vorher entlassen worden, jedoch als Zeitpunkt den Tag der Operation zu wählen, kam dann doch unerwartet. Es wurden in solchen Fällen Abfindungssummen gezahlt, in diesem Fall nicht von der Firma, sondern von der »Vereinigung für Elektriker« mit Hauptsitz in Auckland. Angestellte kleiner Betriebe leisteten regelmäßige Einzahlungen an diese Organisation, die die Elektriker bei Verlust der Arbeitsstelle mit Abfindungssummen unterstützten. Leider mussten bis Mitte 1991 so viele kleine und mittlere Betriebe schließen und Elektriker entlassen, dass die Kassen der Vereinigung schnell leer waren. Diejenigen, deren Firma sich also am längsten über Wasser halten konnte, um dann letztendlich doch zu schließen, gingen also leer aus!

***

Kapitel 2

Reisen von Neuseeland aus: Ein kleines Stück Südsee

Hast du Lust mit mir um Neukaledonien zu fahren?«, fragt Patrick, ein Franzose. »Dann hat es wohl geklappt mit deinem Job bei der Illustrierten?«, frage ich zurück. »Ja, aber das war doch sowieso schon fast klar«, erklärt er. »Sie geben mir ein Auto, bezahlen das Benzin und ich kann mir so viel Zeit lassen, wie ich will beim Geld- und Illustrierten-Einsammeln in allen Dörfern der Insel. Der letzte Tourist, der diesen Job hatte, ließ sich einen Monat Zeit. Aber ich habe ja schon in einer Woche meinen Weiterflug nach Sydney.« »Das trifft sich gut«, sage ich, »denn mein Flug nach Singapur ist auch in einer Woche. Dann geht's also morgen los.«

Erst gestern sind wir mit derselben UTA-Maschine von Auckland nach Nouméa gekommen. Schon im Flugzeug hatte Patrick erzählt, er könne vielleicht einen Job haben in Neukaledonien. Es werde kein Geld bezahlt, aber es sei eine gute und vor allem kostenlose Gelegenheit, Land und Leute kennen zu lernen.

Nach der Ankunft sind dann fünf andere Reisende und ich hinter Patrick hergelaufen, der schon einmal in Nouméa war und deshalb schon wusste, wo die Jugendherberge ist. Sie liegt auf einem Hügel, von dessen Spitze man einen herrlichen Ausblick über die Stadt mit den vielen Buchten hat.

Beim Gang durch den Ort ist mein erster Eindruck, dass die Weißen auf jeden Fall in der Minderheit sind. Überall sind Parolen auf Wände gesprüht und gepinselt. Genauso wie in

Australien scheinen sich auch hier die Ureinwohner in Parks zu versammeln, um den Alkohol kreisen zu lassen. Aber bei den Straßencafés und der neuesten Mode in den Boutiquen lässt sich der französische Einfluss nicht verleugnen. So entsteht in gewisser Hinsicht eine »Pariser Atmosphäre«.

In der Jugendherberge sind fast nur Schweizer, ich bin ausnahmsweise einmal die einzige Deutsche.

Im strömenden Regen fahren wir am Morgen los durch die Berge über Thio. Das Auto ist ein kleiner Citroen LNA, der der Frau des Verlegers gehört. Es wird für uns ziemlich eng werden, denn wir müssen die unverkauften Illustrierten aus den Geschäften einsammeln und hinter den Sitzen stapeln. Nur alle drei Monate wird jemand um die Insel geschickt für diesen Job. »Hoffentlich haben sie viel verkauft in den Läden«, sagt Patrick, »sonst türmt sich alles bis an die Decke auf der Rückfahrt. Wir müssen aber in abgelegene Siedlungen, da wird bestimmt nicht viel verkauft.«

Die Straße nach Canala ist schlimmer als eine Waschbrettpiste in Australien. Obendrein ist sie für etwa zwanzig Kilometer Einbahnstraße. Das wechselt alle zwei Stunden in beide Richtungen. Wir dürfen in Richtung Canala zu ungeraden Stunden fahren. Zum Glück brauchen wir nicht zu warten, denn es ist eine ungerade Stunde. Wir halten öfters zum Mandarinenpflücken, die hier überall in Mengen wachsen.

Doch schon bald stürzt ein wahrer Monsunregen auf uns nieder, der auch bis zum nächsten Morgen anhält. In Canala gibt es eine billige Unterkunftsmöglichkeit. Dorthin wollen wir eigentlich zurück, nachdem wir in dem abgelegenen Bergort Kouaoua alles eingesammelt haben.

Der Regen wäscht die Piste stark aus und wir können vor Wassermassen fast nichts sehen. Mehr durch den Schlamm rutschend als fahrend kommen wir in der Dämmerung in Kouaoua an und schaffen es gerade noch, den Laden zu finden, bevor er schließt. Wir bekommen den ersten Stapel unverkaufter Magazine. Leider gibt es kein Brot mehr und wir haben nichts zu essen. Auch zelten können wir nicht bei dem Regen und Patrick möchte auf keinen Fall auf der ausgewaschenen Schlammpiste im Dunkeln zurückkehren nach Canala. Im Laden erfahren wir, dass es hier im Ort keine Übernachtungsmöglichkeit gibt. Wir fahren trotzdem durch die kleine Ansiedlung, in der nur Schwarze zu leben scheinen. Wir hoffen, wenigstens ein Lokal zu finden, in dem wir etwas essen können. Wir finden ein Restaurant, in dem offensichtlich gerade eine Privatparty stattfindet. Da es das einzige öffentliche Lokal im Ort ist, gehen wir hin um zu fragen und werden spontan zum Essen eingeladen. Wir dürfen uns in der Küche Steaks aussuchen, die extra für uns zubereitet werden. Der Manager dieses Lokals ist aus Tahiti eingewandert. Er erzählt uns, dass dies das Restaurant der Nickelmine sei. Selten verirrt sich hierher ein Weißer und schon gar kein Tourist. Weil wir seltene Gäste aus der »großen weiten Welt« sind, werden wir von allen verwöhnt. Jeder will uns etwas ausgeben und alle haben Fragen. Wir dürfen bei der netten Familie aus Tahiti übernachten und wie selbstverständlich werden die vielen Kinder aus zwei Zimmern ausquartiert und jeder von uns bekommt ein Gästezimmer zugewiesen. Wir sind überwältigt von der Gastfreundschaft.

Der Tag beginnt früh für die Arbeiter und die Familie. Auch wir fahren früh ab. In diesem Ort gibt es nur eine Straße, die hinein- und wieder herausführt. Man kann also sowieso nur nach Canala zurück. Kein Wunder, dass sich kein Fremder nach Kouaoua verirrt.

Wenigstens scheint heute die Sonne. Wir fahren durch die Berge zur Westküste, durch sehr schönen, dichten tropischen Pflanzenwuchs, den wir auch später nirgends auf der Insel mehr sehen. Leider fängt es auch wieder an zu regnen. Aus diesem Grund können wir nun doch nicht die Nebenstraße, die als Rallye-Strecke dient, benutzen, sondern müssen auf der gut ausgebauten Hauptstraße nach Bourail fahren. In allen kleineren Orten wird gehalten, um Geld und Illustrierte einzusammeln. Der Stapel hinter den Sitzen wächst zusehends.

Das Wochenende kommt, an dem die Läden geschlossen sein werden. Wir versuchen deshalb die ganze Westküste heute noch zu schaffen und uns dann ein schönes Fleckchen zum Zelten zu suchen. Wir fahren in den Norden, in den etwas größeren Ort Koumac. Von hier aus zweigen Straßen in alle Richtungen der Insel ab. Wir fahren bis zum nördlichsten Zipfel, in den Ort Poum. Er ist eine kleine Ansiedlung von Holz- und Wellblechhütten, in denen Schwarze leben. Die Landschaft hier im Norden erinnert sehr stark an das nördliche Australien: rote Erde, Steppe und Eukalyptusbäume. Es gibt auch schöne Strände. Wir fahren auf einen Platz, um den mehrere Wellblechhütten im Kreis angeordnet sind. Dahinter gibt es nur noch Strand. Alle Schwarzen versammeln sich um unser Auto. Wir fühlen uns nicht wohl in unserer Haut, denn wir werden alles andere als wohlwollend angesehen. Mir fallen die Berichte in den Zeitungen ein, von den Unruhen auf der Insel gegen die weiße Vorherrschaft. Wir fragen schnell nach dem Laden, den wir suchen, und fahren ab. Ein weiterer Stapel Magazine wird hinzugefügt. »Hier haben sie aber in den drei Monaten kaum Illustrierte verkauft«, stellt Patrick fest, »überhaupt habe ich bisher noch nicht viel Geld eingesammelt. Ein Überfall auf uns würde sich jedenfalls noch nicht lohnen.« »Wenn die Gegend hier nicht so unfreundlich wäre, hätte ich schon Lust hier das Wochenende zu verbringen«, bemerke ich. »Ja, es ist vielleicht der einzige Strand, der noch nicht erschlossen ist«, antwortet Patrick. »Aber morgen ist schon Samstag und die Läden sind nur einen halben Tag lang auf. Deshalb müssen wir es wenigstens bis Ouegoa oder Balade schaffen. Sonst wird es uns zu viel bis Dienstag. Wir müssen ja praktisch in jedem Dorf halten und die Läden suchen.«

Wir schaukeln langsam zurück über die nicht asphaltierte Straße Richtung Koumac. Es sieht so aus, als gebe es hier selten Autoverkehr. Plötzlich fliegt ein Stein in die Windschutzscheibe, die sofort in tausend Splitter zerspringt. Es passiert so schnell, dass wir erst einmal wortlos dasitzen und die zersplitterte Scheibe anstarren. »Falls du meinst, das sei Sicherheitsglas, da kennst du die Franzosen schlecht«, erklärt Patrick. »Es ist also möglich, dass wir uns schneiden.« Vorsichtig stoßen wir die Scheibe nach draußen, können aber nicht vermeiden, dass auch innen alles mit Glas übersät ist. Nun müssen wir also direkt in den Ort Koumac, denn nur hier gibt es eine Autowerkstatt. Wir haben großes Glück, denn sie ist noch geöffnet, als wir endlich gegen 17 Uhr durchgefroren ankommen. Zufällig ist auch noch die passende Scheibe vorrätig, allerdings sehr teuer. Mittlerweile ist es schon dunkel und wir gehen auf den Zeltplatz hier am Ort. Wir sind die einzigen Gäste. Wir bauen das Zelt bei Autolicht auf, kommen aber nicht gut zurecht, denn es fehlen einige Teile. Endlich steht es, alles ist verstaut, da merken wir, dass die Batterie leer ist. Nun können wir ausgerechnet Samstagmorgen nicht früh losfahren! Aber ändern lässt sich das nun nicht mehr.

Am nächsten Morgen haben wir Glück, denn wir können die Batterie auf dem Zeltplatz mit dem Generator aufladen. Das erspart uns einen langen Weg zur Tankstelle. Wir kommen aber erst spät am Vormittag weg. Viel Zeit bleibt nicht mehr, um noch in mehrere Läden zu gehen. Wir fahren durch die Berge nach Ouegoa. Die Landschaft sieht immer noch sehr australisch aus. Wir überqueren einen breiten Fluss mit einer Fähre, die von zwei Schwarzen mit der Hand an einem Seil entlanggezogen wird. Der erste Laden, in den wir wollen, ist gleich hier am Ufer. Leider hat er schon geschlossen. Der Besitzer wohnt direkt nebenan, schläft aber zurzeit. Wir sollen am Nachmittag noch einmal wiederkommen. Wir nutzen die Zeit für einen Ausflug auf eine Halbinsel, nach Pam. Es sind 22 Kilometer dorthin. Es gibt keinen Ort, nur verstreute Hütten. Die Straße ist eine staubige Piste in sehr schlechtem Zustand und wir haben Glück, dass es nicht regnet. Hier im Norden gibt es viele kleine Inseln, die der Küste vorgelagert sind. Wir fahren die 18 Kilometer auf der anderen Seite der Halbinsel zurück. Es gibt hier absolut nichts. Sicher verschlägt es nie Fremde in diese Gegend. Man kommt hier sowieso nur mit eigenem Transport hin. Mit Busverbindungen sieht es ohnehin in ganz Neukaledonien schlecht aus. Und per Anhalter fahren bei dem wenigen Verkehr dürfte sehr zeitraubend sein.

Wir fahren über den Pass zurück nach Ouegoa, aber der Ladenbesitzer schläft nach diesen zwei Stunden immer noch. Er darf nicht geweckt werden, also müssen wir seinetwegen am Montag noch einmal wiederkommen. Also wieder über den Pass, denn hier gibt es keinen Zeltplatz. Es soll aber einen in Pouébo geben. Wir können den Ort nicht finden und sehen nur wenige einzelne Häuser. Kein Laden oder Lokal in Sicht und wieder einmal haben wir nichts zu essen. »Dieses verdammte Land«, flucht Patrick, »das ist wieder mal typisch französisch, nichts funktioniert!« »Aber das kann doch überall passieren«, sage ich. »Nein, die Franzosen sind immer besonders dumm«, meint er. »Das sieht man doch schon daran, dass sie die jetzige

Regierung gewählt haben. Die beschränken doch sogar das Geld, das aus dem Land raus darf. Alle, die gerade auf Reisen sind, stehen dumm da, wenn ihnen das Geld ausgeht. Ich z. B. habe genug Geld, um zwei Jahre davon zu leben, aber wie kommt man an sein Geld? In französische Gebiete wie Tahiti und Neukaledonien darf ja geschickt werden, nur in andere Währungen darf man es nicht tauschen. Ich habe es dann einfach mit Touristen eingetauscht. In Sydney erwarte ich auch Geld, das mir meine Eltern über das Konto eines Freundes in der Schweiz schicken. Wer clever ist, findet schon Wege, Geld aus dem Land zu bringen. Jedenfalls würde ich lieber in einem anderen Land wohnen, bestimmt nicht mehr in Frankreich!« »Das ist aber ungewöhnlich für einen Franzosen«, stelle ich fest. »Ich habe immer den Eindruck, deine Landsleute reden nicht gern eine andere Sprache und sind auch sehr nationalistisch.« »Das stimmt auch«, gibt er zu, »aber alle lernen acht Jahre lang Englisch in der Schule. Weil aber Franzosen nun einmal dumm sind, vergessen sie es aber schnell wieder.«

Wir finden ein großes leerstehendes Haus. Auch einen Wasserhahn gibt es hier. »Das ist doch hier ideal zum Zelten, lass uns doch einfach hier bleiben«, schlage ich vor. »Ich frage lieber jemand, ob das geht«, meint Patrick.

Er fragt Leute in einem Haus, die uns auf abenteuerliche Pisten schicken, wo es angeblich einen Zeltplatz geben soll. Natürlich gibt es keinen, und wir irren im Stockdunkeln umher, mit knurrenden Mägen. Dieselben Leute schickten uns auch zu einem angeblich geöffneten Laden, der aber geschlossen war. Zu allem Überfluss geht uns auch jetzt noch das Benzin aus. So musste es ja kommen, bei all der Fahrerei! Patrick ist sauer und gibt weiterhin seinen Landsleuten für alles die Schuld. Wir sehen vereinzelte Häuser, die aber dunkel sind. Wir fragen uns, wo die Leute in so einem winzigen Ort alle hingehen. Endlich sehen wir ein erleuchtetes Haus, in dem wir fragen, wo eine Tankstelle ist. Wir werden wieder zu dem geschlossenen Laden geschickt, wo wir richtig Krach machen sollen, damit die Besitzerin wach wird. Diesmal klappt es auch und wir bekommen Benzin, damit haben wir schon mal ein Problem weniger. Wir erfahren außerdem, dass sieben Kilometer weiter eine Kirmes stattfindet, zu der alle Leute im Umkreis gegangen sind. Als wir dort ankommen, sehen wir allerdings nur ein »Open-Air-Kino« und einige Bier- und Essensstände. Wenigstens können wir hier unseren Hunger stillen. Wohl fühlen wir uns nicht gerade. Außer uns sind etwa drei andere Weiße anwesend, reich und kolonialistisch aussehend, von Schäferhunden begleitet. Ansonsten halten sich hier nur sehr betrunkene Schwarze auf. Und natürlich bin ich die einzige Frau.

Jemand erzählt Patrick, dass am Strand hinter den Hütten ein Wasserhahn sei, bei dem wir zelten könnten. Wir machen uns auch gleich auf den Weg, auf eine weitere dunkle Piste, an deren Ende ein Altar mit einer Maria steht. Direkt davor ist der Wasserhahn. Wir schlagen unser Lager auf. »Hoffentlich ist das hier nicht so eine Art Kirche, wo sonntags alle zum Beten kommen«, bemerke ich, »das wäre ja peinlich, wenn wir morgen früh mit dem Zelt mitten in der Messe stehen!« »Glaube ich nicht«, antwortet Patrick, »es wurde uns doch gesagt, wir sollen hier zelten.« Diesmal bauen wir mit laufendem Motor und Licht unser Zelt auf.

Morgens strecke ich meinen Kopf aus dem Zelt und sehe tatsächlich einige Schwarze beim Gebet sitzen. Also bleiben wir unsichtbar, bis alles vorbei ist. Der Tag verläuft ziemlich langweilig, denn es gibt nichts zu tun. Wie bisher überall in Neukaledonien ist die Flut nur nachts da, den ganzen Tag über gibt es kein Wasser zum Schwimmen. Man findet beim Umherwandern viele sternartige Tiere und Krabben. Die Bäume, die im Wasser wachsen, haben riesige Wurzeln. Patrick fährt zu einigen anderen Stränden, in der Hoffnung, etwas Besseres zu finden. Er kommt aber schnell zurück und meint, es sähe überall gleich aus. So können wir nur lesen und uns unterhalten.

Patrick ist schon seit acht Monaten unterwegs. Er ist von Frankreich aus direkt nach Brasilien geflogen und hat dort vier Monate lang bei einer französischen Familie gelebt. »Brasilien gefällt mir von allen Ländern am besten«, erzählt er. »Ich habe dort gefragt, was für eine Einwanderung erforderlich ist. Man muss sehr viel Geld haben, sonst kommt man nicht mehr ins Land. Es wollen zu viele einwandern, deshalb nehmen sie eben nur noch Leute mit viel Geld. Sie suchen aber auch noch bestimmte Berufe. Doch ich müsste dort als Ingenieur für Chemie an atomaren Projekten arbeiten und das würde ich nie machen.« »Ich habe schon von vielen Leuten gehört, dass Brasilien so schön sein soll«, werfe ich ein, »vor allem die Leute sollen sehr gastfreundlich sein.« »Das kann man wohl sagen«, meint Patrick. »Aber in Chile sind die Menschen fast noch freundlicher. Dort hat es mir auch sehr gut gefallen. Aber wegen der politischen Lage ist es kein Land, in dem ich länger bleiben würde. Ich war auch kurz in Bolivien und Peru, aber das wäre nicht so mein Fall. Einige meiner chilenischen Freunde sind noch mitgefahren bis Tahiti. Dort haben wir uns mit Motorrädern die Insel angesehen. Leider mussten meine Freunde nach Chile zurück und ich flog weiter nach Neuseeland. Da war es mir aber schon zu kalt im Juni, deshalb habe ich mich dort überhaupt nur zwei Wochen und auch nur im Norden aufgehalten. Ich will mir das Land irgendwann mal im Sommer ansehen, jetzt geht's erst mal nach Australien für drei Monate.«

Patrick kommt aus Lyon, wohin er in drei Monaten wieder will, um sein restliches Geld aus dem Land zu bringen. Dies ist seine erste Reise überhaupt, vorher hat er nur studiert und gearbeitet. Nun ist er einmal auf den Geschmack gekommen und will zwei Jahre lang unterwegs bleiben, aber auch in der Zeit irgendwo arbeiten und versuchen, ein Land zu finden, in dem er leben will. »Ich hatte eigentlich an Neukaledonien gedacht«, erklärt er, »aber nun merke ich, dass es ja auch hier wieder nur ein Land mit dummen Franzosen ist. Brasilien dagegen hat mir schon sehr gut gefallen, auch Chile, wenn die Regierung dort nicht wäre. Vielleicht sollte ich mich doch auf englischsprachige Länder konzentrieren.«

Am nächsten Tag fahren wir wieder zurück über den Pass nach Ouegoa und dann gleich weiter die Ostküste hinunter. Wir wollen es bis mindestens Houailou schaffen. Der Illustriertenberg im Auto wächst, genauso wie das Geld, das Patrick einsammelt.

Die Landschaft hier an der Ostküste ist sehr viel schöner als an der Westküste. Es gibt unzählige Wasserfälle und Flüsse, die ins Meer fließen. Auf dieser Seite regnet es auch wesentlich mehr. Heute ist es sonnig und warm. Noch einmal überqueren wir einen Fluss per Fähre, die diesmal aber einen Motor hat. Zwischen Hienghène und Touho sehen wir den schönsten Strand der Insel. Er ist menschenleer und fast weiß, so wie es auf der Insel Ouvea sein soll. Danach erscheint uns der vielgepriesene Strand in Poindimié als nichts Besonderes mehr.

Als es dunkel wird, erreichen wir Houailou. Wir haben Schwierigkeiten, den privaten Zeltplatz ohne Wasser zu finden. Im Dunkeln sehen alle Felder gleich aus. Endlich finden wir doch die richtigen Tore, die wegen der Kühe wieder geschlossen werden müssen. Das Feld, auf dem wir zelten, ist direkt an einem Fluss. Es ist eine sehr kalte Nacht, wegen der aufsteigenden Feuchtigkeit. Ein Trost ist, dass dies die letzte Nacht im Zelt ist. Morgen müssen wir bis Nouméa kommen, was allerdings unsicher ist, denn das Auto macht immer mehr Schwierigkeiten. Schon die ganze Fahrt über kochte die Batterie und oft mussten wir zum Abkühlen anhalten wegen des Gestanks. Mittlerweile stockt auch der Motor oft.

In der Morgendämmerung sieht die Landschaft aus wie in einem Traum. Alles ist in Nebel gehüllt und wie aus dem Nichts tauchen lautlos hinter dem Zelt drei schneeweiße Pferde auf. Die ganze Idylle wird plötzlich zerstört und die Pferde galoppieren davon, als die Kühe durch das Tor auf eine andere Weide getrieben werden.

Wir fahren wieder durch die Berge nach Bourail an der Ostküste, das ist die zweitgrößte Stadt der Insel. Heute müssen wir nur noch in Läden in La Foa, Tantouta und Paita. Da das Wetter herrlich ist, fahren wir diesmal auch die Rallye-Strecke zwischen Bourail und La Foa. Diese Strecke ist viel schöner als die Hauptstraße, denn sie führt durch die Berge. Bei Regen muss es eine schlimme Piste sein. Wir versuchen noch einmal zu einem Strand zu fahren, in der Hoffnung, dass man hier an der Ostküste schwimmen kann. Mindestens 40 Kilometer fahren wir über kleine, holprige Wege, über zwei Halbinseln, durch Berge mit fantastischer Aussicht auf das grüne Meer. Aber an einen Strand kommt man nicht heran. Als wir endlich doch einen finden, müssen wir doch tatsächlich »Eintritt« zahlen! Dabei kommt weder Wasser aus den Wasserhähnen, die überall stehen, noch ist das Meer da zum Schwimmen. »Neukaledonien ist ein gutes Land für Nachtschwimmer!«, stellt Patrick fest.

Am Abend sind wir wieder zurück in Nouméa in der Jugendherberge. Es scheint, als wären Jahre vergangen, als wir das letzte Mal hier waren. Dies ist eine andere Welt als da draußen im Busch und in den Bergen. Sogar eine kleine Stadt wie Nouméa erscheint laut und hektisch. Meine letzte Nacht in Neukaledonien ist angebrochen. Ich sehe die Sonne im Jachthafen untergehen. Meine erste Insel, die ich in der Südsee besucht habe, hat mir so gut gefallen, dass ich unbedingt mehr davon sehen will.

Wieder einmal heißt es Abschied nehmen!

***

Südseeträume?

Suchst du auch ein billiges Hotel?«, fragt John, der vor der Tafel mit dem Angebot von Unterkünften hinter der Passkontrolle steht. »Ja klar«, antworte ich, »am liebsten wäre mir eins mit Schlafsaal, damit ich den Besoffenen loswerde.« »Dann lass uns doch ein Taxi teilen«, schlägt John vor. Wir stehen in der Ankunftshalle im Nadi Airport, Fidschi. Den Flug von Auckland nach Nadi musste ich leider neben einem angetrunkenen Rechtsanwalt aus Fidschi verbringen, der es sich in den Kopf gesetzt hatte, mit mir in einem Hotel zu übernachten. Zum Glück bekomme ich mein Gepäck schneller als er seines, und eilig mache ich mich auf den Weg, bevor er mich einholen kann. John ist ein holländischer Ingenieur, der seit 15 Jahren in Kanada lebt. Am Ausgang der Ankunftshalle stehen viele Inder, die Schilder von billigen Hotels hochhalten. Auf gut Glück wählen wir das *Sunny Holiday Inn* und ein Kleinbus fährt uns kostenlos die kurze Strecke dorthin. Wir sind die einzigen neuen Gäste. Ich quartiere mich im Schlafsaal ein, während John ein Zimmer vorzieht. Er will eine Woche in

Fidschi verbringen. Ich habe leider nur drei Tage Zeit. Wir beschließen am nächsten Tag in den Süden zum Strand des *Hide-away-resort* zu fahren. Ich dachte mir schon, dass ich es in drei Tagen nicht schaffen würde, die Hauptinsel Viti Levu kennen zu lernen. Der *Hide-away-resort* ist nur 80 km südlich von Nadi, in der Nähe des Ortes Sigatoka und hört sich gut an zum Ausspannen.

»Ich bin seit 7 Monaten unterwegs«, erzählt John beim Abendessen. »Ich arbeite immer 5 Jahre und mache dann ein Jahr Urlaub. Diesmal bin ich von Holland aus nach Tunesien geflogen und dann mit 16 Leuten in einem LKW von dort bis Südafrika weiter. Durch Zufall bin ich da jemandem mit einer Jacht begegnet, der nach Perth, Westaustralien, segeln wollte. Für drei Dollar am Tag hat er mich mitgenommen, aber ich habe natürlich auch mitgearbeitet. Dadurch habe ich Navigation gelernt. Nach 59 Tagen waren wir in Perth. Dann bin ich einige Wochen mit Bussen durch Australien gefahren und danach 5 Wochen lang mit meinem 75-jährigen Onkel in seinem Auto durch Neuseeland. Die nächsten Monate will ich in Südamerika verbringen, bevor es wieder zurück nach Toronto geht.«

Am nächsten Morgen fahren wir mit einem Bus in den Süden. Im *Hide-away-resort* teile ich den Schlafsaal mit fünf Kanadierinnen. Die Hütten dieser Hotelanlage liegen direkt am Strand, der aber ziemlich abgelegen ist. Es gibt weder Geschäfte noch andere Lokale in der Nähe. Mit dem Bus machen wir einen Ausflug nach Sigatoka, das mit seinen Märkten, Geschäften und seinem bunten Treiben an Asien erinnert.

Außer mehreren Kanadiern gibt es in unserer Unterkunft nur noch einen Engländer, der, wie viele andere auch, in Fidschi wegen eines Streiks länger festsaß als geplant. Er hat dasselbe Air-New-Zealand-Ticket wie ich, muss aber nun Rarotonga ausfallen lassen. Zum Glück ist der Streik beendet, und ich kann meine gebuchten 10 Tage auf den Cook-Inseln wahrnehmen. Mit zwei anderen Reisenden nehme ich den Bus zurück nach Nadi. Hier ist bis zum Abflug noch Zeit durch die Straßen der Stadt zu laufen. Es gibt unzählige zollfreie Läden, die von Indern geführt werden, und fast vor jedem Geschäft stehen »Fänger«, die Kundschaft anlocken sollen. Dem Drängen etwas zu kaufen gebe ich jedoch nicht nach, denn zum ersten Mal in meinem Reiseleben wird mir klar, was es heißt, mit einer schwachen Währung unterwegs zu sein. Anstatt mit der überall gefragten DM fremde Währung zu kaufen, bin ich von nun an auf den neuseeländischen Dollar angewiesen. So erscheint mir nun alles doppelt so teuer wie früher, zumal der Neuseeland-Dollar vor meiner Abreise auch noch 20 % abgewertet wurde.

Der Flug von Nadi nach den Cook-Inseln führt über Tonga sowie die Insel Niue. Die Datumsgrenze verläuft gleich hinter den Tonga-Inseln. Ich fliege Dienstagabend ab in Fidschi und komme Montagabend in Rarotonga, der Hauptinsel der Cook-Gruppe, an. Ich fühle mich wie in einer Zeitmaschine, denn nun werde ich den Dienstag zweimal erleben! Alle Reisenden werden am Flughafen von Einheimischen begrüßt, die jedem eine duftende Blumenkette um den Hals hängen.

Im Are Renga Motel sind viele junge Reisende, hauptsächlich Kanadier. Ich teile mein Zimmer mit Lynn aus Vancouver. Wir sind erstaunt über die gute Unterkunft mit eingerichteter Küche und Bad in jeder der kleinen Wohneinheiten.

Meinen zweiten Dienstag verbringe ich mit einer Radtour um die Insel, die klein genug ist, um bequem mit dem Fahrrad an einem Tag alles zu sehen. Ich entschließe mich, einen Flug auf die etwas südlichere Nachbarinsel Mangaia zu buchen. Das Einzige, was im Reiseführer über diese Insel steht, ist: »Mangaia ist von einem 60 m hohen Riff umgeben, das wie ein Ring um die Insel liegt.« Diesen Anblick stelle ich mir so spektakulär vor, dass ich dieses Riff unbedingt sehen möchte. Im Motel hat noch kein anderer Tourist etwas von dieser Insel gehört, alle wollen nur nach Aitutaki im Norden, für dieses Ziel wird viel geworben. Endlich jedoch finde ich jemand, der etwas über Mangaia weiß. Eine der Angestellten des Motels kommt von dort. »Warum willst du denn ausgerechnet nach Mangaia?«, fragt sie mich. Ich erzähle ihr von dem Riff. »Aber zum Schwimmen ist es gerade deswegen nicht geeignet«, sagt sie. »Gibt es denn überhaupt Gästehäuser oder Ähnliches dort?«, frage ich. »Ein Hotel auf der Insel ist alles«, antwortet sie, »und das ist ziemlich teuer. Es kommen selten ausländische Besucher nach Mangaia, deswegen reicht das eine Hotel. Wie lange willst du denn dort bleiben?« »Drei Tage, aber nur zwei Nächte«, antworte ich, »morgen früh um 7 Uhr ist der Abflug.«

Das bestellte Taxi am frühen Morgen kommt erst nach nochmaligem Anrufen. Ich habe mich noch nicht auf die Zeitvorstellung der Insulaner eingestellt. So bin ich auf Grund meiner deutschen Pünktlichkeit die Erste am Flughafen, obwohl ich wegen des Taxifahrers zu spät ankomme. Er hatte sich schon von vornherein auf die Verspätung eingestellt. Einsam steht das zweimotorige Flugzeug auf dem Rollfeld. Nur ein anderer Passagier mit einem jungen Hund im Karton wird abgefertigt. Wir werden zusammen mit unserem Handgepäck gewogen, das aufgegebene Gepäck wird in einen der Flügel gestopft, und schon suchen wir zwischen unzähligen Kartons und Paketen einen freien Sitz. Am Anfang der Startbahn macht der neuseeländische Pilot plötzlich wieder kehrt. Zwei verspätete Passagiere wollen doch noch mit. Dann kann es endlich losgehen. Nach 40 Minuten Flug kommt die Insel Mangaia in Sicht.

Der Flughafen besteht aus einer Sandpiste, an dessen Ende eine betonierte Fläche als »Parkplatz« zum Ein- und Ausladen des Flugzeugs dient. Das Abfertigungsgebäude ist eine kleine, offene Bambushütte. Sie ist voll von Leuten, die zurück nach Rarotonga fliegen wollen oder auf Pakete warten. Von einem Dorf ist weit und breit nichts zu sehen, geschweige denn Taxen oder Busse. Ich bin die einzige Europäerin und stehe mit dem Gepäck auf der verlassenen Sandpiste, während das Flugzeug schon wieder zum Start rollt. Ratlos frage ich mich, wie es nun weitergehen soll.

Da kommt eine Einheimische auf mich zu: »Willst du mitfahren ins Dorf?« fragt sie. Das Angebot nehme ich natürlich gern an. Wir steigen in ihren völlig verbeulten Suzuki-Jeep, der keine Fensterscheiben mehr hat. Auf der Ladefläche sitzen einige kichernde junge Frauen. Während der Fahrt zeigt sich schon die Gastfreundschaft der Einheimischen. »Wir haben selten Touristen auf der Insel«, sagt die Frau, »dabei freuen wir uns über Abwechslung. Immer mehr junge Leute gehen weg, nach Rarotonga oder Neuseeland. Deshalb stehen hier auch so viele Häuser leer. Wir haben ein Gästezimmer, denn unsere Tochter ist auch nach Rarotonga gezogen. Wenn du willst, kannst du die zwei Nächte in unserem Haus verbringen.« Dieses Angebot nehme ich natürlich gern an! Wir fahren zuerst zu dem Laden, der eher einem Kiosk ähnelt, den die Frau führt. Es sind nur wenige Lebensmittel in den Regalen, alles nur in Dosen. Spaghetti und Gemüse in Dosen aus Neuseeland, Fisch in Dosen aus Japan und das einzige Brot der Insel, Kräcker aus Neuseeland, genannt *cabin bread*. »Eine Frau im

Dorf, die länger in Neuseeland gelebt hat, backt manchmal Brot«, wird mir erklärt, »da stehen dann alle aus dem Dorf Schlange. An dem Tag essen wir fast nichts anderes als Brot, es ist eine Delikatesse.«

Ich lasse mein Gepäck im Laden und gehe mit Moana ins Dorf. Sie lebt auch im Haus ihrer Tante, die den Laden führt. »Es ist völlig langweilig hier in Mangaia«, klagt die 22-jährige Moana, die einige Jahre in Neuseeland verbracht hat. »Es gibt absolut nichts zu tun. Man kann den ganzen Tag nur herumsitzen. Mein Freund studiert noch in Neuseeland, mein Vater ist schon gestorben und meine Mutter muss für ihre Krebsbehandlung in Neuseeland bleiben.«

Die Familien auf den Südseeinseln halten im allgemeinen sehr zusammen. Großfamilien leben unter einem Dach, alle helfen bei der Erhaltung der Ananasplantagen hier in Mangaia. Jeder hat eine bestimmte Aufgabe im Haus, Garten, sowie bei allen anfallenden Arbeiten. Es gibt keine Armut wie in asiatischen Ländern. Die Leute sind alle gut genährt. Alle Familien besitzen Land und Haus, das von Generation zu Generation automatisch weitervererbt wird. »Was wird denn aus den vielen leerstehenden Häusern mit den eingeschlagenen Scheiben hier im Dorf?«, frage ich Moana. »Die bleiben im Familienbesitz«, antwortet sie. »Manchmal wandern alle Familienangehörigen aus, dann verkommt das Land eben. Oft kommt nur ein Enkel zurück und bearbeitet das Land wieder. Übrigens hast du Glück mit deinem Besuch zur Zeit, es ist endlich einmal etwas los. Das jährliche Tanzfest findet nächste Woche in Raro (die Insel Rarotonga) statt. Jede Insel der Cook Gruppe schickt Tanzgruppen, die neue Tänze einstudiert haben. Am Ende des Festes wird die beste Gruppe gewählt. Jede Insel möchte natürlich gewinnen. Heute Morgen findet hier in der Dorfschule die

Auswahl unserer Tänze statt. Nur die diesjährigen Kostüme werden bis zum Auftritt in Raro geheim gehalten.«

Das ganze Dorf scheint schon an der Schule versammelt zu sein, als wir ankommen. Es werden erst Gruppen von Kindern auftreten und heute Abend die älteren Tänzer. Moana gesellt sich zu Freunden, um deren Neugierde über den europäischen Besuch zu stillen. Ich lerne Alan kennen, einen Australier, der mit der einheimischen Louise verheiratet ist. Sie leben in Neuseeland, sind aber für vier Wochen Urlaub hier, um ihre Verwandten zu besuchen. Natürlich weiß das ganze Dorf schon, dass zwei weiße Besucher in Mangaia sind.

Die Tänzer treten alle in Bambusröcken auf, den Kopf geschmückt mit Blumenkränzen. Alle haben schöne Stimmen und singen, während sie tanzen. Das Fest ist mit einem allgemeinen Picknick verbunden. Zu jedem Ereignis in der Gemeinde Essen in Körben und Taschen mitzunehmen, ist hier genauso selbstverständlich wie in Asien. Wir bleiben nur bis mittags an der Schule. Für den Nachmittag hat die Familie vor, ihre Ananasplantage im Innern der Insel zu besuchen. Es muss geerntet werden.

Mit dem verbeulten Jeep und allen Kindern des Haushalts auf der Ladefläche rumpeln wir über die rote Erde der waschbrettähnlichen Straße ins Landesinnere. Tatsächlich sieht man hier nichts anderes als Ananasplantagen. Ich bin erstaunt, dass diese Pflanzen so niedrig sind und die Früchte nah am Boden hängen. Wir pflücken die reifen, die in Säcke gesteckt werden. Nach 30 Minuten Pflücken mit gebeugtem Rücken kann ich mir vorstellen, wie man sich nach einem ganzen Tag hier im Feld fühlen muss. »Was macht ihr denn nun mit diesen vielen Ananas?«, frage ich Moana. »Mangaia ist spezialisiert darauf, wir exportieren alles. Zuerst nach Raro, dann nach Neuseeland«, antwortet sie. »Zur Erntezeit kommen Schiffe regelmäßiger nach Mangaia. Morgen wird Ananas abgeholt, deshalb müssen wir heute pflücken.«

Von hier aus fahren wir weiter zum Teil der Insel, wo alle Familien ein Tarofeld haben. Taro ist einer süßen Kartoffel ähnlich, nur viel größer. Es ist der Hauptbestandteil jeder Mahlzeit des Tages auf allen polynesischen Inseln. Taro wächst am besten in sumpfigem Boden. So ernten die Kinder barfuß unser Abendbrot und Frühstück. Alan hatte mir erzählt, dass er Taro einfach nicht essen kann und sich deshalb bei jedem Besuch hier fast ausschließlich nur von Ananas ernährt.

Am späten Nachmittag soll ich zum Haus von Louise und Alan kommen, um den selbstgebrauten Alkohol, den die Familie in einer kleinen Fabrik für die Insel herstellt, zu probieren. Danach wollen sie versuchen zu angeln, und ich möchte mir das Riff ansehen. Aber zuerst fahren wir vom Tarofeld ins Dorf, um den Mann des Hauses, meiner Gastfamilie, von der Arbeit abzuholen. Er arbeitet – wie die meisten Leute auf diesen Inseln – als Angestellter im öffentlichen Dienst, bei der Dorfverwaltung. Seine Aufgaben sind vielfältig, so gehört Straßenreinigung ebenso dazu wie Büroarbeit. Nach der Arbeit geht der Mann dann meist zur Plantage, um dort mitzuhelfen. Ich lasse mich am Haus von Louise und Alan absetzen.

Der Alkohol ist sehr stark, so trinken wir wenig, denn wir wollen ja noch zum Riff gehen. »Was kann man auf der Insel denn noch alles besuchen, was sehenswert sein könnte?«, frage ich Louise, die hier aufgewachsen ist. »Es gibt hier nicht viel«, antwortet sie. »Du hast ja schon gesehen, dass die ganze Insel aus Hügeln, bepflanzt mit Ananas, besteht. Auf der gegenüberliegenden Seite an der Küste, in der Nähe des Dorfes Ivirua, sind einige Höhlen. Aber darin sieht man nichts Besonderes.« »Da halten sich nur Fledermäuse darin auf«, meint Alan, »die von Einheimischen gegessen werden.« Ich bin mir nicht sicher, ob dies ernst gemeint ist oder sich schon die Wirkung des Alkohols zeigt.

Wir machen uns auf den Weg zum Riff, denn es ist Ebbe. Nur zu dieser Zeit könnte man beim Angeln etwas fangen. Das Riff liegt frei, die Wellen brechen mit großer Gewalt gegen die Korallenwand, die die Insel umgibt. Ich bin ziemlich enttäuscht, denn es sieht nicht so spektakulär aus, wie ich es mir vorgestellt hatte. Es ist fast kein Strand vorhanden. Der wenige Sand, der am Ende des scharfen Riffs liegt, wäre bei Flut nicht einmal breit genug, dass man sich lang ausstrecken könnte. »Das hätten wir dir gleich sagen können, dass mit Strand auf dieser Insel nichts ist«, lacht Alan, »deshalb kommen auch keine Touristen.« »Die Einheimischen gehen auch nicht schwimmen«, fügt Louise hinzu. »Bei Flut ist das Wasser, das das Riff bedeckt, zu flach und hinter dem Riff gibt's Haie und giftige Wasserschlangen.« »Wie kommt es denn, dass hier gar keine Angler außer uns sind«, frage ich erstaunt, »ich dachte, bei Ebbe kann man schön hinter dem Riff alles fangen.« »Die Einheimischen essen hauptsächlich Fisch aus Dosen«, sagt Louise. »Wie du siehst, kann man wegen des Riffs kein Boot ins tiefere Wasser bekommen. Es gibt nur eine Anlegestelle, da kommen alle Schiffe an. Das ist zu aufwändig für die meisten soweit außerhalb des Dorfes. Und sich jeden Tag hier auf das Riff stellen zum Angeln, das ist nur etwas für Touristen wie uns!« Ich kann plötzlich die Langeweile Moanas und der anderen jungen Leute verstehen und auch Alan, der sich überhaupt nicht auf seine vier Wochen hier freut. Es gibt tatsächlich nichts zu tun und auch nichts auf der Insel zu erkunden, da alles bewirtschaftet ist.

Ich bin zurück bei meiner Familie zum Abendessen. Sie leben in einem gemütlichen Wohnhaus mit mehreren Schlafzimmern und einem kleinen Wohnzimmer. Im Garten steht getrennt die Kochhütte. Darin ist nur ein langer Arbeitstisch in der Mitte, und viele offene Schränke, mit Fliegennetzen bespannt, hängen an den Wänden. Hierin wird alles Essbare aufbewahrt. Ein Kühlschrank wäre nicht notwendig, da es kaum Verderbliches gibt. Ein großer eiserner Ofen, mit Holz betrieben, steht vor der Hütte, auf einer überdachten Veranda. Strom gibt es nicht hier im Haus, abends werden Kerosinlampen aufgestellt. An einer anderen Ecke des Gartens ist das Häuschen mit der Toilette, von dem ich direkt ein Foto aufnehme. Die Toilette ist zwar im europäischen Stil, dennoch von Seltenheitswert. Schon an dem Schulgebäude hatte ich mich über den Toilettenblock gewundert. Es gab keine Türen, nur Trennwände. So geht jeder an der Reihe vorbei und sieht sofort, wo noch ein freier Platz ist!

Meine Familie hat auch ein Badehaus, aus Stein und Beton gebaut, wie alle Gebäude, allerdings ohne Dach. Das Wasser muss in Eimern geholt werden. Die Familie hat das Glück, nah an dem großen betonierten Tank zu wohnen, der mehrere Wasserhähne hat. »Wenn du Wasser brauchst, hole es möglichst bis nachmittags«, sagt Moana, »gegen Abend ist es meist alle.« »Wo kommt es denn überhaupt her?«, frage ich. »Hauptsächlich ist es Regenwasser, aber natürlich auch Grundwasser. Zum Glück regnet es viel, so ist der Tank meist voll.«

Auch an diesem Abend regnet es, während das Abendessen zubereitet wird. Es gibt heiße Taros mit Fisch aus Dosen. Ich soll erst testen, ob ich das essen kann. Alle strahlen glücklich, als ich sage, dass mir die Taro gut schmeckt. Aber der Fisch, der noch in der Dose vor mir steht, kommt mir nicht sehr appetitlich vor. Das Auge im Fischkopf sieht mir entgegen, und ich sehe kaum etwas anderes als riesige Gräten! »Wir dachten uns schon, dass du lieber etwas anderes isst«, sagt Poko. Sie ist noch ein Teenager und scheint sich ausschließlich um das Kochen für alle zu kümmern. Sie ist meist in der Küche und feuert auch den Ofen. Sie reicht mir eine geöffnete Dose Spaghetti mit Tomatensauce aus Neuseeland. Ich bin zwar überrascht, dass ich die kalten Spaghetti aus der Dose löffeln muss, lasse mir aber die warmen Taros schmecken. »Essen denn alle Einheimischen nichts anderes als Taro und Dosenfisch?«, frage ich. Ich wundere mich nämlich, wieso alle so korpulent sind bei dieser mageren Diät! »Ja«, antwortet Moanas Onkel, »das sind die Hauptmahlzeiten. Ich habe versucht, andere Sachen anzupflanzen, z. B. Kartoffeln und Orangen. Aber alles wird immer von Krankheiten befallen. Ich bin überzeugt, dass die Radioaktivität der Atomtests in Mururoa etwas damit zu tun hat. Ich habe die Veränderungen in der Natur genau verfolgt.« »Gibt es denn auch Hautkrankheiten, wie in Tahiti?«, frage ich, wobei ich mich erinnere, dass Moanas Mutter Krebs hat, wonach ich jedoch nicht genauer fragen will. »Bisher kaum«, antwortet er, »aber wer weiß, was wir im Laufe der Zeit noch für Auswirkungen bekommen. Fast alle Leute der Insel haben auch mal ein paar Jahre in Neuseeland verbracht, dadurch zeigen sich vielleicht körperlich nicht so schnell Symptome.« »Das war eine gute Zeit in Neuseeland«, wechselt seine Frau das Thema. »Wir haben dort in einer Brotfabrik gearbeitet. Das war ein Paradies, täglich konnten wir Brot essen und haben es manchmal an Verwandte hier geschickt. Wir haben im Dorf allerdings auch einen kleinen Supermarkt mit einer Kühltruhe. Da kannst du morgen ansehen, was man kaufen kann. Es ist alles von Neuseeland importiert und deshalb zu teuer.«

Die jungen Mädchen im Haus machen sich alle zurecht, um wieder zum Schulgebäude zu gehen, wo um 21 Uhr die älteren College-Schüler auftreten. Die besten Tanzgruppen werden morgen Abend mit dem Schiff nach Rarotonga fahren. Zwei junge Männer kommen mit Mopeds, um die zwei jüngsten Töchter (15- und 16-jährig) abzuholen. Doch die Eltern erlauben den späten Ausgang nicht, auch nicht für dieses nur einmal im Jahr stattfindende Fest. Enttäuscht gehen die beiden ins Bett und Moana geht allein mit ihren Freunden. Sie will morgen mitfahren nach Rarotonga, weil sie Abwechslung braucht, sagt sie. So sitze ich noch eine Weile mit den Hauseltern bei flackerndem Licht. Sie erzählen, dass sie einen 18-jährigen Sohn und eine 30-jährige Tochter in Neuseeland haben und hoffen, dass beide irgendwann nach Mangaia zurückkommen. »Wir haben hier nebenan ein Haus für die beiden gebaut«, erzählt der Vater, »als Anreiz, damit sie zu etwas zurückkommen. Das Leben hier ist ruhig und billig. Das Essen wächst, und man braucht nicht für alles und jeden Handgriff zu bezahlen, wie in Neuseeland. Überall in der Welt sind Kriege und Verbrechen. Mangaia ist ein ruhiger Platz, das ist alles, was wir wollen.« »Aber junge Leute denken anders«, wirft seine Frau ein. »Die wollen sein, wo was los ist, sie wollen tanzen gehen können. Das Amüsieren ist ihnen am wichtigsten.« »Und wenn sie dann endlich nach Hause kommen«, sagt er, »was haben sie dann von all dem Amüsieren? Nur Erinnerungen! Unsere Insel wird immer leerer. Die jungen Leute zieht es in die westliche Welt, Wünsche nach mehr und mehr werden geweckt. Das wird unser Leben hier noch ruinieren!« »Das zeigt sich auch an der Politik in unserem Land«, erklärt sie, »letztes Jahr musste gleich zweimal hintereinander eine Wahl stattfinden und bald steht wieder eine an. Die westliche Welt dringt immer mehr in unsere Lebensweise ein. Wir verstehen z. B. nicht, warum die Franzosen im Pazifik ihre Atomtests machen müssen. In letzter Zeit hat sich die Natur verändert. Alle im Dorf sind sich darüber einig. Die Blüten sehen alle aus, als wären sie von einer Krankheit befallen. Aber Neuseeland wird sicher genug

Einfluss haben. Sicher kann das Land auf Frankreich einwirken, die Tests bald zu stoppen.«

Diese Hoffnung und das Vertrauen in Neuseeland habe ich schon von vielen der jungen Leute gehört. Es ist sozusagen das Traumziel aller Jüngeren. Und die älteren Leute, die zurückkehren, haben oft – wie dieses Ehepaar – ihre Illusionen der glitzernden westlichen Welt verloren. Aber die Hoffnung, dass Neuseeland eine Stimme hat bei anderen westlichen Ländern und eher gehört wird, als ein kleiner Inselstaat, diese Hoffnung haben auch die älteren Leute noch. Und schließlich sind ja alle Cook-Insulaner auch neuseeländische Staatsbürger.

Mein letzter Tag in Mangaia bricht an. Zum Frühstück gibt es eine Dose Gemüse und Kaffee. Die anderen essen wieder Taro und Fisch.

Im Dorf ist Aufbruchstimmung. Viele fahren für das Fest nach Rarotonga. Es gehen mehrere Schiffe ab heute, alle sind ausgebucht. Ich laufe mit Moana zur Werft. Sie hofft, dass ihr Bruder von Raro aus ihre Überfahrt für heute Nacht gebucht hat. Dies wird bestätigt, und so fährt sie mit Freunden auf Mopeds nach Hause, um zu packen. Ich laufe bis zum Ende des Dorfes und am Riff entlang zurück. Es ist leider zu weit, um zur anderen Seite der Insel zu laufen. Verkehr gibt es auch kaum, denn der ganze Betrieb konzentriert sich heute auf die Schiffe. Bei Flut sehen die Strände erst recht nicht einladend aus. Das Wasser reicht überall nur bis zum Knie. Ich verstehe Moana und Alan, die es hier langweilig finden. Das ganze Leben konzentriert sich daher nur auf das Auf- und Ablaufen der Dorfhauptstraße.

Ich sehe mir den kleinen Supermarkt an. In seiner Kühltruhe liegen Lammfleisch und Käse aus Neuseeland. Da die Währung hier auch der neuseeländische Dollar ist, ist der Preisvergleich einfach. Viel teurer als in Neuseeland sind die importierten Produkte hier auch nicht, aber für die Einheimischen eben nur für besondere Anlässe erschwinglich.

Niemand ist zu Hause bei meiner Gastfamilie. So beschließe ich vor Langeweile dem einzigen Hotel einen Besuch abzustatten. Mir wird jetzt auch verständlich, warum für die Einheimischen hier Besuche mit Picknick wichtig sind. Ohne viel sozialen Kontakt wäre die Isolation und der Mangel an Betätigungsmöglichkeiten auf der Insel nicht auszuhalten.

Meine Hoffnung, im Hotel vielleicht einmal ein anderes Getränk als Kaffee zu bekommen, zerschlägt sich leider. Also trinke ich wieder den unvermeidlichen Kaffee mit der Frau, die das Hotel leitet. Es gibt zurzeit keine Gäste. »Es kommen nicht viele Touristen nach Mangaia«, erklärt sie. »Manchmal bucht eine Gruppe für ein Wochenende.« Den Kaffee gibt sie mir umsonst, denn sie ist froh, einmal eine Abwechslung zu haben. »Meist sitze ich hier allein«, sagt sie. »Oft besuche ich aber auch Leute, denn ich weiß ja, wann die Ankunftszeiten von Schiffen und dem Flugzeug sind. Dafür brauche ich nicht den ganzen Tag hier zu sitzen.« Alans Worte fallen mir ein: »In Mangaia wird nichts anderes gemacht als schlafen, essen, tratschen.« So verbringe ich den Rest des Nachmittags auch mit Schlafen.

Nach demselben Abendessen wie gestern begibt sich die Hausherrin ans Nähen. Kleider und Hüte für die Nachbarin werden fertig gestellt, denn sie fliegt morgen auch nach Rarotonga. Ich muss mir einiges durchlesen über die Religion der Insel, was mir der Hausherr gibt. Alle sind strenge »Sieben-Tage-Adventisten«, und wie auf allen Südseeinseln ist der Sonntag der wichtigste Tag. Alle tragen ihre besten Kleider und gehen in die Kirche. Es wird kein Schweinefleisch gegessen von den Adventisten und kein Aal, weil er »keine Kiemen« hat.

Am nächsten Tag bestätige ich den Rückflug für 16 Uhr im Büro der »Air Rarotonga«. Der Angestellte dort bietet mir an, falls ich keinen Transport zum Flughafen habe, mich um 16 Uhr am Büro mit ihm zu treffen, dann könne er mich auf seinem Moped mitnehmen, da er zum Flugzeug müsse.

Nach dem Verabschieden von Alan und Louise, die mich beneiden, dass ich »in die Zivilisation« zurückfahre, höre ich von meiner Gastgeberin, dass mein Flug auf 14 Uhr vorverlegt wurde. Sie bietet mir an, mich zum Flughafen zu fahren. Und wieder muss ich mich an die Zeiten gewöhnen. Statt 13 Uhr fahren wir eine halbe Stunde später los, halten unterwegs öfters, zum Tanken und zum »Tratschen«. Nach 14 Uhr treffen wir erst am Flughafen ein. Die Dorflehrerin, die ich schon beim Fest kennen gelernt hatte, ist bisher die Einzige hier. Im Laufe der nächsten Stunde kommen noch weitere Passagiere an. Nach 15 Uhr landet das zwar passagierlose, aber mit Kartons vollgepackte Flugzeug mit demselben Piloten wie beim Hinflug. Viele Einheimische versammeln sich um die Maschine, um Post und Pakete in Empfang zu nehmen. Abschiedsszenen, Fotos – und schon sehe ich die Bambushütte kleiner werden.

Meine drei Tage hier waren eine ganz besondere Erfahrung, besser hätte ich das Leben auf einer Insel wohl nicht kennen lernen können. Und vom »Traum« jedes Aussteigers, auf einer einsamen Insel in der Südsee zu leben, bin ich auch kuriert!

Im Zickzack fliegen wir nach Rarotonga zurück, denn der Pilot hat auf dem Hinflug eine gekenterte Jacht gesehen, die er nun wieder sucht. Wir können jedoch alle nichts entdecken auf der weiten Fläche des Meeres.

Zurück im Are Renga Motel in Rarotonga. Ich tausche mit einem Schweizer Erfahrungen über verschiedene Inseln aus. Er ist schon seit fünf Wochen auf den Cook-Inseln und hat bisher Aitutaki und Atiu besucht. »Aitutaki ist schon ziemlich vermarktet«, erzählt er. »Es gibt nur eine Lagune, in der man gut schwimmen kann, und man kommt nur mit einem Boot dorthin. Das kostet 18 Dollar, inklusive Mittagessen. Obwohl es noch relativ wenig Touristen gibt, kommt man sich trotzdem wie auf einer Gruppenreise vor. Atiu dagegen ist noch sehr ursprünglich, es gibt auch nur ein Hotel. Die Leute beobachten dort den Wellenrhythmus, um Boote über das Riff zu ziehen. Wenn z. B. vier große Wellen ankommen, dann ist meist die fünfte kleiner, über die können sie rauskommen.«

Ich treffe auch Lynn wieder, die inzwischen auch in Aitutaki war. Auch sie erzählt von der Bootsfahrt zur Lagune. Astrid, eine Deutsche, die ich auch schon vorher kennen gelernt hatte, hat sich leider bei einem Unfall mit einem Moped das Schlüsselbein gebrochen. Weil sie keinen Rucksack tragen kann, sind ihre Reisevorhaben erst mal eingefroren. Sie muss mindestens vier Wochen hier bleiben.

Ich miete mir wieder ein Fahrrad und sehe mir ausgiebig den Hauptort Avarua an.

Am nächsten Tag wird offiziell das Tanzfest eröffnet. Es ist wie ein Karnevalsumzug, der durch alle Straßen zieht. Auf dem Hauptplatz, in einer überdachten Loge, sitzt der Premierminister der Cook-Inseln mit dem australischen und neuseeländischen Konsul. Neben dieser Loge steht der Tisch der Jury, die jeden vorbeiziehenden Wagen des Umzugs bewertet. Die Wagen, die gewonnen haben, fahren noch einmal unter Applaus die Hauptstraße ab. Danach tanzt eine Gruppe aus Mangaia, direkt vor der Loge der Ehrengäste, und damit ist der erste Tag des Festes abgeschlossen. Leider ist dies auch der einzige Tag, den ich von dem Fest sehe. Heute Abend geht es weiter nach Tahiti.

Im Are Renga ist Abschiedsstimmung. Ray, ein Amerikaner aus Hawaii, lädt uns alle zum Popkornessen ein. Er fliegt morgen zurück. Lynn verspricht, mir Vancouver zu zeigen, wenn ich in einigen Wochen dort bin. Nur eine Unterkunft wird sie mir nicht anbieten können, weil sie zu lange unterwegs war und daher selbst etwas suchen muss. Astrid ist traurig, dass sie nicht mitkann. Sie hätte denselben Flug wie ich gehabt. Sogar die Leute aus dem Nachbarhaus kommen zu unserer Abschiedsparty. Dann ist es so weit. Alle winken unserem Taxi nach, das mich, Max den Schweizer, der auf Atiu war, und Joanne, die schon aus Fidschi mit mir kam, zum Flughafen bringt.

Der Nachteil bei diesen späten Flügen ist, dass man nachts ankommt. Es ist nach Mitternacht, als wir in Papeete landen. Die meisten Leute sind Transitpassagiere nach Los Angeles. Nur wenige steigen aus. Wir entschließen uns, alle auf der Veranda des Flughafens zu schlafen, was auch niemand zu stören scheint. Leider ist nur zwei Stunden lang Ruhe, dann landen und starten wieder Jets, sozusagen direkt vor unserer Nase.

Morgens fahren wir alle mit einem *Le Truk* in die Stadt. Das sind LKW mit zwei Bänken auf der Ladefläche für die Passagiere. Im Gegensatz zu Bussen sitzen sich die Leute also gegenüber. Und gleich hinter dem Fahrer steht in jedem dieser LKW eine riesige Lautsprecherbox, aus der die neueste Musik dröhnt.

Max und ich laufen dann zum Hafen, wo wir uns nach Schiffen erkundigen wollen, die nach Bora Bora fahren. Leider erfahren wir, dass nur einmal wöchentlich Schiffe dort halten. Gestern fuhren zwei Stück ab. Selbst Max, der vier Wochen in der Gruppe der Gesellschaftsinseln verbringen will, hat keine Lust, so lange auf Tahiti zu warten. Wir buchen also Flüge.

Im *Kulturzentrum Papeete* ist eine Jugendherberge. Hier ist außer uns nur noch ein Argentinier einquartiert, der von der Insel Rapanui (Osterinsel) schwärmt, wo er heute hergekommen ist. Abends sehen wir uns die Stadt an. Es kommt uns hier sehr teuer vor. Zum Beispiel kosten Kokosnüsse hier fast eine DM (in Fidschi und Rarotonga nur 15 Pfennig) und Ananas sogar zwei DM. Immerhin finden wir Essensstände wie in Asien.

Am nächsten Tag versuchen wir mit einem *Le Truk* um die Insel zu fahren. Zuerst sehen wir uns den einzigen Badestrand der Insel in *Pointe Venus* an. Relativ viele Leute liegen hier auf dem feinen, schwarzen Sand. Wir finden es hier allerdings genauso kühl wie in Rarotonga, denn es ist ja auch erst Anfang August. Weiter südlich wollen wir uns einen Wasserfall und ein Blasloch am Strand ansehen. Leider fährt der nächste LKW nur ein kurzes Stück weiter. Der Fahrer sagt, es gebe keinen Bus, der ganz um die Insel fährt. Man muss also erst wieder nach Papeete und von dort aus auf der anderen Seite ein Stück in den Süden fahren. Der letzte Bus (*Truk*) zurück nach Papeete auf dieser Busroute geht schon um 16 Uhr. Dadurch schaffen wir es nicht, alles zu sehen, was wir uns vorgenommen haben. Die Küste auf dieser Seite Tahitis besteht aus großen schwarzen Steinen, Sand ist nirgendwo zu sehen.

Am nächsten Tag ist es so weit. Bora Bora wird in der Literatur oft als »schönste Insel der Südsee« bezeichnet. Wir fliegen über die Gruppe der Gesellschaftsinseln. Die meisten sind in Wolken gehüllt. Und dann kommt es in Sicht: Das erste Atoll, das ich besuche. Der Ring der vielen äußeren winzigen Inseln, der den Berg der wolkenverhangenen Hauptinsel umgibt, sieht genauso aus, wie ich es aus vielen Werbeprospekten in Erinnerung habe. Das Wasser ist so klar, dass man sogar vom Flugzeug aus hindurchsehen kann auf die Korallen. Die unrealistisch wirkenden Grünschattierungen des Wassers geben die Tiefe an. Nur wo das Riff aufhört, hinter dem Ring der Inseln, wo es gleich 3000 m in die Tiefe geht, ist die vertraute blaue Farbe des Meeres zu sehen. Wir landen auf einer langen Insel, die nur aus der Rollbahn und einer Anlegestelle für Boote besteht. Auf der Hauptinsel angekommen, steht schon ein wartender Bus bereit.

Das Gästehaus *Fredo* besteht aus einem Schlafsaal und einer Küche. Außer uns ist nur noch Guido aus der Schweiz hier. Seine Reise hat ihn über Russland und China nach Hongkong geführt, wo er ein Meilenticket gekauft hat, das man bei jeder Fluggesellschaft einlösen kann. Damit ist er schon in Guam und Samoa gewesen und will noch viele Inseln in Polynesien und Melanesien besuchen. »Allerdings kommen mir die Inseln langsam alle gleich vor«, sagt er. »Meist gibt es nur einen guten Strand auf der ganzen Insel, ansonsten kann man nichts unternehmen, außer vielleicht schnorcheln. Auf jeder Insel herrscht Langeweile, auch bei den Einheimischen. Die meisten bauen nicht mal mehr etwas an. Hier auf den Gesellschaftsinseln finde ich es bisher am schlimmsten, die importieren ja sogar alle Früchte, statt ihre eigenen zu pflücken!«

Mit den Stränden muss ich ihm Recht geben, hatte ich doch die Vorstellung, in der Südsee seien alle Inseln von herrlichem Sandstrand umsäumt. In Wirklichkeit hat man Glück, wenn die jeweilige Insel ein kleines Stück Strand hat. Ganz im Gegensatz also zu den Inseln Südostasiens.

Am nächsten Tag mieten wir Fahrräder und fahren um die Insel. Der Wind ist manchmal so stark, dass wir nicht dagegen anfahren können. In ca. drei Stunden könnte man die Insel umfahren, wir nehmen uns den ganzen Tag Zeit. Das einzige Stück Sandstrand ist auf einer Landzunge, auf der auch das bessere Hotel für Touristen steht, das »Bora Bora Hotel«. Es ist fast weißer, feiner Sand mit schattenspendenden Palmen, das Wasser ist klar und grün, und in der Ferne schimmert ein noch helleres Grün.

Mit Schwimmen allerdings ist nichts, das Wasser ist nur knie- bis hüfttief. Will man schnorcheln, muss man mindestens bis hinter den hellgrünen Streifen am Horizont laufen, erst dahinter fängt das Riff an. Ansonsten kann man an diesem kleinen Strand sitzen und sich viele Strände aus der Ferne ansehen. Wie Perlen aufgereiht liegen die *motus*, kleine, einsame Inseln. Einige sind nicht größer als eine Sandbank mit etwa zehn Palmen. »Ein Boot müsste man haben«, sage ich. »Das kann man mieten bei Club Med«, antwortet Max. »Oder noch besser, man quartiert sich gleich dort ein, dann ist die Benutzung mit eingeschlossen.«

Heute Abend gibt es auch einen neuen Gast bei *Fredo*. Peter, ein Amerikaner, der »per Anhalter« auf Jachten durch den Pazifik fährt, eine Art des Reisens, von der ich das erste Mal gehört habe. Von Kalifornien aus ist er mit einem Boot gekommen, das ihn hier abgesetzt hat. Er hofft, hier eine Jacht zu finden, die nach Tonga fährt.

Alle zusammen wollen wir den Tag darauf versuchen den Berg der Hauptinsel zu besteigen. Die Familie, die die Herberge führt, warnt: »Die Spitze des Berges ist reiner Fels, ohne richtige Ausrüstung nicht machbar! Auf die Idee, es überhaupt zu versuchen, kommen auch nur die Touristen!«

Durch Gärten und eine Bananenplantage steigen wir allmählich höher. Dann laufen wir aufwärts durch einen trockenen Bach, bis wir durch fast undurchdringliches Grünzeug und viele Steine hindurch endlich unterhalb der Felsspitze stehen. Tatsächlich ist es eine glatte Wand, ohne Ausrüstung unmöglich zu besteigen. Zumindest haben wir hier schon eine herrliche Aussicht. Wir können genau sehen, wo das Riff im Wasser abfällt und die grünen in blaue Töne übergehen.

In dem Dorf, in dem wir wohnen, stehen noch die Hütten des Volksfestes, das jedes Jahr am 14. Juli beginnt und 24 Tage dauert. Es gibt Bierzelte mit Essen und Veranstaltungen und sogar zwei Bambushütten, in denen Diskotheken stattfinden. Es wird südamerikanische Musik und Reggae gespielt. Getränke und auch das Essen sind viel billiger als in Papeete. Wir verbringen einen lustigen Abend, erst um zwei Uhr morgens macht alles zu. Wir treffen auch den Sohn von Fredo, den Besitzer unserer Unterkunft. Er wird von allen »der Dicke« genannt. Er schläft in einem Zimmer neben unserem Schlafsaal, getrennt von seiner Frau, die genauso dick und von Rarotonga ist. Er erzählt, dass er während des Festes jeden Abend ausgeht, bis alles zumacht. Er scheint sich gut zu amüsieren, mit mehreren Freundinnen, wie es scheint. Weil er aber als Busfahrer für das Bora Bora Hotel arbeitet, muss er morgens immer früh aufstehen. Jede Nacht kommt er also spät nach Hause, und wenn wir morgens aufstehen, hören wir sein lautes Schnarchen bis genau acht Uhr. Um diese Zeit kommt seine Frau, um ihn zu wecken, und jeden Morgen werden wir Zeuge des gleichen Dramas: Er ist nicht aus dem Bett zu kriegen und wiederholt ständig: »Bitte fahr du doch diese Tour.« Sie lässt sich auch jedes Mal darauf ein, obwohl sie schon die erste von den acht Runden vom Hotel zum Schiff um 7 Uhr gefahren hat. »Ich helfe mit dem Fahren aus, solange das Fest im Gange ist«, erklärt sie uns. »Zum Glück werden die Zelte bald abgebaut, dann kehrt wieder Ruhe ein.«

Ich verbringe einen Tag am Strand. Ein Nachbar nimmt mich auf dem Moped mit, zurück komme ich mit der letzten Busrunde des »Dicken«. Er schimpft über seine harte Arbeit und dass deshalb sein Rücken vom Fahren kaputt sei. »Ein Weg vom Hotel zum Schiff ist 8 Kilometer, also täglich 64 Kilometer«, jammert er. Natürlich kann er es kaum erwarten, sich heute Abend wieder ins Vergnügen zu stürzen. Die Zelte stehen nur noch diese Woche.

Peter fährt ab, auf einer Jacht bis Tahiti. Wir drei anderen laufen auf einen Hügel mit Kanonen, genau gegenüber dem Club Med, von wo aus man eine gute Aussicht hat. Mittag essen wir im Club Med und unterhalten uns dabei mit der französischen Animateurin. Es sind nur wenige Touristen hier. Eine Foto-Safari im Jeep um die Insel wird angeboten, und für 50 US-Dollar könnten wir auch für einen Tag auf eine der Inseln fahren. Stattdessen laufen wir Richtung Strand. Ein Auto hält und nimmt uns zum Hotel Bora Bora mit.

Wir verbringen den Nachmittag in Liegestühlen am Privatstrand des Hotels, wo man auch Schnorchelausrüstungen ausleihen kann. Wir wollten Bora Bora nicht verlassen, ohne das Schnorcheln versucht zu haben. Eine deutsche Reisegruppe ist auch anwesend, die sich auf einer »Südseetour« befindet, bei der viele Inseln für einen, höchstens zwei Tage besucht werden. Unsere Platznachbarn können sich schon an die ganzen Namen der Inseln nicht mehr erinnern und scheinen auch langsam das Zeitgefühl zu verlieren. Als dann eine der Damen bemerkt: »Ich bin erstaunt, dass wir Zeit haben, hier am Strand zu liegen, damit hatte ich auf dieser Reise gar nicht gerechnet«, bricht Max in Gelächter aus. Sie meinte dies jedoch ernst, wie sie beteuert.

Der Dicke nimmt uns mit zu *Fredo* zurück. Dort ist inzwischen Simone aus dem Elsass angekommen. Sie ist Lehrerin in einem Dorf. Jedes Jahr in ihren 7 Wochen Sommerferien fährt sie mit ihrem Rucksack los. Sie war schon überall. An meinem letzten Abend in Bora Bora hören wir spannende Geschichten: Vom Putsch in Obervolta, wo Simone in einem Hotel verbannt festsaß, obwohl sie auf der Arbeit hätte sein sollen. Und von blinden Passagieren aus Südamerika, die Max regelmäßig findet, denn er arbeitet als Mechaniker auf Frachtschiffen von Süd- nach Nordamerika.

Große Verabschiedung am nächsten Morgen. Mein Abflug ist schon früh, und alle sind meinetwegen schon aufgestanden, außer dem Dicken natürlich, der wie immer laut schnarchend seinen Rausch ausschläft.

Auf dem Rückflug sind diesmal alle Inseln gut zu sehen in herrlichem Wetter. Der Unterschied zwischen Atollen und normalen vulkanischen Inseln wie Moorea und Tahiti ist aus der Luft besonders gut zu erkennen.

Mein Weiterflug nach Los Angeles ist erst am nächsten Morgen um 5 Uhr, deshalb werde ich wieder auf der Veranda des Flughafens übernachten müssen. Tagsüber sehe ich mir noch das Museum in Papeete an.

Ein großer Jet der *Quantas* landet und rollt genau vor uns unter die Veranda, erst um 23 Uhr soll er abfliegen. Mit noch einem Mädchen liege ich müde auf der Terrasse. Beide hatten wir gehofft, früh »ins Bett« gehen zu können. Erst um 3 Uhr wache ich wieder auf. Tatsächlich habe ich durchgeschlafen und nicht einmal den Start von *Quantas* direkt unter mir gehört! Das bestätigt wieder die Theorie, dass westliche Menschen an »Zivilisationslärm« gewöhnt sind und bei natürlichen Geräuschen an Schlafmangel leiden! In Bora Bora wurden wir Touristen jede Nacht wach gehalten von der Dreierabfolge einer Geräuschkulisse, die sich regelmäßig so in Gang setzte: durch den Wind fielen mit lautem Krach Kokosnüsse auf das Blechdach. Dadurch wurden Hunde geweckt, die sofort laut bellten und damit eine Kettenreaktion bei Hunden im ganzen Dorf auslösten. Wenn sich endlich wieder alle beruhigt hatten, zu fortgeschrittener Stunde, dann war die Zeit gekommen für gackernde Hühner und schreiende Hähne!

Die Veranda hat sich zusehends mit Schläfern gefüllt. Mein Flug ist verschoben worden auf 7 Uhr. Zum Trost gibt es einen Kaffee-Gutschein. Ich beobachte den Sonnenaufgang hinter der Silhouette von Moorea und wünschte, ich könnte mehr Inseln besuchen, anstatt in die Großstadt Los Angeles zu fahren.

***

Die Glückssträhne

In der vollen Ankunftshalle des Flughafens in Los Angeles steht jemand mit einem Plakat, auf dem *Hostel* steht. »Das ist ja wie in Fidschi«, denke ich. »Unsere Herberge ist in Marina del Rey«, erzählt der Deutsche mit dem Plakat, »und nennt sich *International Network Centre.*« »Ist das in der Nähe von Venice?«, frage ich. »Ja, der Venice beach ist nur 20 Minuten zu Fuß«, antwortet er.

Wieder einmal habe ich großes Glück gehabt. Ich brauche gar nicht erst in die Stadt Los Angeles, die ich noch von meinem ersten Besuch hier als schrecklich in Erinnerung habe. Stattdessen werde ich mit dem Auto direkt in 15 Minuten zu einer billigen Unterkunft in der Nähe von Venice, wo ich von vornherein hinwollte, gefahren.

Die Herberge ist ein ziemlich neues Gebäude mit gemütlicher Einrichtung, die 24 Stunden geöffnet hat. Es darf sogar Alkohol im Haus getrunken werden. Die meisten Reisenden hier sind Schweizer. Außer mir gibt es eine Engländerin, zwei Australier und einen Marokkaner, der für uns alle abends sein Nationalgericht Couscous kocht.

Am nächsten Tag gehe ich zum Venice beach, von dem ich schon in Neuseeland viel gehört habe. Auf der Hauptpromenade – dem Ocean Front Walk – spielt sich den ganzen Tag Theater ab. Überall sind Vorführungen zu sehen: Vom Rollerskate-Akrobaten, Messerwerfer (die sich sogar laufende Motorsägen zuwerfen!), Breakdancer bis hin zur Rollerdisco und Sportzentrum unter freiem Himmel, wo man Tänzer und Gewichtheber beobachten kann.

Natürlich sind auch Hunderte von Marktständen vorhanden, die die üblichen Souvenirs – made in Hongkong – verkaufen. Die berühmten braungebrannten, blonden und schlanken *California Girls* auf Rollschuhen sind so zahlreich, dass sie nicht zu übersehen sind. Ohne rollende Schuhe kommt man sich hier schon beinahe fehl am Platz vor. Die Strandpromenade wird wohl von einheimischen Junggesellen auch oft auf- und abgelaufen, um einige der hübschen Blondinen ansprechen zu können. Die rollen jedoch schnell davon, so dass diese Männer dann mit normal beschuhten Touristinnen vorlieb nehmen müssen. Den ganzen Tag lerne ich also die unmöglichsten Leute kennen – und wieder abzuhängen. Da ist der ältere Herr, der Kriegsgefangener bei den Deutschen war, daher noch etwas deutsch spricht. Dann ein junger Alkoholiker, der in Behandlung ist und heute seinen ersten Tag Ausgang hat. Der Deutsche, der seit fast zwei Jahren illegal in den USA lebt. Ein Mexikaner, der einen Marktstand mit Opalen hat. Und dann ist da Michael, der als Filmstudent zu einem Austauschsemester in Düsseldorf war. »Ich habe versucht, in der Filmbranche zu arbeiten«, erzählt er. »Es gefiel mir jedoch nicht. So habe ich auf Fotograf umgeschult, ein Jahr dauert die Ausbildung noch.« Michael finanziert sich sein Studium als freischaffender Fotograf. Er stellt oft Fotomappen für Mädchen zusammen, die Modell werden wollen. Als ehemalige Fotografiestudentin finde ich das natürlich besonders interessant. »Heute Abend nehme ich Portraits von einer Holländerin auf«, sagt er. »Wenn du willst, kannst du zusehen. Morgen Nachmittag mache ich dann auch Aufnahmen von ihr am Strand, da könntest du meine Kamera mit Schwarz-Weiß-Film bedienen, dann brauche ich nicht mit drei Kameras zu hantieren.« Das Angebot nehme ich natürlich gerne an.

Mit Michaels typisch großem amerikanischen Chevy, der wie ein Sportwagen aussieht (aber zu schwerfällig ist), fahren wir zu Harley und von ihrer Wohnung zu Michaels. Er wohnt in einem Block mit Apartments in einer Parallelstraße des Ocean Front Walk. Ich bin ziemlich schockiert vom Zustand der Wohnungen. Von außen sieht alles normal aus, jedoch von innen verdreckt und heruntergekommen. Die einzelnen Apartments bestehen aus einem kleinen Zimmer mit Kochecke, und je 10 dieser Zimmerbewohner müssen sich auf einem Flur ein Bad teilen. Als wir ankommen, liegen überall tote Kakerlaken. »Wir hatten einen Kammerjäger im Block«, erklärt Michael, »sind aber noch nicht zum Saubermachen gekommen.« »Was bezahlt man denn für so was an Miete?«, frage ich. »Dreihundert Dollar im Monat«, antwortet Michael. »Dafür könntest du auch in der Herberge, in der ich bin, wohnen«, sage ich, »das kostet 8 Dollar die Nacht und ist schöner.« »Stimmt«, gibt Michael zu, »aber dafür wohnt man hier direkt am Venice beach. Das hat eben auch seinen Preis.«

Mit Hilfe von Leinwänden decken wir die Wände in der Wohnung ab. Während Michael Portraits von Harley aufnimmt, erzählt sie, dass sie tagsüber als Kindermädchen bei einer Familie arbeitet und am Wochenende in einem der Marktstände auf der Strandpromenade. Ihr Traum ist, als Modell Karriere zu machen.

Nachdem die Fotos aufgenommen sind, gehen wir alle zum Abendessen ins philippinische Viertel. Hier ist es wie in Asien, zumal wir die einzigen Europäer im Lokal sind.

Am nächsten Nachmittag treffen wir uns alle am Strand. Harley ist nervös, denn die Fotos müssen gut werden. Michael hat aber eine sehr beruhigende Art und sieht auch bei jedem Foto, ob sie verkrampft oder entspannt wirkt. Wir verbrauchen einige Filme und nehmen bei Sonnenuntergang die letzten romantischen Fotos auf. Danach zeigen die beiden mir noch Marina del Rey, den großen Jachthafen, und wir gehen wieder billig essen. Morgen will ich mit dem Busunternehmen »Green Turtoise« nach San Francisco fahren. Der Bus hält direkt vor der Tür meiner Herberge.

An diesem letzten Abend in der *Hostel* lerne ich jedoch den Tschechen Milan kennen, dessen Bekannte mit ihrem Kleinbus morgen früh bis San Francisco (Frisco) durchfährt! »Wir haben schon zwei Schweizerinnen zugesagt, dass sie mitfahren können«, erklärt Milan, »da kannst du auch noch mitfahren. Felicity kommt um 11 Uhr hierher, um uns abzuholen. Sie übernachtet bei Bekannten.«

Am Morgen bleibt mir also noch genügend Zeit, Fotos von den Kanälen in Venice zu machen. Dieser Ort wurde wirklich wie Venedig angelegt, und man fühlt sich tatsächlich wie am Mittelmeer. Kein einziges Hochhaus ist zu sehen.

Felicity kommt pünktlich und hat schon unterwegs ein Pärchen, das per Anhalter fuhr, aufgelesen. Ein Amerikaner aus San Francisco mit seiner deutschen Freundin, die im Urlaub in Mexiko waren. Sie haben zusammen nur noch 70 Cents an Geld übrig. Ein Glück, dass Felicity uns alle gratis mitnimmt!

Felicity ist eine ungewöhnliche und sehr interessante Frau. Sie ist 44 Jahre alt, mit der zierlichen Figur einer 18-Jährigen. Sie kommt ursprünglich aus England, hat jedoch als Kind 7 Jahre in Rendsburg / Schleswig-Holstein gelebt, danach 12 Jahre lang in Frankreich, zwei Jahre in Spanien. Zudem hat sie sich viel in Südamerika aufgehalten. Natürlich spricht sie fließend französisch und englisch und gut deutsch, holländisch, spanisch und portugiesisch. »Ich bin immer nur gereist«, erzählt sie. »Die Sprachen habe ich immer erst gelernt, wenn ich in dem jeweiligen Land gelebt habe. Ich hatte nie Probleme und habe auch immer Arbeit gefunden. Aber oft hatte ich auch kein Geld und habe immer viele hilfsbereite Leute getroffen. Deshalb helfe ich jetzt auch immer jungen Leuten, die herumreisen.« Ihre 5-jährige Tochter ist zurzeit in Frankreich. In wenigen Wochen wird sie in San Francisco in eine französische Privatschule eingeschult. Felicity hat zwei Jahre lang bei American Express als Reiseleiterin gearbeitet. Der Vorteil war, dass sie da nur 6 bis 7 Monate arbeitete und die restliche Zeit des Jahres reisen konnte. Nun hat sie sich vor kurzem selbstständig gemacht. Ihr Kleinbus sieht noch neu aus. »Ich fahre kleine Gruppen von Leuten durch Kalifornien«, erzählt sie. »Oft wollen die Leute auch nur von San Francisco nach Disneyland und fliegen dann von Los Angeles ab. Deswegen war mein Auto auch auf dieser Rückfahrt leer.«

Das Pärchen wird schon kurz vor San Francisco abgesetzt. »Eigentlich will ich gar nicht erst direkt in die Stadt fahren«, sagt Felicity. »Ihr drei könnt bei mir übernachten, dann fahre ich direkt nach Haight Ashbury zu mir nach Hause.«

Davon sind wir natürlich begeistert. Diesen Stadtteil wollte ich mir schon lange einmal ansehen, denn hier fing in den 60-er Jahren die Hippiebewegung an. Felicity war zu der Zeit hier und ich kann mir gut vorstellen, wie sie mit Blumen in ihrem langen blonden Haar aussah.

Ein holländischer Bekannter von ihr, Bob, der ihre Wohnung in ihrer Abwesenheit hütet, begrüßt uns. Er arbeitet seit fünf Jahren bei American Express als Reiseleiter und reist mit Gruppen durch Kanada und USA. Zum Abendessen in der Wohnung kommt dann noch Peter, der meist mit seinem Campingbus in der Wüste lebt und Gold sucht. An jedem Wochenende steht er mit einem Stand auf dem großen Flohmarkt in Sausalito.

Am nächsten Tag rufe ich zuerst Brian in Santa Cruz an, den ich 1981 auf der Asienreise getroffen hatte. Leider hatten wir uns 1983 in Neuseeland verpasst, so hatte ich versprochen, ihn in Kalifornien zu besuchen. »Du hast ja einen Kiwi-Akzent«, ist das Erste, was er am Telefon sagt. »Diese Mischung deiner Akzente muss ich aufnehmen, wenn du hier bist!«, sagt er.

Den Tag verbringe ich in der Stadt. Schon in Los Angeles hatte ich von Reisenden gehört, dass es eine Fahrkarte mit dem *Greyhound* für 50 US-Dollar geben soll. Das kann man auch verlängern und pro Tag 10 US-Dollar dazuzahlen, egal wohin man fährt. Der einzige Haken ist, dass man dieses Ticket nur in New York und San Francisco kaufen kann. Nun hatte ich schon das Glück einer kostenlosen Mitfahrgelegenheit bis hierhin einschließlich Übernachtungen, und nun bin ich auch noch im Besitz eines 6-Tage-Tickets für 60 US-Dollar, mit dem ich bis Montreal fahren will. Wenn *Greyhound* nicht dieses billige Angebot hätte, wäre das alternative Busunternehmen »Green Turtoise« mit 118 US-Dollar für die Strecke San Francisco-New York die billigste Möglichkeit an die Ostküste zu kommen.

In der Innenstadt besuche ich das große Secondhand-Kaufhaus mit Namen *Goodwill*, in dem man von Stereoanlagen über Möbel und Kleidung alles gebraucht kaufen kann. Ich habe nur Sommerkleidung mit und muss mich auf kühle Tage in Kanada einrichten. Für nur 11 US-Dollar decke ich mich ein: mit zwei Pullovern, Socken, Bluse und Kleid.

Gleich in der Nähe dieses Kaufhauses ist die Rauschstraße mit der ehemaligen *Crossroads-Herberge*, in Reiseführern als Treffpunkt Reisender ausgewiesen. Hätte ich Felicity nicht getroffen, wäre ich hierher gefahren. Nun stelle ich jedoch fest, dass es keine Herberge mehr ist für Touristen, sondern für Einheimische. Ein Schwarzer zeigt mir die Unterkünfte und erklärt, dass man für monatlich 100 US-Dollar hier wohnen kann, wöchentlich 35 US-Dollar oder 6 US-Dollar die Nacht. Ich bin froh, nicht in dieser Absteige übernachten zu müssen.

Das chinesische Viertel ist wie immer am interessantesten. Schon bei meinem ersten Besuch in San Francisco, vor fast 10 Jahren, habe ich mich hier gern aufgehalten. Es hat sich kaum verändert, ich sehe allerdings weniger Europäer als damals. Dafür ist die Gegend um *Fisherman's Wharf* herum nun vollends als Touristenziel vermarktet worden. Es besteht nur noch aus Souvenirläden.

Am Abend gehe ich mit Bob chinesisch essen. Die anderen haben andere Pläne. Es ist interessant, mit einem anderen Europäer, der ausgewandert ist, Erfahrungen auszutauschen. »Ich fahre jeden Winter zurück nach Europa«, erzählt er, »zum Glück habe ich noch eine Wohnung in Holland. Jedes Jahr freue ich mich auf die Gespräche mit Freunden dort. Hier sind die Leute oberflächlich, mit niemand kann man vernünftig reden.« »Das ist ja interessant«, sage ich, »denselben Eindruck habe ich nämlich von den Neuseeländern.« »Ich glaube, dass die Menschen in diesen ganzen neubesiedelten angelsächsischen Ländern gleich sind«, meint Bob. »In Neuseeland war ich zwar noch nicht, dafür aber in Australien. Da ist es, genau wie in Kanada, dasselbe mit den Leuten. Richtige Freundschaften kommen da gar nicht zustande. Wenn ich hier ein ganzes Jahr lang an einem Stück bleiben müsste, würde ich verrückt. Deshalb arbeite ich als Reiseleiter, da kann ich wenigstens immer ein paar Monate weg.« »Wenigstens wohnst du in San Francisco«, sage ich, »das war immer meine Lieblingsstadt.« »Ach ja, das ist typisch Tourist, so zu denken«, klagt Bob. »Ich bin die Stadt langsam leid. In den 6 Jahren, die ich hier bin, hat sich viel verändert. Alles ist nur noch Fassade. Dahinter ist nur noch eine Geldstadt, wie alle anderen auch.«

Am nächsten Tag fahre ich schon um 7 Uhr morgens mit dem Bus nach Santa Cruz, um Brian zu besuchen. Morgen Abend komme ich wieder zurück. So kann ich fast mein ganzes Gepäck in Felicitys Wohnung lassen.

Brian zeigt mir als Erstes die Stadt. Wir verbringen den warmen Nachmittag am Strand, der sehr voll ist. Welch ein Unterschied zu neuseeländischen Stränden!

Brian arbeitet auf dem Universitätsgelände, am Merrill-College. Hier werden während der zwei Monate Sommerferien intensive Sprachkurse angeboten. Es gibt Amerikaner, die Sprachen studieren, aber die Mehrzahl der Anwesenden diesen Sommer sind Ausländer, die Englisch lernen. Brian hat ein Zimmer auf dem Unigelände und isst in der Mensa. Er hat für mich einen Studentenausweis besorgt, den man für das Essen braucht. Ich bin nun eine Italienerin mit dem Namen Marielle.

»Die zwei Monate Englischlernen im Merrill-College kosten 2000 US-Dollar«, erzählt eine Brasilianerin. »Ich habe ein Stipendium bekommen für diesen Kurs. Anschließend werde ich ein Jahr lang in Santa Barbara Kunst studieren.«

Das Abendessen ist hervorragend. Man kann sich so viel nehmen, wie man will. Es gibt vegetarische Lasagne, Schinkensteak mit Ananas und viele verschiedene Salate an der Salatbar. »Von solchem Essen kann man in einer deutschen Mensa nur träumen«, sage ich zu Brian. »Dafür zahlt man ja hier auch 1200 US-Dollar nur für zwei Monate Unterkunft mit Verpflegung«, antwortet er. »Für heute Abend habe ich übrigens einen Filmabend organisiert. Wir haben das Video *Blues Brothers.* Im Vorführraum wird auch Bier verkauft.« So verbringen wir einen lustigen Abend, an dem viele ausländische Studenten teilnehmen. Es ist nur ein weiterer Deutscher anwesend, aber mindestens 10 Schweizer, sehr viele Japaner, einige Italiener,

Mexikaner und sogar jemand von der Osterinsel. Fast alle sind privat zahlende Studenten, nur diejenigen aus ärmeren Ländern scheinen meist an ein Stipendium zu kommen.

Am Morgen – nach einem reichhaltigen Frühstück – benutzen wir die beheizte Schwimmhalle der Uni. Während des Mittagessens erzählt mir Brian, dass er hier nur für den Sommerkurs als Psychologe, der für das Wohlergehen der Studenten sorgen soll, arbeitet. Ab August muss er sich dann etwas Neues suchen. Hier bekommt er außer freier Unterkunft und Verpflegung 500 US-Dollar im Monat.

Mein Bus zurück nach San Francisco fährt um 14 Uhr ab. Die Zeit in Santa Cruz verging wie im Fluge. Wir mussten ja auch viel erzählen, seit wir uns das letzte Mal vor drei Jahren gesehen haben. »Ich habe das Gefühl, wir haben unser Gespräch da fortgesetzt, wo wir es beim Abschied in Kathmandu beendet hatten«, sagt Brian. Er verspricht, sich aus Russland und China, seinen nächsten Reisezielen, zu melden.

Rechtzeitig zum Abendessen bin ich wieder in Felicitys Wohnung. Die zwei Schweizerinnen sind auch noch hier. Heute Abend wollen wir uns alle das Nachtleben ansehen. Wir fahren zuerst nach *North Beach*, wo die Beatnik-Bewegung (lange vor den Hippies) anfing. Das ist das ganze – heute sehr touristische – Gebiet um den *Telegraph Hill*, zwischen *Lombard St* und *Broadway*. Es gibt etwas für jeden Geschmack: Bluesknelpen, Rock 'n' Roll-Diskotheken, Straßencafés usw. Fast alles macht um 2 Uhr morgens zu. Danach finden wir nur noch einen »coffeeshop« in der Nähe eines Hotels.

Große Verabschiedung am nächsten Morgen. Felicity erwartet Besuch. Wir fahren alle weiter. Ich kaufe noch ein 5-Tage-

Ticket für 50 US-Dollar, weil ich keine Mitfahrgelegenheit nach Vancouver gefunden habe und deshalb mein 6-Tage-Ticket anbrechen müsste. Leider zählt es vom Ausstellungsdatum, so dass man seine Aufenthaltstage und die langen Busstrecken aufeinander abstimmen muss.

Die Fahrt nach Vancouver dauert etwa 24 Stunden. An der kanadischen Grenze erzählen die Beamten, dass die öffentlichen Busse schon seit zwei Monaten im Streik sind. Sie erklären mir, wo die Jugendherberge ist, sieben Meilen außerhalb der Stadt.

Die Herberge ist sehr groß und liegt direkt an einem Strand. Von hier aus sieht man die Skyline der Stadt auf der anderen Seite und Berge im Hintergrund. Ich bin sehr beeindruckt von Vancouver, diese Stadt bietet einfach alles. Hier kann man morgens in den Bergen Ski laufen und nachmittags segeln oder am Strand liegen. Ich rufe noch am selben Abend Lynn an, mit der ich in Rarotonga ein Zimmer geteilt hatte. Sie verspricht, mich am nächsten Tag für einen Ausflug abzuholen.

Wieder einmal habe ich Glück, dass ich Lynn kenne. Wegen des Busstreiks hätte ich sonst nur Probleme gehabt herumzukommen. Pünktlich um 10 Uhr holt Lynn mich ab und nimmt auch einen Engländer aus der Jugendherberge mit in die Stadt. »Wenn die Busfahrer streiken«, erzählt sie, »hält fast jeder Autofahrer, um Leute mitzunehmen. Das hat sich in den zwei Monaten schon so eingependelt, überall fahren Leute per Anhalter.« Sie schlägt vor, dass wir zum 2200 m hohen *Whistler*-Berg fahren, der zwei Fahrstunden entfernt ist. Erst sehen wir uns im Stanley Park ein indisches Fest an und laufen durch die Fußgängerzone, die unterirdisch ist.

Am *Whistler* ist ein touristisch aussehender Ort, der nur zur Wintersaison Hochkonjunktur hat. Die Aussicht hier ist herrlich und Lynn muss wegen Fotos oft halten. Auf dem Rückweg nehmen wir einen Anhalter mit, der an Wochenenden hier im Hotel arbeitet und an Wochentagen in Vancouver. In der Stadt besuchen wir noch einen Flohmarkt, der auf einer kleinen Insel (Granville Island) stattfindet. Danach heißt es Abschied nehmen, denn morgen fahre ich weiter.

In der Jugendherberge kann sich jeder am Moussaka-Essen beteiligen. Dies ist organisiert von einem Reisenden aus Montréal, der verrückte Ideen hat, wie man zu Reichtum kommt. (Sicher verdient er auch an diesem Essen etwas.) Er hat eine Import-Export-Firma eröffnet für 500 US-Dollar Gebühren. Die hat er sich durch Annoncentexte verdient, wie z. B.: »Wollen Sie wissen, wie Sie 1000 US-Dollar die Woche verdienen können, dann senden Sie 2 US-Dollar und ich sage Ihnen, wie.« Geantwortet hat er dann: »Machen Sie es so wie ich.« Er sagt, das sei legal, solange man jedem, der zahlt, eine Antwort schickt.

Am Morgen kommt ein Reisender mit einem Wohnmobil, der Mitfahrer in den Süden sucht. Ich fahre nur mit in die Stadt. Mein Bus fährt erst abends ab, so dass ich mir tagsüber noch viel ansehen kann.

Um 17 Uhr geht es los zur 14-stündigen Fahrt zum Lake Louise im Banff Nationalpark. Wegen meines Zeitmangels kann ich nur einen Tag dort bleiben. Es gibt weder einen Busbahnhof noch Schließfächer. Ich bin froh, dass ich mein Gepäck an der Rezeption eines Hotels zurücklassen konnte, bis zum Abend. Bei eisiger Kälte laufe ich 6 km bis zum See, der von schneebedeckten Bergen eingerahmt ist. Mir wird immer unbegreiflicher, wieso so viele Kanadier nach Neuseeland fahren. Kanada hat genauso viel zu bieten, nur dass alles viel größer und weiter an Ausmaßen ist. Sozusagen ein Neuseeland in großer Ausführung!

Nachdem ich mich im luxuriösen Hotel Chateâux mit Kaffee aufgewärmt habe, trete ich den Rückweg an. Diesmal hält ein netter Busfahrer, der eine Reisegruppe am Hotel abgesetzt hat. Er setzt mich an der Seilbahn, die auf die Berge führt, ab. Aus der Ferne – von den Bergen aus – sieht Lake Louise noch einmaliger aus.

Der Tag ist schnell um. Mit dem Greyhound-Bus fahre ich weiter nach Banff. Im Busbahnhof treffe ich zwei Australierinnen, die auch zur Jugendherberge wollen. Auf dem Weg zum Taxistand haben wir Glück: Ein Auto hält und bietet eine Mitfahrgelegenheit. Der Fahrer fährt direkt zur Herberge, neben der er wohnt.

Am nächsten Tag nehme ich an einer 3-stündigen Tour um den größten See im Nationalpark teil, die zur *Devil's gap* führt. Die Indianer glauben, dass hier am See gute und böse Geister wohnten. Wenn der Wind aus der Richtung der Ebene zwischen den Rocky Mountains hindurchweht, können auf dem See ganz plötzlich innerhalb von Minuten große Wellen entstehen. Die Lücke zwischen den Bergen am Ende des Sees ist eben die Teufelslücke (devil's gap). Die Wellen haben früher oft Boote zum Kentern gebracht. Weil das Wasser so kalt ist, starben die Menschen darin in wenigen Sekunden und sanken sofort zum Boden, ohne je wieder aufzutauchen. Aus dem Grund haben die Indianer gemeint, dies sei das Werk der bösen Geister. Alle Bergformationen entlang des Sees haben deshalb Namen bekommen. Die meisten sind beschützende

Geister. So ist z. B. ein liegender Mensch zu sehen, wobei die seitliche Ansicht des Kopfes mit Nase und Mund deutlich zu erkennen ist.

Es wird auch darauf hingewiesen, dass im ganzen Nationalpark etwa 80 Grizzlybären zu Hause sind, wovon sich etwa 30 um den See herum aufhalten. Angezogen werden sie hier wohl von den Campingplätzen mit Abfalltonnen, denn es gibt einen beliebten Wanderweg, der um den See führt. Treffen kann man außerdem schwarze Bären, Bergwölfe, Bergschafe und -ziegen. Die Tourleiterin erklärt: »Wer feststellen will, ob er einem schwarzen Bär oder einem Grizzly gegenübersteht, braucht nur auf einen Baum zu klettern. Wenn der Bär folgt, ist es ein Schwarzbär, und wenn er einen vom Baum schüttelt, ist es ein Grizzly.« Jedoch – Spaß beiseite – es wird weiter erklärt, dass Bären normalerweise nicht gefährlich sind und vegetarisch leben. Wenn man aber dem Bären nicht ausweichen kann, soll man sich ruhig und flach auf den Boden legen und den Kopf abdecken. Die Bären können sehr schlecht sehen, sind aber neugierig und wollen schnuppern. Nach einer Weile verlieren sie das Interesse und gehen weg. Aggressiv werden Bären nur, wenn der Mensch aggressiv ist, denn dann fühlen sie sich natürlich bedroht.
»Wir hatten einmal einen Fall auf dem Parkplatz«, erzählt die Reiseleiterin, »da war ein schwarzer Bär und alle Touristen stürzten darauf zu, um ein Foto zu machen. Eine Familie kam auf die Idee, ihr Kind auf den Rücken des Bären zu setzen, da hat er natürlich gebissen. Die Bären um den See leben alle in der Wildnis und sind nicht gezähmt. Wilde Tiere verändern aber auch oft ihr Verhalten durch ungewohntes Futter. Deshalb verhängen wir 500 Dollar Strafe für das Füttern von wilden Tieren im Park.«

Ein gutes Beispiel, dass Touristen Tiere krank füttern können, sehen wir dann auch auf dem Parkplatz. Da stehen Bergschafe, völlig zahm und an Menschen gewöhnt, die Haarausfall und Geschwüre haben. »Das ist das Resultat vom Füttern wilder, vegetarischer Tiere, die mit Süßigkeiten, Hamburgern und ähnlichem vollgestopft werden«, erklärt die Leiterin.

Am Abend fahre ich mit dem Bus ab. Einige Male muss ich umsteigen in den 76 Stunden Fahrzeit nach Montréal. Ein »harter Kern« von Leuten, der auch mitfährt, wird in den vier Tagen fast zur Familie. Ein Ehepaar ist schon seit Vancouver im Bus und will nach Neufundland. Ein anderes Paar kam von Hawaii und fährt durch nach Boston. Ich überlebe diese Fahrt wohl nur so gut, weil ich fast die ganze Zeit über zwei Sitze belegen kann.

»Welch ein Unterschied in den Ausmaßen der Länder«, denke ich, als ich nach 24-stündiger Fahrt von New York über London zu guter Letzt in einem Zug von Köln nach Zwickau sitze, in dem die Leute über »die lange Reise« jammern, die sie vor sich haben.

***

Anhang

Neukaledonien

Neukaledonien war bis 1998 ein französisches Überseeterritorium. Seitdem ist es ein *Überseeland.* Mit diesem neuen Status hat es mehr Autonomie als vorher. Zwei Vertreter für Neukaledonien sitzen in der Pariser Nationalversammlung.

Die Ureinwohner von Neukaledonien, die Kanak, stellen heute mit einem Anteil von etwa 43 % der Bevölkerung eine relative Mehrheit dar. Um die Spannung zwischen weißer und schwarzer Bevölkerung in der Zeit vor 1998 verstehen zu können, möchte ich hier die Probleme durch die Augen der Ureinwohner, der Kanak, beschreiben. Zur Zeit meiner Reise durch Neukaledonien kannte ich den Hintergrund der Spannungen nicht und die Geschichte des Landes kannte ich aus den Medien nur vom Standpunkt der weißen Kolonialherren.

Im Kampf der Kanak-Bevölkerung um Unabhängigkeit ging es immer darum, ihr Land und ihre Rechte wiederzugewinnen. Im pazifischen Raum sind nur in Irian Jaya (das zu Indonesien gehört) und in den französischen Südseekolonien Ureinwohner wegen ihres Kampfes um Unabhängigkeit körperlich angegriffen und sogar getötet worden – von den Vertretern der Kolonialmächte.

Vor der Kolonisation basierte die Wirtschaft der Bevölkerung auf dem Bestellen des Landes, das nicht verkauft oder eingetauscht werden konnte. Es galt als geistliche Grundlage des Lebens. Die Kanak respektierten das Land. Jede Sippe hatte ihr eigenes Stück Boden, die »Erde der Vorfahren«. Der Häuptling war der Repräsentant der Vorfahren, die wie Götter verehrt wurden und denen das Land gehörte. Der Häuptling konnte die Benutzung dieses Bodens zwar jedem anbieten, jedoch konnte der Benutzer nur Mieter sein und niemals Besitzer werden.

Frankreich besetzte 1853 Neukaledonien. Große Stücke Land, das »frei war und niemand gehörte« wurde vergeben an die ersten Siedler zwischen 1853 und 1877. Im Jahr 1878 führte der Häuptling ATAI die erste Revolte gegen die französische Besiedlung. Er wollte das gestohlene Land für die Kanak wiedergewinnen, um den gestörten Frieden und die Kommunikation mit den Vorfahren wieder herzustellen. Die Verbindung zum Land war von emotioneller und religiöser Natur. Land gab den Ureinwohnern den Sinn ihres Lebens. Der Verlust des Landes bedeutete für die Kanak den geistigen und körperlichen Tod, weil die Grundlage der Gesellschaft zerstört wurde.

Freigelassenen Sträflingen wurde ebenso Land zugewiesen wie Pionieren. Um die Jahrhundertwende war die Landverteilung abhängig davon, wie viel Leute in dem Gebiet lebten. Das wurde damit gerechtfertigt, dass die Ureinwohner zahlenmäßig abnahmen, so dass mehr Land »frei wurde«. Als Resultat folgte unbeschränkte Einwanderung von französischen Familien, denen das beste Land zugeteilt wurde. Kanakstämme wurden in unfruchtbare Gebiete umgesiedelt. Jeder Ansatz eines Protestes wurde mit Repressalien beantwortet. Bis 1946 durfte die Kanak-Bevölkerung nur in Reservaten leben, keine bezahlte Arbeit, sondern nur Zwangsarbeit verrichten. Erst ab 1946 durfte für Bezahlung gearbeitet werden und 1953 wurden den Kanak demokratische Rechte eingeräumt (Wahl, Schule usw.). Seitdem kämpften sie für ihre Unabhängigkeit. Schon Ende der 50-er Jahre gab es Zusammenstöße mit den rechtsradikalen *caldoche*, in Neukaledonien geborene Franzosen, die bewaffnet mit allen Mitteln ihr Land verteidigten. De Gaulle setzte der starken Unabhängigkeitsbewegung der Kanak ein Ende. Erst ab 1970 war die Bewegung wieder organisiert genug. Es hatten sich mehrere Parteien gebildet, die Unabhängigkeit anstrebten. Die Forderungen an die französische Regierung, das Land ohne damit verbundene Konditionen zurückzugeben, wurde mit einer Landreform beantwortet. Die Regierung kaufte den *caldoche* Land ab, um dieses den Kanak zurückzugeben, was diese jedoch ablehnten. Die Kanak wollten weder Imperialismus noch Neo-Kolonialismus. Sie argumentierten außerdem, dass es Unrecht sei, diese Bauern durch Abkaufen von Land zu bereichern, weil doch ihnen dieses Land ursprünglich einfach weggenommen wurde. Im Jahr 1979 wurde auch wieder unbeschränkte Einwanderung eingeführt, um die Unabhängigkeitsbewegung zu blockieren. Die *caldoche* benutzen in ihrer Argumentation das Beispiel von Afrika, um zu zeigen, was passiert, wenn Kolonien unabhängig werden. »Die Bevölkerung hungert als Resultat und deshalb sind wir hier, um euch Kanak vor dem Hungertod zu schützen.« Die Kanak jedoch wussten, dass ihr Land eine reiche Wirtschaftsgrundlage hatte und immer noch hat, von der die Franzosen profitieren. Sie als Ureinwohner jedoch wurden in Armut gelassen. 15 % der Einwanderer in Neukaledonien kamen von anderen Inseln wie z. B. Tahiti, Wallis, Futuna usw., die alle Arbeitsstellen hatten, während die meisten Kanak arbeitslos waren.

Neukaledonien hat eine der größten Nickeldeponien der Welt sowie andere Mineralvorkommen und fruchtbares Land für die Landwirtschaft. Die Nickelvorkommen decken immer noch ca. 25 % des Weltbedarfs an Nickel ab und die Eingriffe in die Ökosysteme der Insel sind nach wie vor erheblich. Heute betreibt die Eramet-Gruppe aus Frankreich immer noch in der Hauptstadt Nouméa eine pyrotechnische Nickelschmelzfabrik. Es sind zwei hydrometallurgische Nickelfabriken, je eine im

Norden und im Süden der Insel, geplant, zusammen mit den kanadischen Unternehmen Inco und Falconbridge.

Schon 1972 wollte der Bürgermeister der Hauptstadt Nouméa »Neukaledonien in weißen Händen sehen«. Als Einwanderer wurden viele französische Siedler aus Vanuatu und Algerien angeworben, die Unterstützung der *caldoche* garantierten. Alle neuen Einwanderer durften natürlich auch wählen. Die Kanak-Bevölkerung boykottierte daraufhin die Wahl und forderte das Wahlrecht nur für Leute, von denen zumindest ein Elternteil in Neukaledonien geboren war. Das französische Parlament jedoch verweigerte diese Forderung. Von nun an gab es schwere Konfrontationen. Die verschiedenen Gruppen und Organisationen der Kanak schlossen sich zur »FLNKS« zusammen (die »Kanak Sozialistische Nationale Befreiungsfront«). Die französische Regierung sandte immer mehr Armee und Polizei mit Panzern und Hubschraubern. Einige führende Kanak-Freiheitskämpfer und ein Franzose, der die FLNKS unterstützte, wurden getötet. Präsident Mitterand hatte vor der Wahl die Unabhängigkeit Neukaledoniens versprochen, wovon nach der Wahl keine Rede mehr war. So gingen die Kämpfe weiter. Ende 1984 wurde Neukaledonien von der Kanak-Bevölkerung zur »Republik Kanaky« erklärt. Der Kampf für Unabhängigkeit war jedoch noch lange nicht beendet.

Zusammenfassung:

Was die Kanak-Bevölkerung wollte, war:

1. Das Recht als ein Volk anerkannt zu werden.
2. Das Recht als Eigentümer ihres Landes anerkannt zu werden.
3. Das Recht auf Freiheit und Würde.
4. Das Recht über ihre Unabhängigkeit und ihr politisches System selbst zu bestimmen.

5. Das Recht auf alle notwendigen Mittel, um ihre wirtschaftliche, kulturelle und soziale Entwicklung zu verfolgen, die nach sozialistischem Vorbild verlaufen sollte.

Der Grund für die Kämpfe bis in die 90-er Jahre war:

1. Frankreich war nicht bereit, Neukaledonien unabhängig werden zu lassen.
2. Frankreich bedrohte die Bevölkerung der Kanak direkt, indem sie zur Minderheit in ihrem eigenen Land gemacht wurden. (Nur 40 % der Bevölkerung waren Kanak, 45 % Europäer, 15 % andere, woran sich auch heute nicht viel geändert hat.)
3. Die Ausbeutung des Landes aus wirtschaftlichen Interessen wurde von Frankreich und seinen Verbündeten fortgesetzt (auch bis heute).
4. Frankreich ging in den 80-er Jahren gegen die Kanak-Einwohner mit militärischer Gewalt vor, um jeden Unabhängigkeitskampf niederzuschlagen.
5. Frankreich verfolgte eine Einwanderungspolitik, die darauf zielte, die Kanak davon abzuhalten, Kontrolle über die Wirtschaft des Landes zu erlangen, ihr Recht auf Arbeit zu verwehren und damit die Grundlage ihrer kulturellen, politischen und sozialen Ordnung zu zerstören.

1998 gab es ein Referendum über die Unabhängigkeit des Landes. Es wurde aber abgelehnt. Ein neues Referendum ist geplant fur das Jahr 2014. Es gab 1998 die Vereinbarung zwischen Frankreich und Neukaledonien, dass das Überseeterritorium über die nächsten 15 bis 20 Jahre mehr Verantwortung und Selbstverwaltung übernehmen sollte. Seit 1998 ist es nun ein *Überseeland.* Frankreich hatte sich auch dazu verpflichtet, mindestens drei Referenda zwischen 2013 und

2018 abzuhalten, in dem darüber abgestimmt wird, ob das Land volle Unabhängigkeit bekommt.

***

Der Rassenkonflikt in Fidschi

Wie die meisten anderen Kolonien im pazifischen Raum, so war auch Fidschi durch die Kolonialmacht geformt worden. Genau wie in den französischen Kolonien, so war auch hier starke Einwanderung betrieben worden. Fidschi ist das Beispiel eines Landes, in dem sich die ursprünglichen Einwohner gegen die Einwanderer behaupteten.

Die Eingeborenen von Fidschi wuchsen traditionell in einer »Klassengesellschaft« auf, die allerdings bei jungen Leuten immer unbeliebter wurde. Nach melanesischer Sitte wurde man entweder als nichtadelig, also als gemeiner Bürger, geboren oder als adelig, in die Ränge der »chiefs«. Diese sind die Oberhäupter, die die Oberklasse bilden. Ein gemeiner Bürger kann also nicht durch z. B. geschäftliche Erfolge plötzlich in die Oberklasse vordringen.

Im Jahre 1874 beschlossen die führenden chiefs, dass sie Fidschi unter Großbritanniens Schutz sehen wollten, um Christentum und Zivilisation auf den Inseln zu gewährleisten. Der erste Gouverneur, Gordon, führte mehrere wichtige Gesetze ein:

1. Landverkauf wurde Einhalt geboten.
2. Eingeborene Fidschis mussten Steuer für ihr Land bezahlen.
3. Eine »Eingeborenenverwaltung« wurde eingerichtet, geführt vom »Great Council of chiefs« (Großer Rat der Oberhäupter).

Der Gouverneur gab den chiefs damit Macht, was allerdings nichts anderes als indirekte Führung der Kolonialmacht war. Es sollte so aussehen, als hätten die Eingeborenen Macht über ihr Land. Gleichzeitig jedoch wurde ihnen von den Europäern klar gemacht, dass ihre Einmischung in Geschäfte und Firmen nicht gewünscht wurde. Gordon hatte jedoch erkannt, dass die Stabilität der Kolonie von der Frage des Landbesitzes abhängig war. Die entsprechenden Gesetze wurden dann auch mit Rat und Beistand des Great Council 1876 erlassen.

In der Verfassung von 1979, die Fidschi Unabhängigkeit von Großbritannien gab, wurden auch einige Punkte des Landbesitzes einbezogen. So wurde z. B. durch Gesetze bestimmt, dass der Besitz von Land für Eingeborene Fidschis sowie ihre traditionellen Rechte nur geändert werden können, wenn sechs von den acht Mitgliedern des Senats dies wünschten. Diese acht Mitglieder wurden vom Great Council bestimmt.

Während in aller Welt Parlamente das Symbol für Demokratie waren, so hatte sich in Fidschi das Parlament parallel zum extrem einflussreichen chief-System entwickelt. Der Große Rat der Oberhäupter drückte die Wünsche der Eingeborenen aus und wies die jeweilige Regierung an. Wenn dieser Great Council auch allein keine Macht hatte Gesetze zu erlassen, so repräsentierte er doch die Wünsche und Probleme auch der untersten Einwohner in jedem Dorf bei der Regierung.

Schon zu Kolonialzeiten setzte der Gouverneur Gordon alles daran, den Export anzukurbeln. Schon bald war Fidschi beherrscht von ausländischem Kapital durch Firmen und Banken. Den Eingeborenen gehörte zwar das Land, jedoch an der Wirtschaft hatten sie keinen Anteil.

Die traditionelle Landwirtschaft der Eingeborenen beruhte auf wenig arbeitsintensiven und nicht lagerungsfähigen Wurzelprodukten, z. B. Taro. Lagerungsfähige, mit harter Arbeit verbundene Produkte, die die Europäer für den Handel anbauen wollten, konnten bei ihnen keinen Gefallen finden. Außerdem war ihr Lebensstil nie auf Wettbewerb ausgerichtet. So wurde zwischen 1879 und 1916 massenhafte Einwanderung von Indern gefördert, die den Zuckerrohranbau übernehmen sollten. 60000 Inder kamen, die aus den armen unteren, von Landwirtschaft lebenden Kasten stammten. Andere Melanesier von den Solomon-Inseln und Vanuatu wurden später auch angeheuert als Arbeiter, genauso wie die Chinesen, deren Kultur auch intensive Bearbeitung von Kornprodukten beinhaltete. Alle Einwanderer wurden also aus kommerziellen Interessen ins Land gebracht, wohlgemerkt als Arbeiter, während die Europäer den Gewinn einstrichen. Auch nach 1970, als das Land unabhängig wurde, waren 5 % der gesamten Bevölkerung von europäischer und asiatischer Abstammung die wichtigsten Leute für den Handel. So ging es wirtschaftlich auch dieser Gruppe, genauso wie den meisten Indern, die das gefragte Zuckerrohr anbauten, besser als den Eingeborenen Fidschis, die keinen Anteil an der Wirtschaft hatten.

Bis 1987 entwickelte sich Fidschi von allen pazifischen Staaten zu dem am wenigsten auf Entwicklungshilfe angewiesenen Land mit höherem Lebensstandard, Infrastruktur und allgemeiner Entwicklung als andere Staaten der Region. Mit 714 000 Einwohnern, die mit Abstand höchste Bevölkerungszahl aller pazifischen Inseln, qualifizierte sich Fidschi auch für die Klasse »kleiner Staat«, während alle anderen zu den Mikrostaaten gezählt wurden. Aus dem Grund wurde auch die Universität des südlichen Pazifik in Fidschis Hauptstadt Suva gegründet. Bis vor dem Militärstreich 1987 war der Hauptexport des

Landes Zucker, der immerhin 25 % der Einkommen lieferte. Die wichtigsten Handelspartner waren Großbritannien und die USA. Die Haupteinnahmequelle war jedoch Tourismus.

Die Bevölkerung bestand 1987 aus 45 % Eingeborenen, 50 % Indern und die restlichen 5 % setzen sich zusammen aus Chinesen, Europäern und Polynesiern. Die Eingeborenen besaßen immer noch 83 % des Landes in Fidschi, das allerdings nicht ganz so wertvoll war wie die restlichen 17 %. Diese 17 % waren zum Teil freier Grundbesitz und zum Teil »Crown land«, also staatlich. Ethnische Gruppen konnten nur Land kaufen, das aus diesen 17 % kam. Einige Inder hatten Land davon gekauft. Von dem angebauten Zuckerrohr wurde 80 % von Indern bewirtschaftet. Diese Arbeiter hatten von jeher mit der Unsicherheit leben müssen, weil sie von den eingeborenen Landbesitzern abhängig waren. Dies, zusammen mit den starken kulturellen Unterschieden der Rassen, hatte zu immer mehr Spannungen geführt. Die Inder, die in der Mehrheit waren, stellten mit der Zeit auch alle wichtigen Berufe, wie z. B. Ärzte, Rechtsanwälte, Geschäftsleute, da die Eingeborenen auf Grund ihres Klassensystems nicht so einfach in diese Berufsgruppen vordringen konnten. Natürlich gab es auch arme Inder sowie reiche Eingeborene. Letztere gehörten in der Regel zu der Oberklasse der »chiefs«.

Schon zu Kolonialzeiten war Fidschi in Rassen geteilt. Die Europäer bekamen das Wahlrecht zuerst, dann die Inder und zuletzt die Eingeborenen. Politische Parteien waren 1987 immer noch nach Rassen geteilt. So gab es z. B. eine Partei, deren Führer »alle Inder nach Indien zurückschicken« wollte, sowie eine andere Partei von Eingeborenen, die sich hauptsächlich für eine Region der Hauptinsel einsetzen wollte (Western United Front). Nur die Alliance Partei bestand aus gemischten Rassen.

Die Alliance war eine konservative Partei, die sich stark nach dem traditionellen chief-System orientierte. Die »National Federation Party« (NFP) hatte zwar einen eingeborenen Parteiführer, bestand jedoch hauptsächlich aus Indern und wurde auch von diesen am meisten unterstützt. In der Alliance gab es immer mehr Inder als Eingeborene in der NFP, die seit 1970 die Opposition bildete. Spannungen gab es immer in allen Bereichen. So wurde 1976 ein Gesetz erlassen, das den Indern Pachtverträge über Land für einen Zeitraum von 30 Jahren garantierte. Damit sollte die ständige Unsicherheit der Zuckerrohranbauer abgebaut werden. Wiederum wurden Eingeborene übervorteilt, wenn es um Kredite ging: sie zahlten weniger Zinsen und hatten einfachere Konditionen zu erfüllen. Der Grund dafür war wohl der Versuch, die Eingeborenen dazu zu bringen, an der Wirtschaft teilzunehmen. Denn nach der Unabhängigkeit wurden 55 % der Geschäftslizenzen für Inder ausgestellt, 22 % für Chinesen und nur 1 % für Eingeborene. Inder jedoch wurden – noch zu Kolonialzeiten – vorgezogen bei der Vergabe von Stipendien und Beamtenstellen, wogegen die Eingeborenen rebellierten. Nach der Unabhängigkeit 1970 wurden 50 % der Stipendien für Eingeborene reserviert. Dies hatte das Gegenteil zur Folge, nun wurden Eingeborene bevorzugt. Dies hatte politische Folgen, indem die von Indern unterstützte Partei, NFP, an Stimmen gewann.

Warum war nun die Gesellschaft in Fidschi immer noch nach Rassen gespalten? Der Hauptgrund war wohl, dass es noch keinem Politiker gelungen war, einen gemeinsamen Nenner für eine Gesellschaft zu finden, die aus mehreren Rassen bestand. Und die zwei Hauptrassen waren kulturell so grundverschieden, dass sie sich weder akzeptieren noch für gemeinsame Aktivitäten zusammenkommen wollten.

Seit der Unabhängigkeit, 17 Jahre lang, war dieselbe Regierung der Alliance Partei an der Macht gewesen mit dem Premierminister Mara. Im April 1987 jedoch wurde die NFP als Regierung gewählt – in Koalition mit der Labourpartei –, unter Führung des Premierministers Dr. Bavadra. Schon nach einem Monat und zwei Tagen im Amt, am 14. Mai 1987, wurde diese Regierung durch einen Militärstreich unter Leitung von Oberstleutnant Rabuka – einem Eingeborenen – gestürzt. Rabuka selbst saß unbewaffnet und in Zivilkleidung in der öffentlichen Galerie des Parlamentsgebäudes, während Eingeweihte seiner Armee die Mitglieder der Regierung verhafteten. Alles verlief nach Plan, ohne Gewalt und ohne Blutvergießen. Im Buch »Rabuka, no other way«, das die ganze Situation aus seiner Sicht schildert, gab er stolz an, dass er in seiner 19-jährigen militärischen Laufbahn noch nie einen Schuss auf Feinde abgegeben hatte, weder in Verteidigung noch im Angriff. Als Hauptantrieb in seinem Leben gab der Oberstleutnant Gott, die Bibel und das Christentum an. Sein persönliches Christentum war streng grundlegender Methodismus, der auf vielen Inseln des Pazifik vorherrschte. Nach Rabukas Worten ging aus der Bibel hervor, dass Gott Fidschi für die Eingeborenen geschaffen hat. »Als Missionare 1835 das Christentum in Fidschi verbreiteten, wurde das Land vom Kannibalismus ins Paradies geführt.« Aber, im April 1987, sah Rabuka sein Land bedroht von »einer Einwanderer-Rasse, die politische Macht gewann, um die Kontrolle über Fidschi zu erhalten«. Rabuka befürchtete, dass die neue Regierung versuchen würde, Lücken im Gesetz über Landbesitz zu finden, um den Indern Land zur Bearbeitung zuzuteilen. Denn es war kein Geheimnis, dass vielen Indern das brachliegende Land im Besitz der Eingeborenen schon lang ein Dorn im Auge war. Der Oberstleutnant Rabuka sah seine Rolle als Führer des Streichs gegen die Regierung als »eine Mission, die Gott mir auferlegt hat«. Er wollte jedoch nicht als Diktator gelten. So bestimmte er eine vorübergehende Regierung, zusammengestellt aus Council-Ministern, die sowohl aus Repräsentanten der Armee als auch aus Zivilen bestand. Jedoch waren keine Inder in dieser bestimmten Mannschaft, weshalb auch der Generalgouverneur Ratu Sir Penaia Ganilau seine Zustimmung zu dieser Regierung nicht gab. Der Eingeborene Ratu Sir Penaia war auch im System der chiefs der Höchstgestellte, also Rabuka übergeordnet.

Rabukas Ziel war es, das Grundgesetz zu ändern, um den Eingeborenen mehr Rechte einzuräumen, denn Fidschi sollte völlig von Einheimischen kontrolliert werden. Rabuka betonte öfters, dass er persönlich nichts gegen die Gemeinde der Inder hatte noch gegen die Regierung des Dr. Bavadra. Das neue Grundgesetz sollte eine Mehrheit von Eingeborenen im Parlament beinhalten.

Nach dem Militärstreich stellte Rabuka vorübergehend die Herausgabe der Zeitungen ein, weil sie »nicht verantwortungsbewusst und in Moderation berichtet hatten«. Dies hatte starke Kritik, vor allem von Australien und Neuseeland zur Folge. Die verhafteten Mitglieder der Regierung waren nach fünf Tagen freigelassen worden. Am Tag danach versammelten sich Inder in einem Park gegenüber dem Parlamentsgebäude zum Gebet. Hier brach dann die Gewalttätigkeit aus, die der Oberst Rabuka schon eher befürchtet hatte. Junge Eingeborene griffen die versammelten Inder an, brannten indische Läden und Häuser in der Stadt Suva ab. Der Generalgouverneur gab danach, am 22. Mai, also 8 Tage nach dem Streich, bekannt, dass er mit Rabuka und dem Großen Rat der chiefs eine Vereinbarung getroffen hatte. Das Militärregime war beendet. Ein Beraterteam wurde vorgestellt. Rabuka wurde eine Woche später der Titel des »Oberst« verliehen. Er wurde außerdem mit seinen

Leuten von jeder Schuld freigesprochen, da sie »Interesse an der Vermeidung von Blutvergießen und Respekt dem Generalgouverneur gegenüber gezeigt haben«. Die »vorübergehende« Regierung, die 19 Mitglieder des Beraterteams, waren zusammengesetzt aus den beiden Hauptparteien Alliance und der Koalition – einschließlich des früheren Premierministers Mara und Dr. Bavadra.

Laut Oberstleutnant Rabuka kam nach seinem Streich viel Post aus allen Ländern. Besonders beeindruckt war er von einem Brief aus Kuwait, der aussagte, dass dort »nur eingeborene Bürger wählen dürfen«, was – hätte dies in Fidschi bestanden – einen Streich überflüssig gemacht hätte. Nach Rabukas Meinung war Fidschi 1874 Großbritannien anvertraut worden in einem Vertrag mit Queen Victoria und den chiefs. Zur Unabhängigkeit 1970 war die Macht und das Land zurückgegeben worden durch Queen Elizabeth an alle, die zu der Zeit in Fidschi lebten, und nicht an die Eingeborenen, die ihr Land ursprünglich Großbritannien überlassen hatten. In den Augen der Eingeborenen war 1970 die Macht zurückgegeben worden an die zwei Hauptparteien – die Alliance und die NFP. In London zu der Zeit wurde den chiefs, die als Vertreter des Volkes der Eingeborenen anwesend waren, überhaupt keine Beachtung geschenkt. Stattdessen wurde die Führung des unabhängigen Fidschi in die Hände von Politikern gelegt. Die Eingeborenen sind der Meinung, dass das Land an die chiefs (und nicht an Politiker) hätte zurückgegeben werden müssen, die in gutem Glauben 1874 ihr Land zum Schutz an Queen Victoria übergeben hatten. Und da lag der Haken: Das Land wurde an Fremde zurückgegeben, die in Zukunft dann das Schicksal der Eingeborenen bestimmen würden. Daher wollte Oberst Rabuka die Rechte der Einheimischen verteidigen, im Sinne des Vertrages von 1874. Die einzige Lösung war deshalb – seiner Meinung nach – ein militärischer Streich.

Auf die Frage, ob er den militärischen Streich bedauerte, antwortete Oberst Rabuka: »Ich bedauere nichts, außer vielleicht, dass es keine andere Lösung für das Problem gab. Der Streich war nicht gegen die einzelnen Mitglieder der Regierung gerichtet, sondern er sollte hauptsächlich Blutvergießen vermeiden unter meinen eingeborenen Landsleuten. Denn diese neue Regierung ist verantwortlich für die Spaltung in der Bevölkerung und die Bildung der militanten Taukei-Bewegung, die Gewalt gegen Inder predigt.«

Nach diesem ersten Streich hatte Rabuka die volle Unterstützung der Eingeborenen. Ein ständiger Strom von Leuten kam und ging in den Kasernen, um sich zu bedanken und Geschenke für die Soldaten zu bringen.

Die geschäftsführende Regierung, die geformt worden war, bestand aus dem Generalgouverneur Ganilau, Dr. Bavadra und dem früheren Premierminister Mara. Diese Regierung hatte ein Abkommen geschlossen, in dem es hieß, dass sie die Verfassung »überprüfen« wollten, was nicht unbedingt eine Änderung zur Folge hätte, um die es Rabuka ging. Außerdem fand Rabuka, dass die Koalitionspartei des Dr. Bavadra immer noch zu viel negativen Einfluss ausübte. Er wollte lieber eine Verbindung sehen, die nur aus Ganilau-Mara bestand, denn: »Unser Land sollte von diesen zwei hohen chiefs geführt werden. Es war immer der Wunsch des Volkes, dass unser Land von chiefs regiert wird, und das ist unser Hauptziel.«

Mara allerdings hoffte, dass Rabuka der Regierung wenigstens zwei Monate geben würde, um etwas zu erreichen. Jedoch ließ

Rabuka schon bald verlauten, dass er seine Geduld mit den Politikern verliere und der Regierung nicht mehr traue. Seine Befürchtung war, dass einige Überläufer von der Alliance-Partei (die er bevorzugte) zur Koalitionspartei der NFP seine Position in der Armee gefährden könnten. Außerdem glaubte er nicht, dass Politiker die Ziele des Militärstreichs erreichen würden. So fand am 25. September 1987 der zweite Streich statt.

Bei diesem Streich war der Griff der Armee fester. Zeitungen wurden sofort eingestellt und Radiosender zensiert. Nicht nur Politiker wurden verhaftet, sondern auch andere, die Einfluss auf Medien haben könnten. Schon am nächsten Tag sagte Rabuka in einem Interview, dass er glaube, Fidschi müsse nun zu einer Republik werden, andere Möglichkeiten gebe es nicht mehr. Und er wolle, dass Ratu Sir Penaia Ganilau der erste Präsident werde.

Die Richterschaft weigerte sich nach diesem zweiten Militärstreich unter einem Militärregime zu arbeiten. Auch der Generalgouverneur Ganilau verweigerte die Anerkennung dieses Regimes.

Am ersten Oktober 1987 widerrief Oberstleutnant Rabuka die bestehende Verfassung, entließ den Generalgouverneur und ernannte sich selbst als Staatsoberhaupt. Ratu Sir Penaia Ganilau nahm jedoch seine Entlassung nicht an. Die Richter des Obersten Gerichtshofs verkündeten, dass sie nicht unter einer neu bestimmten Verfassung arbeiten würden.

Am 7. Oktober wurde Fidschi zur Republik erklärt. Bis dahin hatte Mara noch verzweifelt versucht, Fidschi wenigstens als Commonwealth-Mitglied zu belassen. Aber die englische Königin versicherte ihm, nichts tun zu können, um diese

Mitgliedschaft zu erhalten. Rabuka verwies auf die Tatsache, dass es im Commonwealth mehr Republiken als Nicht-Republiken gebe.

Neue Minister wurden eingeschworen. Der neue Rat bestand aus 22 Mitgliedern. Nur drei Armeeangehörige waren dabei, einschließlich Rabuka selbst. Dieser hoffte, dass die neue Besetzung vielleicht ein oder zwei Jahre bestehen bleiben würde. Danach sollte wieder eine Zivilregierung und ein gewähltes Parlament die Macht übernehmen.

Mitte Oktober kündigte Ganilau seine Position als Generalgouverneur. Drei Wochen später wurde Oberstleutnant Rabuka zum Brigadegeneral befördert und war zur selben Zeit immer noch Staatsoberhaupt von Fidschi, ein Land, das immer noch ohne Verfassung war. Die Beförderung Rabukas wurde von der »Kommission des öffentlichen Dienstes« ausgeführt mit der Begründung, dass Rabuka der Kommandeur aller Sicherheitskräfte sei und die Armee selbst Brigade-Status erreicht hätte.

Auch nach dem zweiten Streich unterstützte das einheimische Volk Rabuka. Selbst einige Inder ließen ihn wissen, dass sie ihn akzeptieren, solange sie in Ruhe leben können. Die traditionell befreundeten Länder Fidschis, Australien und Neuseeland, die sich gleich nach dem ersten Streich empört abgewandt hatten, wurden nun von eifrigen, neugewonnenen Freunden ersetzt. Allen voran Frankreich (wegen seiner Interessen in der Region), gefolgt von Indonesien, Malaysia und Singapur.

Rabuka hatte immer Wert darauf gelegt, nicht als Rassist abgestempelt zu werden. Öfters beteuerte er, dass er kein »Idi Amin« sei. Und er führte als Beispiel an, ob es Australien vielleicht gefallen würde, wenn »die vielen dort lebenden Vietnamesen plötzlich durch Stimmenmehrheit bei der Wahl das Land regierten«.

Im Dezember 1987 übergab Rabuka die Führung des Landes wieder Mara, der wieder als Premierminister fungierte, und Ratu Sir Penaia Ganilau, der nun Präsident der Republik wurde. Eine demokratische Wahl sollte zwei Jahre später erfolgen, was jedoch nicht der Fall war.

Im Oktober 1991 besuchte Rabuka, der mittlerweile Stellvertreter des Premierministers war – nachdem er aus der Armee ausschied – offiziell Neuseeland. In Interviews wies er auf die »Gefahr« hin, dass Einwanderer ein Land übernehmen, wenn sie zu zahlreich werden. In Fidschi sei dies innerhalb von 100 Jahren geschehen. »Würde es Neuseeländern gefallen«, sagte Rabuka, »wenn unkontrollierte Einwanderung stattfinden würde, die sie zur Minderheit in ihrem eigenen Land machen würde? Den Maoris ist dieses Schicksal schon widerfahren, aber würden andere Neuseeländer es hinnehmen?«

Nach Rabukas erstem Streich hatte er auf die Kritik von Neuseeland und Australien hin geantwortet, dass sie weder ihn und seine Ziele noch die Gesellschaft in Fidschi verstehen würden. »Sie beurteilen die Ereignisse nach europäischem Standard. Aber wir sind nun einmal keine europäische Gesellschaft. Die australischen und neuseeländischen Gemeinschaften sind aus den Fugen gebracht – denn sie befinden sich irgendwo, wo es ihnen völlig fremd ist, im Vergleich zu ihren Herkunftsländern. Hier im Pazifik sind sie umgeben von asiatischen Menschen, Mikronesiern, Melanesiern und Polynesiern – abgeschnitten vom Rest der europäischen Gemeinschaften in Europa und Nordamerika. Sie haben europäischen Standard und Kultur

hierhin mitgebracht, einschließlich europäischer Denkweise. Nun versuchen sie uns danach zu beurteilen, was ich für völlig falsch und unangebracht halte. Ich kann zwar gut verstehen, warum sie in ihrer Denkweise denken und beurteilen und beschuldige sie auch nicht deswegen. Aber was ich sagen kann ist, dass sie uns nicht verstehen.«
Die erste Wahl sollte 1992 stattfinden. Rabuka wollte als Kandidat zur Wahl stehen. Er hatte also die Armee gegen Politik getauscht, von der er nie viel gehalten hatte.

Fidschi ist bis heute eine Republik geblieben. Im Jahr 2000 hatte es erneut einen Staatsstreich gegeben. Dadurch und auch wegen der Diskriminierung der Inder im Land hat das Ansehen Fidschis international sehr gelitten.

***

Die Cook-Inseln

Von 1901 bis 1965 waren die Cook-Inseln eine neuseeländische Kolonie. Seit 1965 ist die Inselgruppe ein unabhängiger Staat mit eigener Regierung, aber *in freier Assoziation mit Neuseeland*. Die Bürger der Inseln haben die neuseeländische Staatsbürgerschaft. Das Staatsoberhaupt ist Königin Elisabeth II. in ihrer Eigenschaft als Königin von Neuseeland. Die Regierungsform ist eine *Parlamentarische Demokratie.* Erst im Jahr 2001 hat Deutschland die Cookinseln als selbstständigen Staat anerkannt.

Die Cook-Inseln bekommen Entwicklungshilfe von Neuseeland und Produkte können uneingeschränkt nach Neuseeland eingeführt werden. Die Wirtschaft der Inseln basierte schon vor

1900 auf landwirtschaftlichen Produkten. Exportiert wurden damals hauptsächlich Zitrusfrüchte, Tomaten und Kopra.

Seit Anfang 1980 war der weltweite Bedarf an Kopra zurückgegangen und der Export konzentrierte sich danach auf Zitrusfrüchte, Fisch und Palmöl. Eine Konservenfabrik war 1961 in Rarotonga eröffnet worden, um Ananas zu verarbeiten, wurde jedoch wieder geschlossen. Seitdem werden wieder nur frische, unverarbeitete Produkte exportiert.

Die Cook Inseln haben – wie die meisten kleinen Staaten und wie die Mikrostaaten des Pazifiks – eine sogenannte MIRAB-Wirtschaft (MI = migration, R = remittances, A = aid, B = bureaucracy). Die Grundlage dieser Wirtschaftsform ist, dass Importe wesentlich schneller als Exporte ansteigen. Diese Handelsdifferenz wird gewöhnlich durch finanzielle Unterstützung (aid), Rimesse (remittance) und Tourismus ausgeglichen.

Zwischen 1953 und 1965 brauchte Neuseeland viele Arbeiter. Jedes Jahr gingen daher 5 % der Inselbevölkerung dorthin. Das an die zu Hause Gebliebenen überwiesene Geld – also die Remissen – steigerte noch den Bedarf an Importen, war aber auch die Hauptfinanzierung der negativen Handelsbilanz. Als die Geldüberweisungen dann auf Grund der neuseeländischen Wirtschaftsverhältnisse abnahmen, war Entwicklungshilfe das Hauptmittel zum Stopfen des Lochs in der Handelsbilanz. Mittlerweile ist der Tourismus zur Haupteinnahmequelle geworden und stellte schon zur Zeit meiner Reise dorthin (1984) 35 % der Arbeitsstellen im Lande. Auch die Fischerei trug als eine der wichtigsten Industrien zur Wirtschaft bei, seitdem der Staat in den 70-er Jahren einen Vertrag mit Japan schloss. (Daher auch die japanischen Fischdosen auf der Insel Mangala.)

Wie in den meisten Inselstaaten, so bestanden auch auf den Cook-Inseln die meisten Arbeitsplätze in der Bürokratie im öffentlichen Dienstleistungssektor (bureaucracy). Auf diesen Bereich fielen 60 % aller Stellen. Durch die Bürokratie wurde z. B. die finanzielle Unterstützung westlicher Länder auf verschiedene Inseln und Abteilungen verteilt. Auf jeder Insel in der Cook-Gruppe arbeitete also ein hoher Anteil der Einwohner im öffentlichen Dienst und bestellte nebenbei Land (wie mein Gastgeber auf der Insel Mangaia). Im Gegensatz zu Asien hat es in den pazifischen Inselstaaten traditionell keine Armut – im Sinne von hungernden Menschen – gegeben. Jede Großfamilie kann sich von ihrem Land ernähren, ist also nur arm im westlichen Sinne, was materiellen Besitz angeht.

Der Familienzusammenhalt ist in allen Inselstaaten des Südseeraums bewundernswert, denn er trägt jeden mit, auch wenn der Betreffende nichts beisteuern kann. Zum Beispiel: die Insel Atiu, 180 km von Rarotonga, Bevölkerung ca. 1000 Menschen, Größe der Insel: 6 km lang, 5 km breit. Export der Insel ist in erster Linie Ananas und in zweiter Linie Kaffee. Jeder Haushalt hat eine eigene Konsumstrategie. Dabei ist genau eingeteilt, wie viel europäische Lebensmittel gegessen werden sollen, was für Produkte gekauft werden usw. Dies richtet sich natürlich nach dem Einkommen des gesamten Haushalts, also jedes Einkommen geht in eine gemeinsame Kasse. Genauso wird gemeinsam entschieden, z. B., wie viel Land für den Export und für den Eigenbedarf bebaut wird und wie sich die Arbeit in der Familie verteilt. So wird entschieden, wer zum Arbeiten nach Neuseeland geht, wer auf der Hauptinsel Rarotonga eine Stelle annimmt, wer in Atiu selbst bezahlte Arbeit verrichtet und wer und wie viele Familienmitglieder das eigene Land bearbeiten. Es gibt keinen Landmangel und deshalb leidet auch keine Familie Hunger.

Was für den Export angebaut wird, richtet sich danach, was die Regierung finanziell fördert.

***

Französisch-Polynesien

Der Begriff »Abhängigkeit« eines kleinen Inselstaates zeigt sich am besten am Beispiel von Französisch-Polynesien.

Schon 1842 waren die Inseln ein französisches Protektorat. Ab 1880 waren sie eine französische Kolonie. Ab 1957 wurden sie in französisches *Übersee-Territorium* umbenannt. In beiden Weltkriegen kämpften einheimische Polynesier für die Franzosen in Europa. Ihnen wurde Unabhängigkeit ihres Landes in Aussicht gestellt, wenn das Mutterland von Feinden befreit wäre. Die wenigen zurückkehrenden Männer mussten feststellen, dass die Versprechen von möglicher Unabhängigkeit nicht eingehalten wurden.

Nach dem zweiten Weltkrieg wollten die Einheimischen dann wenigstens bei der Verwaltung ihres Landes Mitbestimmungsrecht haben. De Gaulle bot daher an, dass sie zu diesem Zweck einen Stellvertreter wählen sollten. Ein Kriegsveteran aus dem ersten Weltkrieg, der sehr populär war, wurde gewählt, um die einheimischen Polynesier in der französischen *National Assemblee* (Nationalversammlung) zu vertreten. Das Problem dieses Mannes, mit Namen Pouvanaa, war, dass die wenigsten der 600 französischen Stellvertreter in der Nationalversammlung je etwas von Französisch-Polynesien gehört hatten, so dass seine Vorschläge für Reformen kein ernsthaftes Interesse fanden. Im Jahr 1953 wurde eine *Bezirksversammlung* eingeführt, die allerdings nicht viel Macht hatte, denn der französische Gouverneur entschied letztendlich, ob ein Problem von politischer Natur war oder nicht. Die meisten Vorschläge Pouvanaas kamen daher nicht weit.

Die sozialistische Regierung Mitterands kündigte 1956 an, dass sich die Kolonien auf Unabhängigkeit vorbereiten könnten. Pouvanaa wurde wiedergewählt als Stellvertreter und durfte 7 Minister für das Kabinett bestimmen. Aber der französische Gouverneur saß ebenfalls im Kabinett, so dass die Macht immer noch bei Frankreich lag.

Die nächste Regierung in Paris war konservativ. Trotzdem gelang es Pouvanaa zwei Programme durchzusetzen:

1. Ein Plan, der Transaktionen von Land beendete.
2. Ein Gesetzentwurf für eine einzuführende Einkommenssteuer.

Wegen dieser beiden Punkte machte sich Pouvanaa jedoch unbeliebt bei Händlern und reicheren Leuten, wie den *Demis*. Das sind Einheimische von teilweise europäischer Abstammung, die eine französische Erziehung genossen haben. Aus den Rängen der *Demis* kamen auch die einflussreichsten Politiker.

Im September 1958 wurde von de Gaulles Partei ein Referendum in Französisch-Polynesien durchgeführt. Eine dieser zwei Fragen musste beantwortet werden:

1. »Ja«, wir wollen, dass unser Land weiterhin an Frankreich angeschlossen ist (und damit weiterhin finanzielle Hilfe erhält), oder
2. »Nein«, wir wollen, dass unser Land unabhängig wird von Frankreich (und finanzielle Hilfe wird sofort eingestellt).

Französische Siedler zogen mit Werbekampagnen für ein »Ja« durch alle Inseln der Gruppe. Sie wurden unterstützt von Radiosendern, die von staatlichen Mitteilungen beherrscht wurden. Ein wichtiger Anführer der einheimischen Polynesier – angeblich gut befreundet mit Pouvanaa – schloss sich den »Ja«-Kampagnen an, indem er einen Monat lang im Radio befürwortende Reden hielt. Pouvanaa, ein Befürworter der Unabhängigkeit, der in den Medien natürlich nicht zu Wort kam, wurde alsbald von de Gaulle mit seinem gesamten Kabinett entlassen. Bei Protesten der Entlassenen und ihren Unterstützern wurde Armee und Polizei eingesetzt. Pouvanaa wurde als Kommunist und pro-amerikanisch abgestempelt und verbrachte durch erfundene Anschuldigungen ein Jahr im Gefängnis. Danach wurde er ins Exil nach Paris abgeschoben, wo er sechs Jahre verbringen musste. Damit hatte Frankreich es geschafft, Kolonialmacht zu bleiben.

Inzwischen wurde Frankreich Anfang der 60-er Jahre klar, dass sie von Algerien nicht mehr geduldet und mitsamt ihren Atomtests aus dem Land verbannt würden. »Nur« 17 Atomtests hatten bis dahin in der Sahara stattgefunden. De Gaulle betonte immer wieder, dass Frankreich eine Atommacht sein müsse, damit Feinde nie wieder einfallen könnten. So explodierte im Jahre 1966 dann die erste Atombombe in Französisch-Polynesien.

Die einzige politische Partei in Französisch-Polynesien, die die Tests akzeptierte, war die Zweigpartei der französischen Gaullist-Partei mit dem Anführer Gaston Flosse. Er gehörte zu den *Demis* und war einer der reichsten und einflussreichsten Personen im Land. Der stärkste Gegner der Tests war Teariki, der Pouvanaas Stelle als Parteiführer nach dessen Verhaftung übernommen hatte. Er gründete eine neue Partei, nachdem de Gaulle die alte 1963 aufgelöst hatte. Mit dieser schloss Teariki eine Allianz mit Francis Sanford, Führer der »autonomen Parteien«, die auf den einzelnen Inseln vorherrschten. Es erübrigt sich zu sagen, dass weder Gaston Flosse noch de Gaulle darüber glücklich war, hatten doch die Gegner nun an Macht gewonnen, mit Unterstützung des größten Teils der Bevölkerung. So wurde zuerst einmal die militärische Präsenz in Form von mehr Kriegsschiffen und Truppen verstärkt. Jedoch hatte Frankreich eins aus der Erfahrung mit Algerien gelernt: Armeen und Waffen reichen nicht aus, um die Bevölkerung eines ganzen Landes unter Kontrolle zu halten. So wurde wieder die bewährte Einwanderungspolitik betrieben: 20 000 Einwanderer wurden allein für Tahiti angeworben, hauptsächlich »bewährte« Pro-Frankreich-Siedler aus Vietnam und Algerien. Damit waren die Polynesier zur Minderheit gemacht worden. Es war nun leicht, die Kontrolle über Medien und Schulen zu gewinnen, in denen jetzt die französische Sprache überwog.

Französisch-Polynesien hatte den höchsten Lebensstandard in der Region, aber das hatte auch seinen Preis: Von 1966 bis 1974 wurden 40 überirdische Atomtests durchgeführt. (Frankreich und China hatten 1963 den Vertrag nicht unterschrieben, der überirdische Tests verbietet.) Um die Sorge der einheimischen Bevölkerung auch in anderen Inselstaaten der Region zu verstehen, sei hier ein Zwischenfall von 1966 erwähnt (siehe auch den letzten Artikel über *Rongelap*): De Gaulle hatte sich auf dem Mururoa-Atoll angekündigt, wo er an Bord eines Kriegsschiffes eine Explosion einer 120 Kilotonnen schweren Bombe verfolgen wollte. Hatte doch die Regierung ständig versichert, dass bei den überirdischen Tests »nie auch nur ein einziger Partikel radioaktives Material je eine bewohnte Insel erreichen wird«.

Die Pläne von de Gaulle während seines Besuchs von Französisch-Polynesien gerieten auf Grund vieler Termine immer mehr in zeitlichen Verzug, so dass der Druck, geplante Aktivitäten pünktlich einzuhalten, auch beim Test der Bombe ausschlaggebend war. De Gaulle ordnete die Explosion an, obwohl zu dem Zeitpunkt die Windverhältnisse so waren, dass mit Sicherheit Radioaktivität über bewohnte Inseln getragen würde. Die Explosion an dem Tag verteilte radioaktives Material mindestens bis Samoa, 3000 km weit entfernt. Französische Ämter haben seit dem Vorfall keine Details von Explosionen oder öffentliche Gesundheitsstatistiken mehr bekannt gegeben. Zwei Jahre nach dieser von de Gaulle beobachteten Explosion traten dann zum ersten Mal Fälle von Leukämie in Französisch-Polynesien auf sowie Pigmentveränderungen der Haut, und eine schmerzhafte rheumatische Krankheit, von den Einheimischen »La contamine« (Verseuchung) genannt. Zur gleichen Zeit wurde bei Regenwasser in Fidschi eine fünffache Erhöhung von Radioaktivität festgestellt und radioaktives Jod 131 wurde in Kuhmilch in Neuseeland gefunden.

Im Zusammenhang hiermit sei noch auf die geheimnisvolle Beschreibung eines Besuchs der Gambier-Inseln hingewiesen, beschrieben im Buch »Inseln der Südsee« des erfolgreichen Reiseschriftstellers Dr. Hans-Otto Meissner. Darin schildert er im Kapitel »Notre Dame de Mangareva« seinen Besuch der Insel Mangareva im Tuamotu-Archipel, etwa 250 km von Muroroa entfernt. Nicht nur, dass jeder versuchte, ihn von dieser Reise abzuhalten mit dem Hinweis, er solle »mehr auf seine Gesundheit achten«, sondern er beschreibt auch die von Krankheiten befallenen Tiere, die ihn verwunderten. Ebenso wie eine seltsame Begegnung mit 6 jungen deutschen Männern, die vor ihm davonliefen, als er sie ansprach. Die ganzen Begegnungen wurden immer rätselhafter für Herrn Meissner, bis er zum Schluss erfuhr, dass 400 km um Muroroa herum die »radioaktiv gefährdete Zone« war. Die Bevölkerung zeigte ihm die »Anweisung über das Aufsuchen des Schutzbunkers«, falls eine radioaktive Wolke vorüberzog. Dazu hatte die Territorial- (oder Bezirks-)Versammlung auch eine Bestimmung herausgegeben, die den Verzehr von verseuchten Lebensmitteln verhindern sollte. Im Buch »Muroroa, mon amour« von Bengt Danielsson ist aufgeführt, dass schon 1962 auf der Insel Tahiti radioaktive Kontrollstationen eingerichtet wurden, angeblich um »nicht bekannte Gefahren von den Atomversuchen auf den Bikini-Inseln (2000 km entfernt) zu überwachen«.

Ab 1975 wurden die nuklearen Tests regelmäßig unterirdisch weitergeführt. Viel wurde berichtet über mögliche Schäden wie Risse im Korallenriff des Atolls, durch die radioaktives Material dringen könnte. Natürlich war es keiner Organisation gelungen, unbehindert alles prüfen zu dürfen. Als dann 1988 bekannt gegeben wurde, dass Teile des Testprogramms nun von Muroroa nach Fangataufa verlegt würden, wurden Spekulationen, dass das Atoll durchlöchert sei »wie ein Schweizer Käse« wieder neu belebt.

In weltweite Schlagzeilen war Frankreich ohnehin schon 1985 geraten, als das Greenpeace-Schiff »Rainbow Warrior« von einem Agenten des französischen DGSE (*Direction Générale des Services Extérieurs*) versenkt wurde. Der Verantwortliche, der die Explosivstoffe anbrachte, während ein Teil der Crew noch an Bord war, konnte leider entkommen. Gefangen und verurteilt wurden jedoch zwei Helfer, die Agenten Hauptmann Dominique Prieur und Major Alain Mafart. In einem weltweit ausgeschlachteten Medienspektakel wurden die beiden in Neuseeland wegen fahrlässiger Tötung zu 10 Jahren und mutwilliger Zerstörung zu 7 Jahren verurteilt. Jedoch sollte

Frankreich mal wieder das letzte Wort behalten und seinen Willen bekommen.

Der internationale Gerichtshof entschied zwar, dass Frankreich 8,16 Millionen Dollar Schadensersatz an Greenpeace zahlen musste. Jedoch handelte die UN ein knappes Jahr nach dem Anschlag zwischen Neuseeland und Frankreich ein »Paket« aus. Dies beinhaltete, dass die beiden Agenten auf dem militärischen Atoll Hao drei Jahre Haft verbüßen sollten und nur unter Einverständnis beider Regierungen die Insel verlassen dürften. Außerdem musste Frankreich sich offiziell bei der Regierung Neuseelands entschuldigen und 5 Millionen Dollar Wiedergutmachung zahlen, sowie die Einschränkungen neuseeländischer Importe aufheben.

Im Dezember 1987 wurde Major Mafart von der Insel Hao nach Paris ausgeflogen, unter dem Vorwand, dass er nierenkrank sei. Neuseeländische oder andere ausländische Ärzte durften ihn nicht untersuchen. Es war daher wohl kaum verwunderlich, dass im Mai 1988 auch die Agentin Prieur – natürlich ohne Zustimmung der UN und Neuseeland – nach Hause geflogen wurde, mit der Entschuldigung, dass sie schwanger sei. Der Gipfel der Pietätlosigkeit kam jedoch im Jahr 1991. Da nämlich wurde dem Major Mafart feierlich in Frankreich eine Medaille für seine Verdienste überreicht!

Währenddessen hatte sich eine neue Generation politischer Führer in Französisch-Polynesien hervorgetan, für die Anarchie erstrebenswert war, und die bereit waren, aggressiver vorzugehen, um Unabhängigkeit zu erreichen. Ein radikaler Führer war z. B. Tatu a Mai, der 1982 seine eigene Regierung gebildet hatte, eine eigene Polizeitruppe und sogar eine eigene Flagge für das neue Land besaß. Tatu a Mai und sein

Premierminister bereisten viele Inseln, um Anhänger anzuwerben. Sie wurden tatkräftig unterstützt von der Regierung Walter Lini des neuen, unabhängigen Staates Vanuatu, der nach langem Kampf mit Frankreich und im Endeffekt nur auf Grund von Großbritanniens Toleranz und Willen, endlich seine Unabhängigkeit erhalten hatte. In Französisch-Polynesien jedoch hatte Frankreich mehr zu verlieren, wozu es nicht bereit war. So wurde die Regierung des Tatu a Mai gewaltsam von den französischen Autoritäten zerschlagen, und jeder Teilnehmer landete im Gefängnis. Dasselbe Schicksal ereilte Charlie Ching, dessen Partei für Unabhängigkeit kämpfte. Er wurde zu 10 Jahren Haft verurteilt. Nach diesen gescheiterten Parteien entstand dann die *»Macht dem Volke« Partei*, deren Gründer alle an französischen Universitäten studiert und dort an Versammlungen von Linken teilgenommen hatten. Die *Polynesische Befreiungsfront* hatte sich gebildet, die Verbindung mit der FLNKS in Neukaledonien hielt.

Aber nicht nur Einheimische, die gegen die Atomtests und für Unabhängigkeit protestierten, wurden aus dem Verkehr gezogen, dasselbe galt für Ausländer. So wurde z. B. Bengt Danielsson (Autor des Buches: »Muroroa, mon amour«) das Exequatur, die Zustimmung zur Ausübung seines Ehrenamtes als Konsul von Schweden, von den französischen Behörden entzogen. Und viele können sich sicher noch an den in Sicherheit geschmuggelten Film erinnern, der zeigt, wie im Jahr 1973 ein französisches bewaffnetes Kommando die Crew einer Greenpeace-Jacht in der Nähe von Muroroa zusammenschlug. Dabei trug der Kanadier Mc Taggart so schwere Verletzungen davon, dass er zur Notbehandlung ins Krankenhaus von Hao musste. Kurz darauf wurde bekannt gegeben, dass nach 1974 keine überirdischen Tests mehr stattfinden sollten.

Was die nuklearen Tests betraf, so wurde 1991 – erst das zweite Mal überhaupt – einem ausländischen Fernsehteam, zu der Zeit dem neuseeländischen, die Erlaubnis gegeben, auf Muroroa zu filmen. Die südliche Inselseite, die laut Greenpeace schon abgesackt war, wurde besonders untersucht, ebenso wie ein Nachbaratoll, auf dem die stärksten Explosionen stattfanden. Im Film sah alles idyllisch aus – mit Palmen und herrlichen Stränden. Und die mehreren 1000 Einwohner hatten »keinerlei Bedenken in den Lagunen zu schwimmen«. Dieser Film stand ganz im Gegensatz zu dem 15-stündigen »Friedensfilm«, der 1987 in Neuseeland gezeigt wurde. In dem kamen ehemalige Arbeiter von Muroroa zu Wort, die von Krankheiten berichteten. Jedoch, 1991 wurde offiziell im Film beteuert, dass alles im Griff sei. Selbst im schlimmsten angenommenen Fall, in dem »jeder radioaktive Partikel auf Muroroa morgen in den Ozean fließt, so sei es dann immer noch sicher, das Wasser zu trinken«.

Die französische Botschaft in Neuseeland veröffentlichte im August 1991 auch einen 12 Seiten langen Report über Laboruntersuchungen. Die Agentur für Internationale Atomenergie hatte Proben von Plankton und Wasser in der Nähe des Muroroa-Atolls genommen und in ihrem Labor in Monaco untersucht. Gefunden wurden – laut Botschaft – »unbedeutende Werte von Radioaktivität«. Der Bericht der Agentur selbst war zwar detaillierter, sagte aber zusammenfassend aus, dass das Vorkommen von Radioaktivität in den Proben weitgehend vergleichbar mit anderen Teilen der Welt war. Um die Untersuchungen so genau wie möglich zu halten, wurden drei Wasserproben und zwei von Plankton im März 1991 entnommen und an zwei verschiedene Labors, eins in USA und eins in Frankreich, verschickt. Alle drei Labors kamen zu dem Ergebnis, dass eine der Wasserproben, entnommen an einer bestimmten

Stelle, genannt E 2, südlich von Muroroa und westlich von Fangataufa, von den anderen abwich. Es wurden dreimal höhere Werte von Plutonium 239 und 240 im Wasser dieser Probe festgestellt als in den anderen. Die Agentur veröffentlichte im Report: »Es gibt keinen guten physisch-chemischen Grund, der den Unterschied zwischen der Konzentration im Oberflächenwasser an drei nah beieinander liegenden Stellen erklärt. Deshalb muss beim Vergleich aller Proben angenommen werden, dass zusätzlich zum weltweiten »fallout« noch eine andere Quelle zum erhöhten Plutoniumwert an der Stelle E 2 beiträgt.« Es wird jedoch auch erwähnt, dass die Werte der Wasserproben von E 2 »nicht größer sind als die fallout-Werte im Wasser des südlichen Pazifik in den Jahren 1972 / 73 … Die durchschnittlichen Konzentrationswerte der anderen zwei Proben sind, wie erwartet, wesentlich geringer als 1973.«

Und damit kann man zu dem am Anfang erwähnten Begriff »Abhängigkeit« zurückkommen. Gibt es eine Chance, dass jemals eine der Bewegungen für Unabhängigkeit erfolgreich sein wird? Sicher kaum, solange Frankreich Interesse an nuklearen Tests in Französisch-Polynesien hatte. Trotz Abrüstung der Supermächte im Jahr 1991 hatte Frankreich verkündet, dass »es keinen Grund gibt im Jahr 1992 die Tests zu verringern. Wir werden so lange Tests ausführen, wie es Atomwaffen gibt.« Angeführt wurde, dass Russland und die USA immer noch Tausende von Atomwaffen hatten und Frankreich nur einige Hundert.

Bis 1992 brachten die Atomtests Französisch-Polynesien Reichtum, der jedoch ungleich verteilt war, genauso wie in Neukaledonien. Die am besten gelegenen Villen gehörten immer noch den *Demis* und Europäern, die auch immer noch die am besten bezahlten Stellen belegten. Die meisten Polynesier – sowie auch die Kanak in Neukaledonien – waren arbeitslos und 95 % von ihnen schlossen nicht einmal die Schulausbildung ab.

Dennoch stoppte Frankreich 1992 die Atomtests für drei Jahre, nahm sie aber überraschenderweise im September 1995 wieder auf. Damit wurde eine weltweite Protestwelle ausgelöst. Daraufhin brach Frankreich die Tests im Januar 1996 ab.

Im Jahr 2005 wurde endlich Gaston Flosse, der viele Jahre regiert (und die Tests befürwortet) hatte, abgewählt. Der unabhängige Oscar Temaru wurde zum Präsidenten gewählt.

Im Jahr 2004 wurde in Paris beschlossen den offiziellen Status des Gebietes von Französisch-Polynesien, das bis dahin Französisches *Übersee-Territorium* war, in *Überseeland* zu ändern. Dadurch wurde die Position der lokalen Regierung und des lokalen Präsidenten gestärkt.

Zu Beginn des Jahres 2007 soll der *Euro* die Währung des *Polynesischen Franc* ersetzen.

***

Ähnliche Erfahrungen mit Atomtests waren schon auf den Marshall-Inseln (im nördlichen Pazifik) gemacht worden, wo die USA insgesamt 66 überirdische Atomtests auf den Bikini-Inseln ausführten. Dabei wurde zwischen 1946 und 1958 die kleine Insel Rongelap, 145 km östlich von Bikini, mindestens von 5 Tests mit radioaktivem fallout überzogen. Zwei Jahrzehnte später zeigten sich die Effekte bei der Bevölkerung: hohe Zahlen von Leukämie und Schilddrüsenkrebs und viele Geburten von behinderten Kindern. Dargestellt im Film »Half Life« wurde die schlimmste Explosion einer H-Bombe von 15 Megatonnen (1000 x stärker als die Hiroshima Bombe), die am ersten März 1954 gezündet wurde. Genau wie bei der Explosion 1966 in Muroroa waren auch in Bikini die Windverhältnisse ungünstig. (Die Ausrede der USA war später, dass sich unglücklicherweise die Windrichtung nach der Zündung gedreht hatte.)

Im Detail sind die folgenden Ereignisse im Film dargestellt: Die Bewohner von Rongelap wurden von einem sehr hellen Licht geblendet, das sich sofort in einen Feuerball verwandelte, der allmählich die Form eines orangefarbenen Atompilzes annahm. Der gesamte Himmel hatte sich blutrot gefärbt. Nur wenige Sekunden darauf war eine gewaltige Explosion zu hören, sofort gefolgt von einem tornadoähnlichen Sturm, der alle Palmen auf der Insel zu einer Seite bog, bis sie brachen (ein unvergesslicher Anblick im Film) und die Dächer aller Häuser wegfegte. Später fiel dann auf der ganzen Insel ein heller Niederschlag. In Interviews erzählen die Leute von ihrer Neugierde, was dieser »Schnee« wohl sei. Kinder bewarfen sich mit Schneebällen, Erwachsene aßen etwas davon, ein Mann rieb sich den »Schnee« in sein Auge, um zu sehen, ob dieser »vom Himmel kommende« Niederschlag eine alte Krankheit heilen würde. Fischer, die mit ihren Booten zu der Zeit auf dem Meer waren, wunderten sich zwar über den Belag auf ihrem Fang, kamen aber wie üblich erst am Abend nach Hause und aßen ihren Fisch. Danach waren alle Bewohner krank mit schwerer Übelkeit und extremem Juckreiz der Haut. Das Trinkwasser hatte sich gelb verfärbt und schmeckte bitter.

Erst nach drei Tagen wurden die Bewohner von Rongelap von den USA evakuiert, aber drei Jahre später schon wieder zurückgebracht, weil die Insel angeblich wieder »völlig sicher« sei. Die hohe Zahl der Krankheiten, Missgeburten sowie behinderte Kinder, veranlasste die Einwohner letztendlich ihre Heimat aufzugeben. Die USA verweigerten jedoch jede Hilfe bei der Umsiedlung. So übernahm Greenpeace diese Aufgabe. Im Mai 1985 wurden alle 300 Einwohner mitsamt 100 Tonnen Habe und Baumaterial in 10 Tagen auf die Insel Mejato, 195 km entfernt, umgesiedelt.

***

Karte der Region

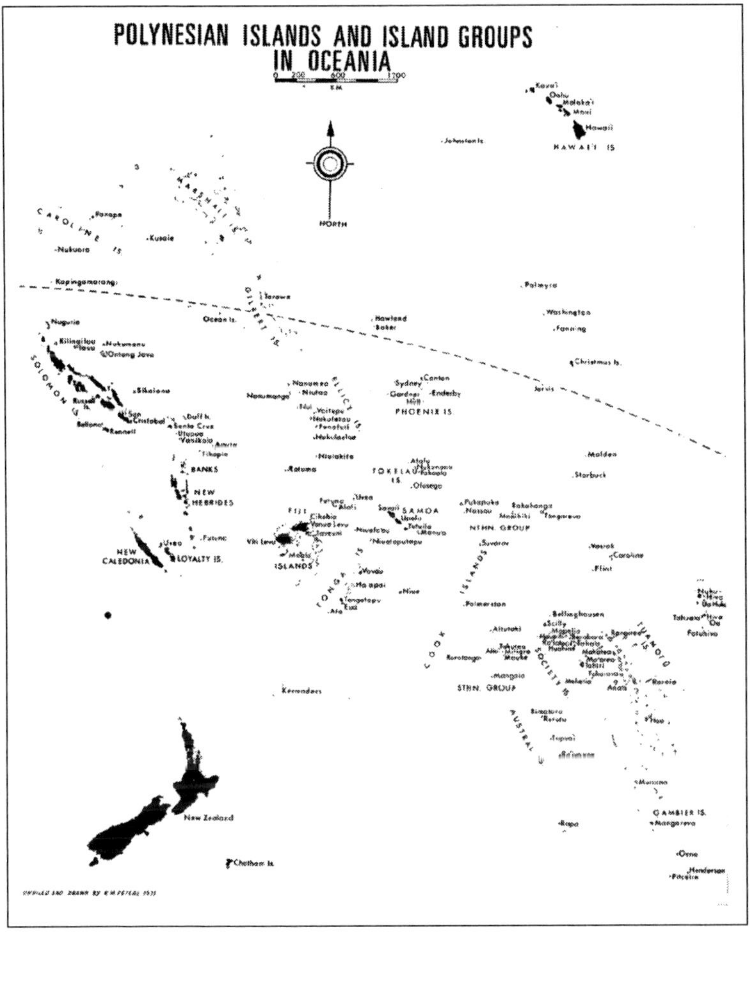

Literaturverzeichnis

Automobile Association (Auckland) Inc. (= AA), 1983: Book of New Zealand National Parks, Lansdowne Press, Auckland, London, N.Y., Sydney

AA, 1981, Book of New Zealand Wildlife, Lansdowne Press, Auckland, London, N.Y., Sydney

AA, 1984, Book of New Zealand Historic Places, Lansdowne Press, Auckland, London, N.Y., Sydney

AA, Auto Age *July / August 1991*

AA, Auto Age *March / April 1991*

Auckland Regional Authority Drainage Department, 1989, Sewerage 2036

Brown, Michael & May, John, 1989
The Greenpeace Story, Macdonald Publishers (NZ) Ltd.

Collins Nature Heritage Series 1979, Offshore and Outlying Islands of New Zealand, William Collins Publishers Ltd, Auckland

Danielsson, Bengt, 1977, Muroroa, mon amour: The French nuclear tests in the Pacific. Penguin Books.

Duncan, James, 1984, Options for New Zealand's Future, Victoria University Press with Australia & New Zealand Book Company, Auckland

Green, Paul F. (ed.) 1990, Studies in New Zealand Social Problems,
The Dunmore Press, Palmerston North

Greenpeace New Zealand, 1991, It doesn't happen here: Another View of Clean, Green New Zealand
Greenpeace N. Z. Autumn 1990 / 52
Greenpeace N. Z. Autumn 1990 / 56
Greenpeace N. Z. Winter 1991 / 57

James, Colin, 1986, The Quiet Revolution, Turbulence and Transition in Contemporary New Zealand, Allen & Unwin / Port Nicholson Press Wellington, Sydney

Netzeitung von N24.de

New Zealand Herald, daily newspaper

Mc Gill, David, 1982, The Other New Zealanders, Mallinson Rendel, Wellington

Metro magazine, October 1989
Metro magazine, February 1990

Ministry of Foreign Affairs 1987, About New Zealand

Ministry of Transport, Road Transport Division, The Written Driving Test, June 1986

The New Zealand Journal of Environmental Health, Vol. 14, Number 2, April 1991

Internetadressen:

http:// www.apec.org/

http:// www.cia.gov/cia/publications/factbook/index.html

http:// www.phrasebase.com/english

http:// www.nzvillage.com/

http:// www.stats.govt.nz

Die Grundlage der Artikel über verschiedene Inselstaaten im ANHANG dieses Buches beruhen hauptsächlich auf Aufzeichnungen aus Vorlesungen folgenden Fachs:

79.100 The Political Economy of the South Pacific.
An introduction to the processes of political, economic and social change in the region, with case studies of particular countries.

Dieser Kurs wurde 1987 das erste Mal an der *University of Auckland* unterrichtet. Dazu gab es Vorlesungen von Gastprofessoren und Sprechern verschiedener Organisationen von:
***University of the South Pacific*, Suva, Fidschi**
***East-West Center*, Honolulu, Hawaii**
Mitglieder von Unabhängigkeitsbewegungen aus Neukaledonien und Tahiti